충청북도의 금강을 읊은 한시 선집

충청북도의 금강을 읊은 한시 선집
忠清北道 錦江 漢詩 選集

유원대학교 호서문화연구소 편역

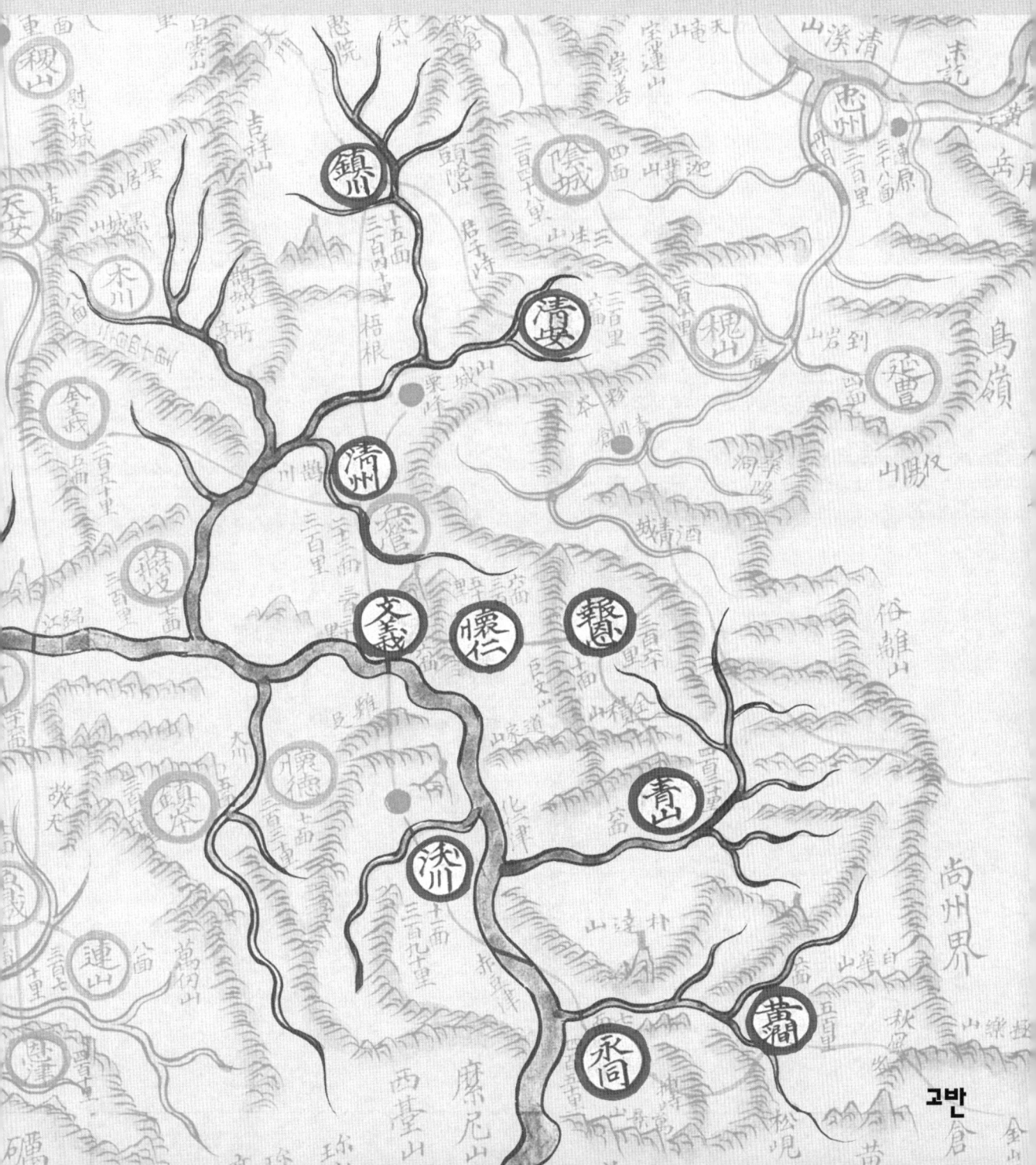

집필진

임동철   유원대학교 석좌교수, 유원대학교 호서문화연구소 소장
신범식   유원대학교 교수, 유원대학교 호서문화연구소 전임연구원
고수연   유원대학교 교수, 유원대학교 호서문화연구소 전임연구원
송준호   전 연세대학교 교수
김종구   충북도립대학 교수
서대원   충북대학교 교수
송혁기   고려대학교 교수

충청북도의 금강을 읊은 한시 선집

제1판 제1쇄 발행   2020년 8월 14일

편역	유원대학교 호서문화연구소
펴낸이	허재식

펴낸곳	고반
주소	(10859) 경기도 파주시 탄현면 헤이리마을길 82-91, B동301호
전화	031-944-8166
전송	031-944-8167
전자우편	gb@gobanbooks.com
홈페이지	www.gobanbooks.com
블로그	blog.naver.com/gobanbooks
출판신고	제406-2009-000053호(2009년 7월 27일)

ⓒ 유원대학교 호서문화연구소, 2020
ISBN   978-89-97169-46-7 (93810)

값은 뒤표지에 있습니다.
편역자와 협의하여 인지는 생략합니다.

이 도서의 국립중앙도서관 출판예정도서목록(CIP)은 서지정보유통지원시스템 홈페이지(http://seoji.nl.go.kr)와 국가자료공동목록시스템(http://www.nl.go.kr/kolisnet)에서 이용하실 수 있습니다. (CIP제어번호 : CIP2020031169)

고반(考槃)은 『시경(詩經)』에 나오는, 은자(隱者)의 즐거움을 읊은 시입니다.
은자는 단지 숨어 사는 사람이 아니라 현실과 끊임없이 싸우면서 자유로운 정신세계를 지켜낸 큰사람입니다.
출판사 고반은 큰사람의 지식과 지혜를 모아 세상에 이로운 책을 만듭니다.

'충청북도의 금강을 읊은 한시 선집'을 펴내며

충청북도 금강은 주위에 둘러 솟은 봉우리들이며, 너른 벌판을 굽이치며 흘러가는 강물에 화려하게 채색한 배가 떠가는 풍광이며, 밤이면 강물에 비치는 황홀한 달빛에 이곳을 지나는 나그네는 누구나 수려한 경관에 취해 발을 멈추지 않을 수 없었고, 지역의 사대부들은 강가에 작은 정자를 지어 어부와 벗하고, 시주(詩酒)와 풍류를 즐기면서 세상사를 잊고자 하였으니, 그 경물이 다감(多感)한 소인(騷人)들의 시낭(詩囊)에 무수히 담겨졌음은 물론이다.

충청북도를 흐르는 금강은 『신증동국여지승람』 충청도 조에 실린 서거정(徐居正)의 〈취원루기(聚遠樓記)〉에 "물이 용담·무주 두 고을에서 발원하는데, 금산에서 합류하여 영동·옥천·청주 세 고을을 지나 공주에 이르러서는 금강이 된다."라 하였고, 이중환(李重煥)의 『택리지(擇里志)』에 "… 금강의 근원이 되는데, 이름이 적등강(赤登江)이다. 남쪽에서 북쪽으로 흐르다가 옥천 동쪽에 이르러 또 속리산의 물과 합해지고, 서쪽으로 굽어 금강이 된다. 적등강의 동쪽은 장수·무주·영동·황간·청산·보은이고, 서쪽은 진안·용담·금산·옥천이다. 장수·무주·금산·용담·진안은 전라도 땅이고, 옥천·보은·청산·영동·황간은 충청도 땅이다."라고 기록되어 있다. 한편 청주 유역의 금강 지류는 낭성에서 발원한 무심천(無心川)이 청주를 관류(貫流)한 뒤 음성에서 발원하여 진천을 거쳐 오창을 지나온 미호천(美湖川)과, 청안과 증평을 지나 유입하는 지류와 합류하여 부강 방면으로 흘러간다.

이제 고인(古人)들이 이곳에서 읊은 한시(漢詩)를 읽으며 옛 물길을 따라가다 보면, 그 옛날 금강의 경치와 꿈결처럼 겹쳐지는 경험도 할 수 있으며, 또한 그 속에 담겨진 역사와 함께 고아한 시정(詩情)에도 젖어들 수 있으리라. 아울러 이 금강 유역을 노래한 시들을 음미하노라면, 이 지역 전통문화의 요체인 선비정신을 현대인에게 현시(顯示)하는 집약체가 된다는 사실도 가늠하게 될 것이니, 이 지역의 자연미와 시대정신을 찾는데 꼭 필요한 작업인 것이다.

유원대학교 호서문화연구소는 이런 취지에서 충청지역 전통문화의 기본 자료를 제공하고자, 2017년 남한강 한시 선집 『충청의 남한강을 읊은 선비의 시』를 간행하였고, 이제 그

연속 사업으로 금강을 노래한 한시를 선별하여 『충청북도의 금강을 읊은 한시 선집』의 제하로 출간한다.

충청북도 금강을 읊은 한시를 선별함에 지역 문인들의 문집에 실린 금강 관련 한시를 선초(選抄)하였고, 거기에 금강 유역을 유람하며 남긴 문인(文人)·현철(賢哲)의 작품들을 추가하였다. 이렇게 모은 작품들을 유역별로 영동·황간 유역을 '영동지역의 금강'으로, 옥천·보은 유역을 '옥천·보은지역의 금강'으로, 진천 일대 유역을 '진천지역의 금강'으로, 청주·청안·증평 유역을 '청주지역의 금강'으로, 문의 일대 유역을 '문의지역의 금강' 등 모두 다섯 지역으로 분류하여 원문과 번역문, 각주를 달았다. 그리고 전체를 조망할 수 있는 해제를 함께 엮었다.

출간에 즈음하여 이 선집이 각 기관과 단체 및 많은 연구자들에게도 충청북도 금강과 선비문화에 관심을 갖는 계기를 마련하면서, 지역의 역대 지성에 대한 정체성 정립에 주춧돌이 되었으면 한다. 나아가 우리의 아름다운 지역을 더욱 사랑하는 계기가 되길 기대한다.

다만 이 책의 편찬과 제작 사업이 비교적 단기간에 이뤄지다보니, 행여 미흡한 부분이나 미처 살피지 못하고 누락된 작품이 있지나 않을까 저어된다. 우선 부족한 성과로 각계의 질정을 기다리며, 앞으로 이에 대한 후속 작업이 지속적으로 이루어져 보완되기를 고대한다.

끝으로 이 책의 편찬을 위하여 번역과 해제작업에 적극 참여해주신 분들께 깊이 감사드린다.

2020. 8.

호서문화연구소 소장 林東喆

차례

'충청북도의 금강을 읊은 한시 선집'을 펴내며 • 005

영동 지역

025 **過秋風嶺** 추풍령을 지나면서 • 허휘(許彙)

026 **村上九曲詩** 촌상구곡시 • 송우용(宋友用)

029 **三槐堂詩** 삼괴당시 • 윤봉오(尹鳳五)

031 **聽澗亭九曲歌 中 鷺川漁笛** 청간정구곡가 중 '노천의 어부 피리소리' • 안흠(安欽)

032 **次黃澗縣駕鶴樓詩韻** 황간현 가학루 시에 차운하다 • 이직(李稷)

033 **次黃澗樓詩** 황간 누각의 시에 차운하다 • 이원(李原)

034 **黃澗駕鶴樓** 황간의 가학루 • 서거정(徐居正)

035 **駕鶴樓** 가학루 • 최숙생(崔淑生)

036 **次黃澗縣駕鶴樓韻** 황간현 가학루의 판상운을 따라 짓다 • 김안국(金安國)

037 **題黃澗駕鶴樓韻** 황간 가학루의 판상운대로 짓다 • 신광한(申光漢)

038 **黃澗駕鶴樓** 황간 가학루 • 이황(李滉)

039 **次黃澗駕鶴樓韻** 황간 가학루의 판상운을 따라 짓다 • 김충갑(金忠甲)

040 **黃澗駕鶴樓 板上韻** 황간 가학루 판상 시에 차운하다 • 구봉령(具鳳齡)

041 **黃澗駕鶴樓 復次前韻** 황간 가학루에서 다시 앞의 시에 차운하다 • 구봉령(具鳳齡)

042 **黃澗駕鶴樓 次板上韻** 황간 가학루에서 판상운을 따라 짓다 • 권문해(權文海)

043 **次駕鶴樓韻** 〈가학루〉 시의 운에 따라 • 차천로(車天輅)

045 **駕鶴樓 黃澗** 가학루에서 황간에 있다. • 최유연(崔有淵)

046 **駕鶴樓 黃澗客舍 時爲京試官** 가학루 나는 황간의 객사에 있었는데, 당시 서울에서 파견된 시험관이었다. • 김응조(金應祖)

047　黃澗駕鶴樓 有懷子公　황간의 가학루에서 자공을 그리워하며 • 박장원(朴長遠)

048　步和駕鶴樓板上韻　가학루 판상의 시에 화운하다 • 송우용(宋友用)

049　渡黃澗回巖水 時積雨水 洶湧可懼 縣吏十餘人 以肩輿渡予 吏云靑山縣前川亦深　황간의 회암수를 건너다 이때 빗물이 많이 불어 용솟음치는 물살이 두려울 정도였다. 현의 아전 십여 인이 가마로 나를 건네주었는데, 그 아전이 청산현의 앞 냇물도 깊다고 말하였다. • 김종직(金宗直)

050　寄鄭黃澗君澤　황간의 현감 정군택에게 부치다 • 송남수(宋柟壽)

051　黃澗 次崔舍人晛韻　황간에서 최 사인현의 시 운자를 따라 짓다 • 성문준(成文濬)

052　黃澗縣　황간현 • 이안눌(李安訥)

053　黃澗　황간에서 • 김육(金堉)

054　過黃澗縣 書主人紙窓　황간현을 지나다가 주인집의 창문 종이에 써 놓다 • 남용익(南龍翼)

055　黃澗道中　황간 가는 길에 • 김이곤(金履坤)

056　黃磵縣　황간현에서 • 홍한주(洪翰周)

057　湖東八景 中 錦江歸帆　호동팔경 중 '금강에 돌아오는 돛단배' • 허온(許蘊)

058　新安八景 中 月峯落照　신안팔경 중 '월류봉의 저녁 햇빛' • 이규회(李奎會)

059　留宿般若寺　반야사에서 유숙하며 • 박흥생(朴興生)

060　般若寺 次主人　반야사에서 주인의 운에 차운하다 • 황준량(黃俊良)

061　黃澗般若庵 次李東巖同字韻 示宗人李天瑞　황간의 반야암에서 이동암의 '동' 자 운에 맞춰 지어 종인 이천서에게 보여주다 • 이하곤(李夏坤)

062　遊冷泉亭　냉천정을 유람하다 • 황준량(黃俊良)

063　再訪冷泉亭　다시 냉천정을 방문하여 • 황준량(黃俊良)

064　寒泉精舍　한천정사에서 • 박유동(朴惟棟)

065　冷泉亭　냉천정에서 • 신득홍(申得洪)

066　冷泉八詠 中 月留峯　냉천팔영 중 '월류봉' • 홍여하(洪汝河)

067　冷泉八詠 中 龍淵洞　냉천팔영 중 '용연동' • 홍여하(洪汝河)

068　冷泉八詠 中 法遵菴　냉천팔영 중 '법준암' • 홍여하(洪汝河)

069　遊黃澗冷川　황간 냉천에 와서 노닐면서 • 이세구(李世龜)

070　謁寒泉書院 同弟姪 煮花喚鶴庵前 時轉入黃澗　한천서원을 참배하고 아우, 조카들과 암

자 앞에서 화전을 부쳐 먹고 학을 부르며 즐기고서, 시간이 지나서 황간으로 들어갔다
• 이기진(李箕鎭)

071　**黃溪道中** 황계 가는 길에 • 박치복(朴致馥)

072　**登氷玉亭** 빙옥정에서 • 송병순(宋秉珣)

073　**永同東臺 錄示鄭黃澗君澤姜永同遵** 영동 동대에서 황간현감 정군택과 영동군수 강준에게 기록해서 보여주다 • 송남수(宋枏壽)

074　**己酉春到永同 見公館始役 辛亥春又至 已落成矣 縣監李侯厚根要新題 李曾有宗簿同僚之分 且是淸潭李知事之孫 吾儕曾爲潭老進慶壽詩 李侯作帖示之 具識顚末 以副請詩之勤云** 기유년 봄에 영동에 도착해서 공관의 건축공사 시작을 봤었는데, 신해년 봄에 또 와서 보니 벌써 건축이 끝났다. 현감인 이 사또 후근이 이것을 기념으로 새로 시를 짓기를 요망하였으며, 이 사또와는 일찍부터 친족 일가로서의 친분이 있고, 또한 청담 이지사님의 손자라, 우리들은 일찍이 이 청담 노인의 장수를 축하하는 시를 지어서, 이 사또가 시첩을 만들어서 보여주면서 그 끝에 사연을 기록해 놓았기로, 시를 지어 달라는 요망에 부응하여 지었다 • 이호민(李好閔)

075　**澄淸亭** 징청정 • 권진(權軫)

076　**次澄淸亭韻 亭在永同** 징청정에서 차운하다 정자는 영동에 있다. • 박흥생(朴興生)

077　**永同澄淸亭** 영동의 징청정 • 서거정(徐居正)

078　**草江泛月** 초강에서 달빛 속에 배를 띄우고 • 송근수(宋近洙)

079　**到高唐江 憶庚午年中舊遊 觸物有懷** 고당강에 이르러 경오 연간(1570)의 놀던 일을 추억하니 경물에 접하여 회포가 일다 • 임제(林悌)

080　**雙淸樓** 쌍청루에서 • 박연(朴堧)

081　**與李達遊於玉溪瀑布 因寄管城趙使君** 이달과 함께 옥계폭포에 유람 가서 관성의 조 사군에게 부치다 • 박흥생(朴興生)

082　**次韻** 차운하다 • 박흥생(朴興生)

083　**永同縣東北二十里許 有所謂朴淵瀑布者 以朴大提學堧舊卜築于瀑布之上 故以朴淵名之 僕與李侯往觀 名瀑雖以朴公舊居 而與在天磨者同稱 無乃有竝埒之僭耶** 영동의 관아 동북쪽 이십 리쯤에 이른바 박연폭포가 있다. 대제학 박연이 예전에 폭포 위에 집을

지었던 까닭에 박연이라 부르는데, 내가 현령 이모와 함께 가서 보니 폭포를 명명한 것이 비록 박연 공이 옛날 거처했다는 이유라지만, 개성의 천마산에 있는 폭포와 명칭을 똑같이 쓴다면 동등하게 여기는 참람함이 있지 않겠는가 • 이호민(李好閔)

084 永同玉溪瀑布庵 영동의 옥계폭포 위 암자에서 • 송방조(宋邦祚)

085 永同玉溪瀑布 영동 옥계폭포에서 • 송시열(宋時烈)

086 玉溪瀑布 次疇孫韻 옥계폭포에서 손자 주석의 시에 차운하다 • 송시열(宋時烈)

087 玉溪瀑布 敬次尤庵先生韻 庚寅 옥계폭포에서 삼가 우암 선생의 시에 차운하다 경인년 (1770) • 김원행(金元行)

088 玉溪歸路 口占求和 옥계폭포에서 돌아오는 길에 • 박건중(朴建中)

089 玉溪觀瀑 用前韻戲題 옥계폭포를 구경하면서 앞서 지은 시의 운자를 써서 짓다 • 송근수(宋近洙)

090 玉溪瀑布 옥계폭포에서 • 박문호(朴文鎬)

091 敬次尤翁詩 우암의 시에 삼가 차운하다 • 이병연(李秉延)

092 玉溪瀑布 옥계폭포 • 이후근(李厚根)

093 玉溪瀑布 옥계폭포 • 박희고(朴羲古)

094 寧國寺 영국사에서 • 김수온(金守溫)

095 陽山八景詩 中 龍湫細雨 양산팔경시 중 '용추의 가랑비' • 김동균(金東均)

096 陽山八景詩 中 鰲浦漁火 양산팔경시 중 '오포의 고기잡이 불빛' • 김동균(金東均)

097 涵碧亭 次韻 함벽정에서 판상운을 따라 짓다 • 이광윤(李光胤)

099 次降仙臺韻 강선대 시에 차운하다 • 이충범(李忠範)

100 過降仙臺 宿陽山縣村舍 眞別天地也 강선대를 지나며 양산현 촌집에 묵었는데 정말 별천지였다. • 임제(林悌)

101 游降仙臺 臺在沃川郡南陽山倉之北 山川極佳 강선대에 노닐며 강선대는 옥천군 남양산창의 북쪽에 있는데, 산천이 무척 아름답다. • 이안눌(李安訥)

102 閏十一月初六日 戲題呂延豐家 윤십일월 초엿샛날에 장난삼아 여연풍의 집에 쓰다 • 이안눌(李安訥)

103 題喚仙樓 환선루에 제하다 • 이충범(李忠範)

104	**喚僊樓八景 中 西橋落照** 환선루팔경 중 '서쪽 다리의 저녁 햇빛' • 이충범(李忠範)	
105	**喚僊樓八景 中 北渚歸鴈** 환선루팔경 중 '북쪽 물가의 돌아가는 기러기' • 이충범(李忠範)	
106	**喚僊樓八景 中 鼈浦漁火** 환선루팔경 중 '별포의 고기잡이 불빛' • 이충범(李忠範)	
107	**次東岳李公安訥喚僊樓** 동악 이안눌의 〈환선루〉 시에 차운하다 • 홍석기(洪錫箕)	
108	**次喚仙樓韻** 〈환선루〉 시에 차운하다 • 홍여하(洪汝河)	
109	**喚仙樓 次南雲卿韻** 환선루에서 남운경이 지은 시의 운을 따라 짓다 • 심유(沈攸)	
110	**喚仙樓月夜 題寄主守金使君壽昌 樓在沃川** 환선루 달밤에 이곳 원님인 김수창에게 지어 부치다 누각은 옥천에 있다. • 남용익(南龍翼)	
111	**登喚仙樓** 환선루에 올라와서 • 송규렴(宋奎濂)	
112	**喚仙樓 次韻** 환선루에서 판상운을 따라 짓다 • 최석항(崔錫恒)	
113	**喚仙樓** 환선루에서 • 채팽윤(蔡彭胤)	
114	**喚仙樓舟遊** 환선루 아래에서 뱃놀이를 하면서 • 이현익(李顯益)	
117	**沃川喚仙樓** 옥천의 환선루에서 • 조하망(曹夏望)	
118	**登喚仙樓** 환선루에 올라서서 • 권렴(權濂)	
119	**喚仙樓** 환선루에서 • 황윤석(黃胤錫)	
120	**與宋叙五 全文謙 作赤裳之行 爲疎暢伊鬱也 歷登喚仙樓 次敍五** 송서오일돈 전문겸효직과 함께 적상산을 찾아가기로 한 건 답답함을 시원하게 풀어 보자 해서인데, 가던 길에 환선루에 올라서 서오의 시의 운을 따라 짓다 • 이지수(李趾秀)	

옥천 · 보은 지역

123 設酌虎灘 호탄에 술자리를 마련하고 • 정립(鄭雴)

124 題赤登樓 壬戌夏倭入寇慶尙 遂屠州郡 六月十有二日承督戰之命 적등루에서 짓다 임술년(1382) 여름 왜구가 경상도에 침략하여 여러 고을을 도륙하자 6월 12일 전투를 독려하라는 명을 받았다. • 조준(趙浚)

125 登赤登院樓 沃川 적등원루에 올라 옥천에 있다. • 이직(李稷)

126 赤登樓 和大虛 적등루에서 대허에게 화답하다 • 김종직(金宗直)

127 赤登院 次韻 적등원에서 차운하다 • 구봉령(具鳳齡)

128 赤登津頭 口占 津頭有樓基 佔畢齋後登樓賦 卽此樓也 적등진 머리에서 입으로 읊다 나룻가에 누대 터가 있다. 점필재 김종직이 후등루부를 지은 곳이 바로 이 누대이다. • 윤두수(尹斗壽)

129 記行絶句 中 過赤登樓故墟 기행 절구 중 '적등루 옛터를 지나며' • 윤두수(尹斗壽)

130 會諸士友於龍門書塾 用文正公黃山舟中韻 共賦 여러 사우들과 용문서숙에 모여서 문정공의 〈황산주중〉 시의 운을 이용하여 함께 읊다 • 송근수(宋近洙)

132 七月旣望 遊赤登江 칠월 열엿샛날 적등강에서 노닐며 • 김상렬(金相烈)

133 幽居八景 中 前溪細柳 유거팔경 중 '앞 시내의 실버들' • 김종도(金鍾度)

134 沃川聚遠亭 吟示舊要 옥천 취원정에서 읊어서 벗들의 요구에 보이다 • 이태연(李泰淵)

135 沿牒往永同 歸路放赤津舟 下聚遠亭 雲卿已來待矣 연첩으로 영동에 갔다가 돌아오는 길에 적진에서 배를 띄워 취원정으로 내려가니 운경이 이미 와서 기다리고 있었다. • 조유수(趙裕壽)

136 宿東江 동강에서 묵다 • 이재(李載)

137 次寄沃川詩社旣望泛舟東江韻 옥천시사에 〈기망범주동강〉 시에 차운하여 보내다 • 정일용(鄭鎰溶)

138 鶩潭山水八景 中 蘇糊漁舟 목담산수팔경 중 '소호의 고기잡이배' • 전광국(全光國)

139 鶩潭山水八景 中 鶩潭烟柳 목담산수팔경 중 '목담의 안개 긴 버들' • 전광국(全光國)

140 登獨樂亭 敬次東洲先生卷中韻 독락정에 올라 동주 선생 시에 삼가 차운하다 • 윤선거(尹宣擧)

141	自京歸鄕 登獨樂亭 서울에서 고향에 돌아와서 독락정에 오르다 • 송규렴(宋奎濂)
142	次獨樂亭韻 독락정 시에 차운하다 • 송병서(宋秉瑞)
143	車灘 차탄 • 구봉령(具鳳齡)
144	化仁途中 화인의 도중에서 • 송시열(宋時烈)
145	沃川化仁江上 옥천 화인강 가에서 • 이태연(李泰淵)
146	初五日朝 發行沃川 沿江向化仁津 초닷샛날 아침 옥천을 출발하여 강을 거슬러 화인진으로 향하다 • 김창흡(金昌翕)
147	沙村偶題 진모래 마을에서 • 정념(鄭?)
148	次疎江亭重修韻 幷序 소강정 중수 운에 차운하다 서문을 붙임 • 송환기(宋煥箕)
149	疎江 소강 • 정념(鄭?)
150	楚江 來訪環山 拈韻 초강에서 환산에 방문하여 운자를 뽑다 • 정념(鄭?)
151	二止堂 敬次重峯尤菴兩先生韻 이지당에서 삼가 중봉과 우암 두 선생의 운자에 차운하다 • 금봉의(琴鳳儀)
152	二止堂 述懷 이지당에서 회포를 풀다 • 금봉의(琴鳳儀)
153	靑山縣 청산현 • 신득홍(申得洪)
154	沃川月嶽寺 和懶學子韻 옥천 월악사에서 나학자의 시에 화답하다 • 송방조(宋邦祚)
156	過冲菴書院 충암서원을 지나며 • 강주(姜籀)
157	謁象賢書院 有感 상현서원을 배알하고 느낌이 있어 • 홍석기(洪錫箕)
158	西遊紀行 中 其十三 서유기행 중 그 열세 번째 수 • 홍치유(洪致裕)
160	過懷仁縣 회인현을 지나며 • 조경(趙絅)
161	贈懷仁李太守 회인 이 태수에게 주다 • 김득신(金得臣)
162	虎岾途中 호점산으로 가는 길 • 박문호(朴文鎬)
163	金積溪堂 別楗仲 금적의 계당에서 건중과 작별하다 • 성운(成運)
164	與鍾山老人 踏靑溪邊 종산 노인과 함께 시냇가에서 답청을 하다 • 성운(成運)

진천 지역

167　錦溪楊柳 금계의 수양버들 • 이후연(李厚淵)

168　常山八景 中 錦溪浣紗 상산팔경 중 '금계에서 비단옷 빨기' • 이윤종(李允鍾)

169　常山八景 中 錦溪浣紗 상산팔경 중 '금계에서 비단옷 빨기' • 김진환(金瑱煥)

170　百源書院 백원서원 • 이후연(李厚淵)

171　題息波亭 식파정에 쓰다 • 최명길(崔鳴吉)

172　息波亭 次遲川韻 식파정에서 지천의 시에 차운하다 • 김득신(金得臣)

173　息波亭 식파정 • 송시열(宋時烈)

174　息波亭 식파정에서 • 채지홍(蔡之洪)

175　息波亭 식파정 • 정재경(鄭在慶)

176　息波亭 次遲川韻 식파정에서 지천의 시에 차운하다 • 채익선(蔡翊先)

177　鎭川東軒 次韻示具都事忠淵 진천 동헌에서 차운하여 도사 구충연에게 보이다 • 구봉령(具鳳齡)

178　常山館 상산관에서 • 이행민(李行敏)

179　杏隱亭 행은정 • 정일용(鄭鎰溶)

180　杏隱亭 행은정 • 이윤종(李允鍾)

181　杏隱亭 행은정 • 이호성(李鎬成)

182　通山林氏別業 次壁上八景韻 中 沙村漁火 통산임씨 별업에서 이곳의 경치 여덟 가지를 읊은 시에 차운한 것 중 '사촌의 물고기 잡는 등불' • 한원진(韓元震)

183　漁隱八景 中 漁隱草堂 어은팔경 중 '어은초당' • 채지홍(蔡之洪)

184　平沙感懷 평사 감회 • 채지홍(蔡之洪)

185　平沙 평사 • 이인양(李寅陽)

186　常山八景 中 平沙落雁 상산팔경 중 '평사낙안' • 남동희(南東熙)

187　常山八景 中 平沙落雁 상산팔경 중 '평사낙안' • 김진환(金瑱煥)

188　東湖 동호 • 조공희(趙公熙)

189 **向頭陀 馬上有得** 두타산을 향해 가다가 • 김득신(金得臣)

190 **詠懷** 회포를 읊다 • 최석정(崔錫鼎)

192 **七夕 同朴老惟說 弄月前溪** 칠석에 박유열 노인과 앞 시내에서 달을 노래하다 • 최석정(崔錫鼎)

193 **七月旣望 泛舟玉川 李台季章及諸生同賦** 칠월 기망에 배 타고 옥천으로 가 이계장 및 제생들과 부를 함께 짓다 • 최석정(崔錫鼎)

196 **碧梧八景 中 舟頭曠野** 벽오팔경 중 '주두광야' • 유수응(柳秀應)

197 **牛潭** 우담 • 정해필(鄭海弼)

198 **頭陀山** 두타산 • 박문호(朴文鎬)

199 **草坪貯水池** 초평저수지 • 김정원(金正元)

200 **過草坪** 초평을 지나며 • 정규해(鄭糾海)

201 **雙梧亭** 쌍오정 • 박제형(朴齊珩)

청주 지역

205 **淸安八景 中 磻灘捕魚** 청안팔경 중 '반탄에서 고기잡이' • 진의귀(陳義貴)

206 **淸安八景 中 淸河禊飮** 청안팔경 중 '청하에서 계 모임하며 술 마심' • 진의귀(陳義貴)

207 **磻灘捕魚** 반탄에서 고기잡이 • 강희맹(姜希孟)

208 **至磻灘 下馬少憩 有懷元輔** 반탄에 이르러 말에서 내려 잠시 쉬면서 원보를 그리며 읊다 • 이수언(李秀彦)

209 **梧根八景 中 鵲川歸帆** 오근팔경 중 '작천의 돌아오는 배' • 채상학(蔡相學)

210 **梧根八景 中 磻灘漁人** 오근팔경 중 '반탄의 어부' • 채상학(蔡相學)

211 **淸州 携全佐郞思敬 遊月老洞 全君醉倒溪上 爲之遲留** 청주에서 전 좌랑사경과 함께 월로동을 유람하였는데, 전 군이 시냇가에서 취해 쓰러지는 바람에 체류하였다 • 정추(鄭樞)

212 **過淸州** 청주를 지나며 • 김시습(金時習)

213 **次淸醼堂韻 在望仙樓西東軒北** 청연당에 차운하다 망선루 서쪽, 동헌 북쪽에 있다. • 양희지(楊熙止)

214 **發淸州 有感** 청주를 떠나며 감회를 쓰다 • 김정(金淨)

216 **次淸州客館韻** 청주 객관에서 차운하다 • 심언광(沈彦光)

217 **淸州南石橋 玩月** 청주 남석교에서 달을 구경하며 • 배용길(裵龍吉)

218 **題淸州東軒** 청주 동헌에 쓰다 • 이안눌(李安訥)

219 **過南石橋 與本牧及諸將官 設宴張樂** 남석교를 지나다가 본주 목사 및 여러 장관들과 함께 잔치를 열고 풍악을 울리다 • 이홍유(李弘有)

220 **遮川八景 中 沙浦秋雨** 차천팔경 중 '사포의 가을비' • 이홍유(李弘有)

221 **次淸州東軒韻** 청주 동헌의 시에 차운하다 • 명조(明照)

222 **次淸州東軒韻** 청주 동헌의 시에 차운하다 • 황호(黃床)

223 **與西原使君 遊壽樂亭** 서원의 원님과 함께 수락정에서 놀다 • 김득신(金得臣)

224 **至墨村庄舍 疊前韻 寄元輔** 묵촌 시골집에 이르러 앞의 시운을 거듭하여 원보에게 부치다 • 이수언(李秀彦)

225 早發淸州 아침 일찍 청주를 떠나며 • 임상원(任相元)

226 壯巖川 장암천에서 • 조장하(趙章夏)

227 南石橋 남석교 • 박노중(朴魯重)

228 無心川 무심천 • 박노중(朴魯重)

229 沁溪邊小會 무심천 가에서 몇 사람이 모이다 • 민영필(閔泳弼)

230 馬巖八景辭 中 沁川細雨 마암팔경사 중 '심천의 가랑비' • 유해주(柳海珠)

231 北里金東巖莊契會 북리의 김동암 집에서 계 모임을 갖다 • 박종술(朴鍾述)

232 過南石橋 남석교를 지나며 • 나상헌(羅相憲)

233 遊無沁川 무심천에 놀다 • 노장우(盧章愚)

234 竹關八景 中 輞川漁火 죽관팔경 중 '망천의 고깃배 불빛' • 박익동(朴翼東)

235 無沁川 무심천 • 김상렬(金相烈)

236 牛山雅會 우산의 고상한 모임 • 박종구(朴鍾九)

237 沙汀十詠 中 沙汀水村 사정십영 중 '사정의 물가 마을' • 유활(柳活)

238 沙汀十詠 中 長川斷橋 사정십영 중 '긴 내의 끊어진 다리' • 유활(柳活)

239 沙汀十詠 中 釣渚層磯 사정십영 중 '낚시터의 층진 석대' • 유활(柳活)

240 沙汀十詠 中 筌灘石逕 사정십영 중 '통발 친 여울의 돌길' • 유활(柳活)

241 過鵲川 작천을 지나며 • 조경(趙絅)

242 四事堂八景 中 前溪漁火 사사당팔경 중 '앞 시내의 고기잡이 불' • 변시환(卞時煥)

243 過淸州眞木灘 청주 진목탄을 지나며 • 김홍욱(金弘郁)

244 鵲江 까치내 • 김득신(金得臣)

245 宿鵲川主人 작천 주인에 묵으며 • 유계(兪棨)

246 送學舍諸子 遊鵲川 작천으로 놀러 가는 학사의 학생들을 보내다 • 이수언(李秀彦)

247 鵲川無梁 까치내에 다리가 없다 • 김창흡(金昌翕)

248 鵲川 작천 • 박준원(朴準源)

249 鵲川漁事 까치내에서 고기잡다 • 박익동(朴翼東)

250 望鵲江 작강을 바라보며 • 박문호(朴文鎬)

251 鵲川途中 與錦浦共賦 작천의 도중에 금포와 함께 읊다 • 신상렬(申相烈)

252 **夜渡鵲川** 밤에 작천을 건너다 • 신흥우(申興雨)

253 **鵲川** 작천 • 정일용(鄭鎰溶)

254 **鵲江晚獵** 작강의 늦은 천렵 • 김상범(金商範)

255 **川內遊赴作** 천내로 놀러가서 짓다 • 정두현(鄭斗鉉)

256 **登江外樂建亭** 강외 낙건정에 오르다 • 박종구(朴鍾九)

257 **仁山智水亭** 인산지수정에서 • 정해백(鄭海珀)

문의 지역

261 　病後 自懷仁赴文義 병을 앓고 난 뒤에 회인에서 문의로 가면서 • 이승소(李承召)

262 　文義懸寺 문의 현사에서 • 구봉령(具鳳齡)

263 　荊江津 文義懷德界 형강진에서 문의와 회덕 경계이다. • 구봉령(具鳳齡)

264 　荊江上流 獵魚 형강 상류에서 천렵을 하다 • 송남수(宋柟壽)

265 　十月一日 過荊江 시월 초하루 형강을 건너며 • 하수일(河受一)

266 　渡荊江 형강을 건너며 • 이춘영(李春英)

267 　荊江道上 형강 가는 길에서 • 신민일(申敏一)

268 　渡荊江 次重峯韻 형강을 건너며 중봉 선생의 시에 차운하다 • 김육(金堉)

269 　望文義懸寺 문의 현사를 바라보며 • 조경(趙絅)

270 　荊江 형강 • 조경(趙絅)

271 　過荊江 형강을 지나며 • 조경(趙絅)

272 　曉行文義途中 새벽에 문의로 가는 도중에 • 장유(張維)

273 　荊江之遊 次孤翁韻 형강을 유람하며 고옹의 시에 차운하다 • 심동구(沈東龜)

274 　詠荊江龍穴 형강의 용혈을 읊다 • 정두경(鄭斗卿)

275 　到荊江 次鄭上舍韻 형강에 이르러 정 상사의 시에 차운하다 • 하진(河溍)

276 　荊江 次重峯先生韻 형강에서 중봉 선생의 시에 차운하다 • 윤선거(尹宣擧)

277 　文義途中 문의로 가는 도중에서 • 김수항(金壽恒)

278 　佐湖幕 過文義荊江 有感 충청부사를 보좌하여 문의 형강을 지나며 느낀 감회 • 신후재(申厚載)

279 　渡荊江 형강을 건너다 • 임상원(任相元)

280 　渡荊江 次杜律覽物韻 형강을 건너며 두보의 〈협중람물(峽中覽物)〉 시에 차운하다 • 이세구(李世龜)

281 　荊江 형강 • 김춘택(金春澤)

282 　荊江渡口 記感 형강 포구에서 감회를 적다 • 박필주(朴弼周)

283　自沃川向淸州 過荊江沿江棧路 宛與斗湄相似 感而有吟 옥천에서 청주를 가며 형강을 건너 강의 잔도를 따라가니 완연히 두미강과 비슷하였다. 감회가 있어 읊다 • 신정하(申靖夏)

284　近荊江 형강 가까이에서 • 정래교(鄭來僑)

285　李元靈仕期未滿 代者已出 計不日戒歸 馳書奉邀 期九月旬望 共泛荊江 이원령의 임기가 차지 않았는데 후임이 벌써 왔다. 며칠 내로 떠날 것을 계산하여 급히 편지를 보내 초청하여 9월 10일과 15일 사이에 형강에서 뱃놀이할 것을 기약하다 • 송문흠(宋文欽)

286　荊江路上 與盧遂卿口呼 형강 가는 길에서 노수경과 함께 부르다 • 이문재(李文載)

287　以事往文義 至荊江作 일 보러 문의로 갈 적에 형강에 이르러 짓다 • 심정진(沈定鎭)

288　渡荊水 형수를 건너며 • 정약용(丁若鏞)

289　荊江晚渡 저녁에 형강을 건너 • 강준흠(姜浚欽)

290　渡荊江 형강을 건너다 • 이재의(李載毅)

291　渡荊江 謹次重峯先生韻 己未 형강을 건너면서 중봉 선생의 시에 삼가 차운하다 기미년 • 홍직필(洪直弼)

292　荊江 형강에서 • 홍한주(洪翰周)

293　七月旣望 同趙晴蓑雲植與諸益 泛舟遊荊江 칠월 기망에 조청사운식 및 벗들과 함께 배 타고 형강을 노닐다 • 신좌모(申佐模)

294　荊江訪李在山 唔堂李上舍來會 형강의 이재산을 방문하다 어당 이 상사가 모임에 참석하여 • 강위(姜瑋)

296　謹步重峯先生荊江韻 중봉 선생의 〈형강〉 시에 삼가 차운하다 • 송진봉(宋鎭鳳)

298　歸路 獨上懸寺唫 돌아오는 길에 홀로 현사에 들러 읊다 • 신철우(申轍雨)

299　文義大淸湖詩會 문의 대청호 시회 • 박윤섭(朴允燮)

300　止善亭 지선정 • 오명립(吳名立)

301　馬浦歸帆 마포에 돌아오는 배 • 오유립(吳裕立)

304　同春先生入對乞退 面辭而出 一時諸賢追送於南郭之外 小酌蓮池之上 南雲卿令公先作一詩 屬諸賢和之 余謝不能 先生屢督不止 謹次其韻 時余得暇 亦以其日 泝漢向峽 庚戌 동춘 선생이 입대하여 물러나기를 청하였는데, 임금을 직접 뵙고 사직하며 나오자, 일시의 제현들이 남쪽 성곽 밖으로 따라가 전송하였다. 연지 가의 조촐한 술자리에서 남 운경

영공께서 먼저 시 한 편을 짓고 제현들에게 답하기를 청하였다. 나는 짓지 못한다고 사양하다가, 선생께서 누차 독촉하기를 그치지 않기에 삼가 그 운에 화답하였다. 이때 나는 휴가를 얻어, 또한 그날로 한강을 거슬러 협곡으로 향하였다 경술년(1670) • 민정중(閔鼎重)

306　芙江 부강 • 채팽윤(蔡彭胤)
307　芙江晩秋 부강의 늦가을 정취 • 이원화(李源華)
308　保晩亭 謹次閒靜堂韻 보만정에서 한정당의 시에 삼가 차운하다 • 송병선(宋秉璿)
309　楚江 초강 • 조장하(趙章夏)
310　芙江江行 부강의 강을 따라 가다 • 나헌용(羅獻容)
311　廣居亭八景 中 楚江晩帆 광거정팔경 중 '초강의 저녁 돛배' • 이기찬(李起璨)
312　與諸君 遊黔湖保晩亭 제군들과 함께 검호의 보만정에서 놀다 • 김재식(金在植)
313　月松亭 월송정 • 박순행(朴洵行)
314　過文義鳩坪 문의의 구평을 지나며 • 김우(金羽)

解題 • 315
인명 색인 • 333

일러두기

1. 이 책은 충청북도 지역의 금강을 노래한 선비들의 한시를 선별하여 원문과 번역문을 실었다.
2. 금강은 전라북도에서 발원하여 충청북도, 대전시, 세종특별자치시, 충청남도를 통류하는데, 이 책에서는 충청북도 지역에 흐르는 금강에 국한하여 한시를 선별하였다.
3. 충청북도 지역 금강을 노래한 한시는 그 수가 워낙 많아, 지역 문인의 시를 우선적으로 선별하였고, 한 문인의 시가 많을 경우 선초하였다.
4. 충청북도 지역 금강의 큰 지류는 영동, 옥천, 청주지역이지만, 작은 지류인 보은지역과 진천지역, 괴산지역, 증평지역도 포함하였다. 괴산지역과 증평지역의 시는 매우 적고 청주지류이므로 청주지역에 포함시켰다. 그리하여 영동지역, 옥천·보은지역, 진천지역, 청주지역, 문의지역 등 5개 유역으로 구분하였다.
5. 유역 내에서 수록 순서는 물이 흐르는 지류대로 구분하였으며, 지류 내에서 다시 저자의 생년순으로 배치하였다. 인물 및 지역의 지명이나 유적의 명칭에 대해서는 각주를 달아서 설명하였다.
6. 이 책에 사용된 부호는 서명 『 』, 작품명 〈 〉, 한자음 ( ) 등으로 표시하였다.
7. 지역별로 금강을 노래한 선비의 명단, 주요 한시의 내용, 금강이 생생히 기록된 고지도를 소개한 해제문을 첨부하였다.

영동지역
永同

過秋風嶺
추풍령을 지나면서

艱經黃澗路	어렵게 황간의 길을 지나
喜入金陵途	기쁘게 금릉 길로 들어왔네.
行邁愁何極	먼 길을 가니 시름이 이리도 지극한데
炎蒸氣未蘇	찌는 무더위에 기운이 소생하지 못하누나.
磵流縈似帶	시냇물은 띠처럼 감돌고
村落列成圖	촌락은 줄지어 그림을 이루었네.
落日秋風嶺	해 넘어가는 추풍령에
遲遲信馬驅	느릿느릿 말을 몰고 가노라.

허휘(許彙, 1709~1762)[1] 『표은유집(豹隱遺集)』

---

[1] 허휘(許彙, 1709~1762) : 본관은 양천(陽川), 호는 표은(豹隱)이다. 부친은 청주목사 허원(許源)이며, 모친은 송정하(宋廷河)의 딸이다. 1743년(영조 19) 문과에 급제하여 좌랑·지평을 거쳐 이조정랑·강진현감을 역임했다. 문집으로 『표은유집(豹隱遺集)』이 있다.

村上九曲詩
촌상구곡[1]시

三道高峰上有靈	높은 삼도봉[2] 위에 신령이 있어
峰前流水照人淸	봉우리 앞 흐르는 물 맑아 사람이 비치네.
溪山曲曲幽深處	시내와 산 굽이굽이 아늑하고 깊은 곳
盡日行尋讀畵聲	진종일 찾아다니며 그림 감상하는 소리로다.
一曲沼洄巖似船	일곡이라 웅덩이 물 돌고 바위는 배 같은데
玉根飛瀑瀉長川	옥근(玉根) 폭포 긴 개울에 쏟아지네.
芝田散置柴門掩	지초밭은 방치하고 사립문은 닫혔는데
滿壑月霞半雜烟	골짝 가득한 달과 노을 반은 안개가 섞여 있네.
二曲大源卷上峯	이곡이라 큰 물 근원이 윗 봉우리를 감싸고 있는데
雲出猶有舊時容	구름에서 솟아나오니 오히려 옛 모습 지니고 있네.
今人不復尋眞去	지금 사람들 다시 참된 모습 찾지 않으니,
法海心天隔幾重	법의 바다[3]와 하늘의 마음[4]은 그 몇 겹이나 막혔는고.
三曲橋頭不用船	삼곡이라 다리 근처에 배를 사용하지 않는데
閒翁物外住何年	한가한 노인 세상 물정 밖에서 몇 년을 살았던고.
古槐峴裏堂前樹	고개 안의 오래된 느티나무 집 앞의 나무

---

1) 촌상구곡(村上九曲) : 영동군 상촌면 임산리부터 물한계곡 일원으로, 송우용(宋友用)이 1957년에 설정하였다.
2) 삼도봉 : 영동군 상촌면 물한리, 전북 무주군 설천면 대불리, 경북 김천시 부항면 해인리의 경계에 있는 산이라서 '삼도봉'이라는 이름을 얻게 됐다. 원래는 민주지산의 한 봉우리로 화전봉이었다.
3) 법의 바다[法海] : 바다처럼 깊고 넓은 불법(佛法)의 세계.
4) 하늘의 마음[心天] : 하늘과 같이 넓은 마음을 뜻한다.

一任霜風正可憐	한결같이 서리바람을 맞아도 정말 사랑스럽구나.
四曲鸎淵兩岐巖	사곡이라 리연은 양쪽 언덕바위인데
落花垂柳映毿毿	휘날리는 꽃잎 늘어진 수양버들 촘촘하게 비치네.
先賢絃誦憑誰問	앞 시대 현인들이 거문고 타고 읊던 일 누구에게 물어볼꼬.
風滿虛樓雨滿潭	바람은 빈 누대에 가득하고 빗방울 못에 가득하네.
五曲山環洞復深	오곡이라 산이 둘러싸니 동네가 다시 깊숙하고
車蹤邨外覆松林	수레로 마을 밖을 나가니 송림이 덮었네.
居人倘識携琴客	거주하는 사람들 혹 거문고 품은 손님 알고 있으니
自在峨洋太古心	스스로 아양5)의 태고심이 그대로 있네.
六曲幙巖長俯灣	육곡이라 막암, 물굽이 길게 굽어보니
忘機魚鳥若相關	기심6) 잊고 물고기·새와 서로 사귀는 듯하네.
咏歸堂下千秋蹟	영귀당 아래 천추의 유적이 남아 있는데
別有乾坤日月閒	별천지가 있어 세월이 한가롭네.
七曲平川漾玉灘	칠곡이라 잔잔한 개울 옥 같은 물결 넘실대는데
道心如水好誰看	도심이 물과 같으나 누가 살펴보는 것 좋아할꼬.
知旹近日多情雨	때를 알아 가까운 날에 정겨운 비 내려

---

5) 아양(峨洋) : 거문고를 잘 탄 백아(伯牙)가 고산(高山)에 뜻을 두고 연주하면 그의 종자기(種子期)가 "좋구나, 높고 높은(峨峨) 느낌이 태산(泰山)과 같도다." 하였고, '흐르는 물(流水)에 뜻을 두고 연주하면 "좋구나, 출렁출렁하는(洋洋) 느낌이 강하(江河)와 같도다."라고 평했다는 일화가 있다. 이를 지음(知音)이라 하여 친구 간에 서로 상대의 뜻이나 심정을 알아줌을 비유하게 되었다. 『列子 湯問』.

6) 기심(機心) : 권모술수를 부려 남을 해치려는 마음이다. 해변에 사는 사람이 갈매기와 친해서 늘 그의 옆에 갈매기들이 와서 놀았다. 누가 갈매기 한 마리를 잡아달라고 해서 갈매기를 잡을 마음을 가지고 바닷가에 나갔더니, 갈매기들이 가까이 오려 하지 않더라 한다. 그때 그에게는 '기심(機心)'이 있었기 때문에 그런 일이 일어났다는 것이다. 『列子 黃帝』.

渾濕衣巾不覺寒	옷과 두건을 흥건히 적셔도 차가운 줄 모르노라

八曲月羅平浦開	팔곡이라 달빛이 빛나 평평한 나루터 보이는데
丹崖白浪自縈回	붉은 벼랑 하얀 물결 절로 감도네.
理舟日夜逍遙興	배를 타고 밤낮으로 어슬렁이며 흥을 즐기니
泛破中流任去來	중류에 배 띄우고 올라갔다 내려갔다 하네.

九曲將看氣浩然	구곡이라 장차 기운이 호연함을 볼 수 있으니
壽山山色挹淸川	수산의 산 모습 맑은 개울에 비추네.
披襟獨向臨流坐	옷깃 떨치고 홀로 개울가에 앉아있으니
不是樂夫天外天	하늘 밖의 하늘을 즐기는 것이 아니겠는가?

송우용(宋友用, 1884~1968)[7] 〈남기서(南基瑞) 소장 병풍〉

---

[7] 송우용(宋友用, 1884~1968) : 호는 담당(澹堂), 본관은 은진, 송담(松潭) 송담수(宋聃壽)의 후손이다. 영동군 상촌면 임산리에서 생거하면서 황간향교에서 수학하였다.

三槐堂詩
삼괴당[1]시

昔年黃溪諸南氏 建一樓於其先祖三槐堂舊墟 南君尙友士古 來請余楣額大字 余念
三槐公孝行風節 夙著於世 且余曾遨頭時遊賞之地也 樂爲之書與 今士古又來 示其
時落成詩軸 要余和之 遂次閔延安順之韻以贈

옛날 황계의 남씨들이 그의 선조인 삼괴당의 옛터에 한 누각을 짓고서 남군 상우 사고가 내게 와서 현판에 쓸 대자(大字) 써 주기를 청하였다. 내가 생각해 보니, 삼괴공은 효행과 풍절이 일찍이 조야에 저명하였고 또 내가 일찍이 고을 수령으로 유람했던 곳이기에 기쁘게 써 주었다. 지금 사고 군이 또 찾아와서 당시의 낙성시축을 보여주면서 나에게 화답하여 주기를 요청하기에 드디어 연안(延安) 민 순지(閔順之)[2] 시를 차운하여 지어 주노라.

往哲風猷問幾秋	옛날 현철의 풍도가 몇 해나 되었는가
考槃臺下澗東流	고반대[3] 아래에 시냇물 동쪽으로 흐르네.
邵南漁事頻淮上	소남[4]의 고기잡던 일 회수 위에 자주하였고

---

1) 삼괴당(三槐堂) : 영동군 상촌면에 있는 조선조 명종 때 삼괴당 남지언(南知言)이 낙향하여 후학을 가르치려고 세운 건물.
2) 순지(順之) : 민순손(閔順孫, 생졸년 미상)의 자이다. 본관은 여흥(驪興)으로 조부는 예조 판서 민여익(閔汝翼), 부친은 통선랑 민화(閔和)이며, 처부는 조황(趙璜)이다. 아들로 관찰사를 지낸 민이(閔頤)가 있다. 호조 좌랑, 도사, 의정부 검상, 사인을 지냈다.
3) 고반대(考槃臺) : 영동군 상촌면에 있는 조선 중종 때 남지언(南知言)이 초강(草江) 변에 세운 대각이다.
4) 소남(邵南) : 당(唐)나라의 고사(高士) 동소남(董召南)을 말한다. 그는 진사과에 낙방한 다음 고향으로 돌아와 어려운 여건 속에서도 주경야독하면서 살림을 잘 꾸려 부모를 편안하게 모시고, 처자식이 근심이 없도록 하였다. 이러한 모습을 한유(韓愈)가 〈차재동생행(嗟哉董生行)〉이라는 고시를 지어 "아, 동생이여, 아침엔 들에 나가 농사를 짓고, 저녁엔 돌아와서 옛사람의 글을 읽네. 하루 종일 쉬지를 않으며, 산에 가서 나무도 하고, 물에 가서 고기도 잡네. 주방에는 맛난 음식 갖춰져 있고, 대청에선 평안한지 물어본다네. 부모님은 근심을 아니하시고, 처자식은 탄식을 아니 한다네.[嗟哉董生朝出耕, 夜歸讀古人書. 盡日不得息, 或山而樵, 或水而漁. 入廚具甘旨, 上堂問起居. 父母不戚戚, 妻子不咨咨.]"라고 칭찬하였다. 『韓愈集

元亮詩情或水頭	원량5)의 시 읊던 정 간혹 물가에서 하였네.
三孝遺芬兼好時	세 효자의 아름다운 자취 좋은 곳에
諸孫肯搆屹高樓	여러 자손들 건축하여 높은 누대 솟았네.
古槐烟月今何似	옛 괴목의 연월이 이제는 어떠한가
三十年前入倦遊	삼십 년 전에 나른하도록 놀았다네.

윤봉오(尹鳳五, 1688~1769)6) 『석문집(石門集)』

卷2 古詩』

5) 원량(元亮) : 동진(東晉) 때의 처사인 도잠(陶潛, 365~427)으로, 자는 원량(元亮)·연명(淵明), 시호는 정절(靖節)이다. 진(晉)나라 말기에 팽택 현령(彭澤縣令)이 되었다가 벼슬을 버리고 돌아가면서 지은 〈귀거래사(歸去來辭)〉 등 전원생활을 읊은 시가 유명하다.

6) 윤봉오(尹鳳五, 1688~1769) : 본관은 파평(坡平), 호는 석문(石門)이다. 부친은 윤명운(尹明運)이며, 모친은 이경창(李慶昌)의 딸이다. 판서 윤봉구(尹鳳九)의 아우이다. 1746년(영조 22) 문과에 급제한 뒤 필선이 되고 부수찬·교리를 역임하였다. 이듬해 홍천현감으로 나갔다가 1759년 동지의금부사·대사헌을 역임하였다. 1763년 특진관(特進官)으로 판돈녕부사를 겸하였다. 저서로는 『석문집』이 있다.

聽澗亭九曲歌 中 鷺川漁笛
청간정구곡[1]가 중 '노천의 어부 피리소리'

爾亦等閒今何事	자네 무심하게 지금 무슨 일을 하는고
西塞山前回更飛	서쪽으로 막힌 산 앞에 빙 돌아 다시 나네.
漁笛數聲興不勝兮	어부의 피리소리에 흥을 이길 수 없는데
長川隨到綠蓑衣	긴 시내에 녹색 도롱이 따라 오누나.
蘆花秋色扁舟晚	갈대꽃 가을빛에 배 한 척 해는 저무는데
滿載虛汀明月歸	빈 물가에 밝은 달빛 가득 싣고 돌아오네.

안흠(安欽, 1863~1940)[2] 『청간유고(聽澗遺稿)』

---

1) 청간정구곡(聽澗亭九曲) : 영동군 매곡면 수원리 일원이다.
2) 안흠(安欽, 1863~1940) : 호는 청간정(聽澗亭)·모암(慕庵), 본관은 순흥(順興)으로 영동 황간 출신이다. 부친은 안극중(安極中)이고, 모친은 영산김씨(永山金氏)이다. 1903년(광무 7)에 성균관(成均館) 경의문대(經義問對) 초시에 합격하였다. 1908년에 사립 명신학교 교원을 거쳐 충청북도 학무위원 등을 지냈다.

次黃澗縣駕鶴樓詩韻
황간현 가학루[1] 시에 차운하다

登眺耽佳景	누대에 올라 아름다운 경치에 푹 빠져
徘徊不覺留	여기저기 배회하며 늦은 줄 몰랐네.
山光秋更好	산 빛은 가을이라 더욱 좋고
雲影水同流	구름 그림자는 물과 함께 흐르네.
主有舊靑眼	주인은 옛날처럼 반갑게 맞아 주는데
客悲新白頭	손님은 새로 난 흰머리를 슬퍼한다네.
時淸年又熟	때는 태평성세에 게다가 풍년까지 들어
幸此得閑遊	다행히도 이곳에서 한가롭게 노니노라.

이직(李稷, 1362~1431)[2] 『형재시집(亨齋詩集)』

---

1) 가학루(駕鶴樓) : 영동군 황간면에 있는 조선 전기의 누각으로, 충청북도 유형문화재 제22호이다. 1393년(태조 2) 황간현감 하첨(河詹)이 창건하고 경상도관찰사 남공(南公)이 '駕鶴(가학)'이라는 편액을 달았는데, 신선이 학을 타고 하늘을 날며 노닌다는 뜻이다.
2) 이직(李稷, 1362~1431) : 본관은 성주(星州), 호는 형재(亨齋), 부친은 문하평리(門下評理) 이인민(李仁敏)이다. 1377년(우왕 3) 문과에 급제 후 1392년에 이성계(李成桂) 추대에 참여해 지신사(知申事)로서 개국공신 3등이 되고 성산군(星山君)에 봉해졌다. 1402년 대제학을 거쳐, 이후 이조판서·영의정·좌의정 등을 역임하였다. 저서로는 『형재시집』이 있다.

次黃澗樓詩
황간 누각의 시에 차운하다

結構凌空逈	하늘 높이 누각을 지어 놓아
來登盡日留	올라와서 종일토록 머무네.
瓊峯當檻秀	멋진 산이 난간 앞에 수려하고
金磵抱村流	금빛 물이 마을 안고 흘러가네.
路出長林外	길은 긴 숲 밖으로 뻗어 있고
城臨大野頭	성은 큰 들판에 임해 있네.
還疑仙境裏	도리어 선경인가 의심하여
駕鶴馭風遊	학을 타고 바람 몰며 노니네.

이원(李原, 1368~1429)[1] 『신증동국여지승람(新增東國輿地勝覽)』

---

1) 이원(李原, 1368~1429) : 본관은 고성(固城), 호는 용헌(容軒), 고려말 서법의 일가를 이룬 행촌(杏村) 이암(李嵒)의 손자이다. 매형인 양촌(陽村) 권근(權近)에게서 글을 배웠고, 1385년(우왕 11) 18세에 문과에 급제하였다. 조선 개국 후 이조판서·대사헌·우의정 등을 역임하였다. 문집에 『용헌집(容軒集)』 등이 있다.

黃澗駕鶴樓
황간의 가학루

黃州儘淸絕	황주는 참으로 좋은 경치 뛰어나
欲往更遲留	떠나가려다가 더 머물러 있노라.
鶴去樓仍在	학은 떠났어도 누각은 그대로 있고
山高水自流	산은 높고 물은 절로 흐르는구나.
俯看飛鳥背	날아가는 새의 등 내려다보면서
直上巨鼇頭	곧장 큰 자라 머리로 올라오네.1)
袞袞登臨興	높은 누대에 오른 흥취 그지없어
長歌賦遠遊	이에 원유편을 길이 노래하노라.2)

서거정(徐居正, 1420~1488) 『신증동국여지승람』

---

1) 곧장 …… 올라오네 : 큰 자라가 동해(東海) 가운데 신산(神山)들을 머리에 이고 있다는 전설에서 온 말이다. 『열자(列子)』〈탕문(湯問)〉에 발해(渤海)의 동쪽에는 대여(岱輿)·원교(員嶠)·방호(方壺)·영주(瀛洲)·봉래(蓬萊)의 다섯 신산이 있었는데, 이 산들이 조수(潮水)에 밀려 표류하며 정착하지 못하였다. 천제가 혹 이 산들이 서극(西極)으로 표류할까 염려하여 처음에 '금색의 자라[金鼇]' 15마리로 하여금 이 산들을 머리에 이고 있게 함으로써 비로소 정착하게 되었는데, 뒤에 용백국(龍伯國)의 거인이 단번에 이 자라 6마리를 낚아 감으로 인하여 대여·원교의 두 산은 서극으로 표류하고, 방호·영주·봉래의 세 산만 남았다고 한다.
2) 이에 …… 노래하노라 : 원유편(遠遊篇)을 노래한다는 것은 곧 굴원(屈原)의 〈원유〉에 선인(仙人)들과 함께 유희하면서 천지 사방을 이르지 않은 데 없이 두루 유람하고자 하는 뜻을 피력한 데서 온 말로, 전하여 사방을 유람하거나 먼 길에 여행하는 것을 의미한다.

駕鶴樓
가학루

黃鶴去不返	누런 학은 떠나가 돌아오지 않고
白雲今尙留	흰 구름은 지금도 오히려 머물러 있네.
登臨連碧落	올라보니 푸른 하늘에 이어 있고
嘯詠幾淸流	휘파람 불고 읊는 이 몇 청류(淸流)인고.
溪折自分股	시내는 꺾여 저절로 다리 나뉘었고
山橫爭擧頭	산은 비껴 다투어 머리를 들고 있네.
慇懃題一句	은근히 시 한 구 적으니
他日憶玆遊	다음날 이 노닒을 생각하리.
地設玆樓勝	땅은 이 누(樓)의 경치 만들어 냈고
天敎我輩留	하늘은 우리를 머물게 하였네.
山分朝暮態	산은 아침저녁으로 자태가 다르고
水帶古今流	물은 예나 지금이나 한결같이 흐르네.
飛鳥時看背	나는 새는 때때로 등을 보겠고
脩篁只見頭	긴 대나무는 다만 머리만 보이네.
庭閑公事少	뜰이 한가로워 공사(公事)가 적은데
徙倚當春遊	누대에 기대니 봄놀이에 맞먹네.

최숙생(崔淑生, 1457~1520)[1] 『신증동국여지승람』

---

[1] 최숙생(崔淑生, 1457~1520) : 본관은 경주(慶州), 호는 충재(忠齋)이다. 부친은 최철중(崔鐵重)이며, 모친은 이계손(李繼孫)의 딸이다. 1492년(성종 23) 문과에 급제한 후 대사간·대사헌·우찬성 등을 지냈다. 기묘사화로 파직되었다. 저서로는 『충재집』이 있다.

次黃澗縣駕鶴樓韻
황간현 가학루의 판상운[1]을 따라 짓다

客路愁千里	나그네 길 천리라서 시름겨워서
黃溪且少留	황간 계곡 여기에서 잠시 머무니,
錦屛春繞嶂	봄빛 싸인 봉우리는 비단 병풍에
淸筑夜鳴流	밤새 울려 흐르는 물 맑은 악기라.
丹碧臨空逈	낮엔 단청 멀리 공중 어릴 것이고
星河近上頭	밤엔 별들 누각 머리 가깝겠으니,
何須駕眞鶴	진짜 학을 타고 멀리 갈 필요 있나
卽此是仙遊	여기에서 바로 신선 놀일 할 텐데!

김안국(金安國, 1478~1543)[2] 『모재집(慕齋集)』

---

[1] 판상운(板上韻) : 정자나 누각 같은 건물에, 가장 먼저 풍경이나 감회를 시로 읊은 좋은 작품을 새겨서 걸어 놓은 것을 말하며, 이런 시는 대개 역사상 유명한 인물들의 것이 많다.
[2] 김안국(金安國, 1478~1543) : 본관은 의성(義城), 호는 모재(慕齋), 참봉 김연(金璉)의 아들이다. 조광조(趙光祖)·기준(奇遵) 등과 함께 김굉필(金宏弼)의 문인이다. 1503년에 문과 급제후 승문원·박사·부수찬·부교리 등을 역임하였다. 1507년(중종 2)에는 문과중시 급제한 후 예조판서·대사헌·병조판서·좌참찬·대제학·판중추부사·세자이사(世子貳師) 등을 역임하였다. 저서로는 『모재집(慕齋集)』 등이 있다.

題黃澗駕鶴樓韻
황간 가학루의 판상운대로 짓다

山月當樓上	산 위 달은 누각 위에 비추어 오고
崖風爲竹留	언덕 바람 대숲 가려 멈추었기에,
憑軒迎灏氣	기대서서 들판 기운 맞이하면서
回眼送長流	눈을 돌려 긴 시냇물 전송하자니,
春色生靑草	봄 풍경은 푸른 풀로 생동하건만
天涯自白頭	이 하늘 끝 다만 제냥 백발인 채라,
飄零眞不分	떠돌 신세 나는 참말 알 수 없다만
駕鶴作仙遊	학 탄 듯이 신선 놀이 해보자꾸나!

신광한(申光漢, 1484~1555)[1] 『기재집(企齋集)』

---

[1] 신광한(申光漢, 1484~1555) : 본관은 고령(高靈), 호는 낙봉(駱峰)・기재(企齋)・석선재(石仙齋)・청성동주(靑城洞主)이다. 부친은 신형(申泂), 모친은 정보(鄭溥)의 딸이다. 1510년에 문과에 급제한 후 홍문관부수찬・교리・정언・공조정랑을 역임하였다. 1519년 기묘사화가 일어나자 조광조 일파라고 탄핵을 받아 파직되었다. 1538년 윤인경(尹仁鏡)이 이조판서가 되어 기묘사화에서 화를 입은 사람들을 서용하자 대사성으로 복직되어 좌참찬・예조판서 등을 역임하였다. 저서로 『기재집(企齋集)』이 있다.

黃澗駕鶴樓
황간 가학루

地勢高仍豁	땅의 형세는 높고 또 트였는데
山形騖亦留	산의 형상은 내달리는 듯 또한 머물러 있네.
雪殘明夕照	잔설은 저녁 햇살 받아 밝게 비치고
鷗泛炯春流	떠다니는 갈매기는 봄 시내에서 빛나네.
望遠時揩眼	멀리 바라다보며 이따금 눈 씻고
看題屢側頭	현판 쳐다보며 자주 고개 곁으로 돌리네.
仙翎快於馬	신선의 새가 말보다 더 빠르니
安得恣雲遊	어이하면 구름에 의지하여 마음껏 유람하랴.

이황(李滉, 1501~1570)[1] 『퇴계집(退溪集)』

---

[1] 이황(李滉, 1501~1570) : 본관은 진보(眞寶), 호는 퇴계(退溪), 부친은 좌찬성 이식(李埴)이다. 1534년 문과에 급제하고, 승문원부정자가 되면서 관계에 발을 들여놓게 되었다. 을사사화 후 모든 관직을 사퇴하고, 1546년(명종 1) 고향인 낙동강 상류 토계(兎溪)의 동암(東巖)에 양진암(養眞庵)을 얽어서 독서에 전념하였고 토계를 퇴계(退溪)라 개칭하고, 자신의 아호로 삼았다. 이후 단양군수와 풍기군수를 역임하였다. 1560년 도산서당(陶山書堂)을 짓고 독서·수양·저술에 전념하는 한편, 많은 제자들을 훈도하였다.

次黃澗駕鶴樓韻
황간 가학루의 판상운을 따라 짓다

樓豁宜登眺	누각 시원 올라 조망하긴 딱 좋아
偸閑且少留	한가롬 타 에라 잠시 머물고 보니,
危峰凝秀色	오뚝 산봉 말끔한 빛 어리어 있고
寒澗漾淸流	찬 냇물은 맑게 졸졸 흘러가면서,
興杳脩林外	저 먼 숲 밖 흥을 아득 돋우어 주고
吟高曲檻頭	굽은 난간 머리 읊길 높게 하는데,
何人名駕鶴	어느 누가 가학루라 이름 지어서
千古擅奇遊	천 년 두고 신기하게 놀게 하였나?

김충갑(金忠甲, 1515~1575)[1] 『구암집(龜巖集)』

---

[1] 김충갑(金忠甲, 1515~1575) : 호는 구암(龜岩), 본관은 안동(安東)이다. 부친은 조광조(趙光祖)의 문인 김석(金錫)이다. 1546년(명종 원년)에 문과에 급제하여 권지승문원정자에 임명되었으나, 양제역 벽서사건에 연루되어 청주에 유배되었다. 당시 청주 북쪽 오죽촌(梧竹村)에 집을 짓고 귀양살이를 하였다. 기대승의 천거로 공조·예조·병조의 낭관과 사헌부지평·사간원정언·헌납 등 양사의 언관을 두루 역임하였다. 문집으로 『구암집(龜巖集)』이 있다.

黃澗駕鶴樓 板上韻
황간 가학루 판상 시에 차운하다

仙翁愛仙境	선옹이 선경을 좋아하여
駕鶴此淹留	학 타고 이곳에 머물렀네.
人去嶺雲遠	사람 떠난 뒤 산 구름 아득하고
事空溪水流	전설만 남은 자리 시냇물만 흐르네.
煙光荊樹外	안개 빛 자형 나무1) 밖에 빛나고
秋色楚江頭	가을 빛 초나라 강물에 비치네.
恨乏晴川句	깨끗한 냇물의 시구2) 없어
千年記勝遊	천년토록 좋은 유람 기억되지 못함 한스럽네.

구봉령(具鳳齡, 1526~1586)3) 『백담집(栢潭集)』

---

1) 자형(紫荊) 나무 : 형제의 정의(情誼)가 두터움을 비유한 것이다. 옛날에 전진(田眞) 형제 3인이 분가(分家)하려고 재산을 나눈 뒤에 정원의 자형(紫荊) 나무 한 그루까지도 삼등분할 목적으로 쪼개려고 하였는데, 그 이튿날 자형 나무가 도끼를 대기도 전에 말라 죽어 있자, 형제들이 크게 뉘우치고 분가하기로 한 결정을 철회하니 자형 나무가 다시 살아났다는 이야기가 남조 양나라 오균(吳均)의 『속제해기(續齊諧記)』에 나온다.

2) 깨끗한 …… 시구 : 당나라 시인 최호(崔顥)의 〈등황학루(登黃鶴樓)〉 시에 "옛사람이 이미 황학을 타고 떠났는지라, 이 땅에는 공연히 황학루만 남았네. 황학이 한번 가서 다시 돌아오지 않으니, 흰 구름만 천재에 부질없이 왕래하누나. 날 갠 냇물엔 한양의 숲이 역력히 비치고, 향기로운 풀은 앵무주 물가에 무성하도다. 날은 저문데 향관이 그 어느 곳인가, 연기 자욱한 강가에서 사람을 시름겹게 하네.[昔人已乘黃鶴去, 此地空餘黃鶴樓. 黃鶴一去不復返, 白雲千載空悠悠. 晴川歷歷漢陽樹, 芳草萋萋鸚鵡洲. 日暮鄕關何處是? 煙波江上使人愁.]"라고 하였다.

3) 구봉령(具鳳齡, 1526~1586) : 본관은 능성(綾城), 호는 백담(柏潭)이다. 부친은 구겸(具謙)이며, 모친은 안동권씨(安東權氏)이다. 1545년 이황(李滉)의 문하에 들어가 수학하였다. 1560년 문과에 급제한 후, 1564년 다시 문신정시(文臣庭試)에 장원해 수찬·호조좌랑·병조좌랑을 거쳐, 이조참의·형조참의·대사헌·형조참판 등을 지냈다. 만년에 정사(精舍)를 세워 후학들과 경사(經史)를 토론하였다. 문집으로 『백담집(栢潭集)』이 있다.

黃澗駕鶴樓 復次前韻
황간 가학루에서 다시 앞의 시에 차운하다

淸簷明月滿	맑은 처마에는 밝은 달이 가득하고
幽檻白雲留	그윽한 난간에는 흰 구름이 머무네.
鶴馭三天逈	학은 하늘 멀리에서 날아가고
桃花一水流	복숭아꽃은 물 위에 떠내려가네.
光陰塵撲面	흐르는 세월에 먼지 뒤집어쓰고
鞍馬雪渾頭	말 위에서 머리는 백발이 되었네.
感慨心中事	마음속의 일을 탄식하며
頻思玉界遊	자주 신선 세계의 노닒을 생각하네.

구봉령(具鳳齡, 1526~1586) 『백담집』

黃澗駕鶴樓 次板上韻
황간 가학루에서 판상운을 따라 짓다

鶴去千年後	학은 떠나 천 년이 지난 뒤인 채
仙樓名獨留	신선 누각 명칭만 홀로 남아서,
夜深人語少	밤이 깊자 사람 소린 거의가 없고
簷豁月華流	처마 훌쩍 달빛만이 흘러드는데,
溪響鳴巖底	시냇물은 바위 저 밑 울려 흐르고
山光入檻頭	산 풍경은 난간머리 비추어 드니,
東南行役裏	동쪽, 남쪽 하염없이 다니던 중에
何幸得天遊	신선 유람1)하게 되어 웬 행운인가!

권문해(權文海, 1534~1591)2) 『초간집(草澗集)』

---

1) 신선 유람[天遊] : 신선이 하늘을 날면서 노닌다는 놀이이다.
2) 권문해(權文海, 1534~1591) : 본관은 예천, 호는 초간(草澗)이다. 1560년(명종 15) 문과에 급제하였다. 좌부승지·관찰사를 지내고, 1591년(선조 24) 사간이 되었다. 이황(李滉)의 문하에 들어가 수학하였으며, 유성룡(柳成龍)·김성일(金誠一) 등과 친교가 있었다. 문집에 『초간집(草磵集)』이 있다.

次駕鶴樓韻
〈가학루〉 시의 운에 따라

昔人駕鶴樓上遊	옛날 사람 학 타고 누대에서 노닐다가
一去不返今千秋	한번 떠나 안 온 지 천 년이나 되었네.
鶴去樓空日月白	학 떠나고 빈 누대에 일월만 밝더니만
百里更屬吾仁侯	백 리 고을 다시금 그대에게 맡겨졌네.
靑山却略水滂湃	청산은 주위 둘렀고 시냇물은 콸콸 흐르는데
入檻松風生地籟	난간에 송풍 불자 대지에 소리 울리네.
高樓搥碎再突兀	누대를 박살낸 뒤 재차 높이 세우니
臨觀不隔烟霞外	안개 덮인 너머까지 바라볼 수 있었지.
仁侯爲政謝茹吐	그대가 정사할 때 강약 차별하지 말고
莫爲吏迹寧媚嫵	관리 실적 세우려고 아부하지 말게나.
高明遊息足全天	그대와 노닐면 천진 보존 충분한데
永嘉句漏何須數	영가¹⁾니 구루²⁾니 따질 것이 뭐 있겠나.
閬風玄圃入冥搜	낭풍³⁾ 현포⁴⁾ 들어와서 애써서 찾더니
引人絶境充淹留	절경으로 인도하여 머무르게 하였지.
箇中只合臥元龍	그곳에는 원룡⁵⁾이 누워야 제격이니

---

1) 영가(永嘉) : 산수가 아름답기로 이름난 곳이다. 남조(南朝) 송(宋)나라 때 시인 사영운(謝靈運)이 조정에서 배척을 받아 영가태수(永嘉太守)로 좌천되어 공무는 아랑곳하지 않고 마음껏 산수를 유람하면서 시를 읊조렸다. 『宋書 卷67 謝靈運列傳』
2) 구루(句漏) : 구루는 단사(丹沙)가 나는 곳으로 진(晉)나라 때 갈홍(葛洪)이 연단(鍊丹)을 하기 위하여 자청해서 구루 영(句漏令)으로 부임했다고 한다. 『晉書 卷72 葛洪列傳』
3) 낭풍(閬風) : 신선이 산다는 곤륜산(崑崙山) 꼭대기에 있는 봉우리로, 낭풍전(閬風巓) 또는 낭풍대(閬風臺)라고 한다. 굴원(屈原)의 〈이소경(離騷經)〉에 "아침에는 내 백수를 건너 낭풍에 올라 말을 매어 놓겠다.[朝吾將濟於白水兮 登閬風而緤馬]"라고 하였다.
4) 현포(玄圃) : 곤륜산 정상에 있다는 신선이 사는 곳으로, 다섯 금대(金臺)와 열두 옥루(玉樓), 그리고 기이한 꽃과 바위가 많다 한다.

不但豪氣兼風流	호기뿐만 아니라 풍류도 겸하였지.
我落塵埃望寥廓	티끌 속의 이 몸은 바라봐도 아득하니
引領思君雲漠漠	목을 늘여 그대 생각 구름만 자욱했지.
地因人勝亦堪誇	사람 인해 명승 되어 과시하게 되었으니
世間知有楊州鶴	세상에선 양주의 학6) 있는 줄 알겠지.

차천로(車天輅, 1556~1615)7) 『오산집(五山集)』

---

5) 원룡(元龍) : 삼국(三國) 시대 위(魏)나라 진등(陳登)의 자이다. 허사(許汜)가 일찍이 유비(劉備)와 함께 이야기를 나누던 중, 자기가 한번은 진등을 찾아갔더니 진등이 손님 대접을 제대로 하지 않아서 주인인 자신은 높은 와상으로 올라가 눕고, 손님인 자기는 아래 와상에 눕게 하더라고 말하였다. 유비가 말하기를 "그대의 말이 채택할 만한 것이 없었기 때문이다. 나 같았으면 자신은 백척루로 올라가 눕고, 그대는 땅바닥에 눕게 했을 것이다. 어찌 와상을 위아래의 차이로만 하였겠는가."라고 했다는 데서 온 말로, 전하여 지기(志氣)가 매우 고상함을 의미한다. 『三國志 卷7 魏書 陳登』

6) 양주(楊州)의 학 : 어떤 사람들이 모여 놀면서 각자 소원을 말하였는데, 혹은 양주 자사(楊州刺史)가 되기를 원하기도 하고, 혹은 재물이 많은 것을 원하기도 하고, 혹은 학을 타고 하늘로 올라가는 것을 원하기도 하였다. 그런데 그중 한 사람이 말하기를 "허리에 십만 관(貫)의 돈 꾸러미를 찬 다음 학을 타고 양주 자사로 가고 싶다."라고 하였다. 『淵鑑類函 鶴三』

7) 차천로(車天輅, 1556~1615) : 본관은 연안(延安), 호는 오산(五山)·귤실(橘室)·청묘거사(淸妙居士), 송도(松都) 출신이다. 부친은 차식(車軾)이며, 모친은 이계천(李繼天)의 딸이다. 서경덕(徐敬德)의 문인이다. 1583년 문과에 급제한 후 봉상시판관, 봉상시첨정 등을 지냈다. 저서로 『오산집(五山集)』 등이 있다.

駕鶴樓 黃澗
가학루에서 황간에 있다.

中天積翠萬重山	중천까지 퍼어렇게 수만 겹겹 물든 산 속
一曲淸溪淺淺灣	한 줄기로 맑은 시내 굽이굽이 흐르는데,
林末煙生村犬吠	숲 끝 연기 퍼오르며 마을 개들 짖어대니
始知樓下有人間	누각 아래 마을인 걸 처음 알게 되었구나!

최유연(崔有淵, 1587~1656)[1] 『현암유고(玄巖遺稿)』

---

1) 최유연(崔有淵, 1587~1656) : 본관은 해주(海州), 호는 현암(玄巖)·현석(玄石)이다. 부친은 최준(崔濬), 모친은 이원근(李元謹)의 딸이다. 1623년(인조 1) 문과에 급제한 후 지평(持平)·부승지(副承旨)를 거쳐 승지(承旨)에 이르렀다. 저서로는 『현암유고(玄巖遺稿)』 등이 있다.

駕鶴樓 黃澗客舍 時爲京試官
가학루 나는 황간의 객사에 있었는데, 당시 서울에서 파견된 시험관이었다.

快閣登臨爽欲飛	억지 누각 올라서자 날 듯 시원하더니만
水聲長夜入羅幃	물소리는 긴 밤 내내 휘장 안에 들리면서,
山含積雨秋光薄	질긋한 비 젖은 산은 가을 풍경 거의 없고
野抹輕煙曙色微	살짝 안개 깔린 들판 새벽빛만 희미한데,
榮辱向來都是夢	인생 영욕 이제까지 모두 바로 꿈과 같고
功名老去不如歸	세상 공명 늙어가며 돌아감만 못한 터라,
孤衾輾轉心千緖	외론 이불 뒤척이며 수천 가지 생각타가
殘角吹時懶著衣	새벽 나팔 불 때서야 느릿 옷을 입었구나!

김응조(金應祖, 1587~1667)[1] 『학사집(鶴沙集)』

---

[1] 김응조(金應祖, 1587~1667) : 본관은 풍산, 호는 학사(鶴沙)·아헌(啞軒), 안동 출생이다. 1623년 인조가 즉위하자 문과에 급제, 병조정랑·선산부사를 지냈다. 1634년(인조 12) 사직하고 낙향하였으나, 다시 지평·장령·공조참의·대사간·한성부우윤 등을 인조·효종·현종 삼대에 걸쳐 역임하였다. 1647년 부교리(副校理)에서 보덕(輔德)이 되고, 효종 초에는 공조참의를 거쳐, 한성부우윤이 되었다. 문집에 『학사집(鶴沙集)』 등이 있다.

黃澗駕鶴樓 有懷子公
황간의 가학루에서 자공¹⁾을 그리워하며

山頭霧初罷	산머리에 안개 처음 걷히고 나자
晚飯出稽州	늦게 조반 끝나 영동(永同)²⁾ 향해 가자니,
峽束疑無路	산골 겹쳐 길이라곤 없나 싶다간
林開忽聳樓	숲속 열려 홀연 높은 누각 있으며,
叢篁花盡亞	대숲에다 꽃들 모두 따라 펴 있고
亂石水交流	물은 널린 바위 틈새 흘러서 가니,
恨不携吾友	한스럽다. 나의 벗과 함께 못 와서
新詩此共搜	예서 함께 새로운 시 못 짓게 된 게!

박장원(朴長遠, 1612~1671)³⁾ 『구당집(久堂集)』

---

1) 자공(子公) : 김득신(金得臣, 1604~1684)의 자이다. 김득신의 호는 백곡(栢谷)·괴강노옹(槐江老翁)·구석산인(龜石山人), 본관은 안동(安東)이다. 부친은 김치(金緻), 모친은 사천목씨(泗川睦氏)이다. 김득신은 10세가 되어 부친에게 글을 배우기 시작하였고, 27세 이후로 산사와 경향 등지를 두루 다니며 공부에 매진하였다. 1642년(인조 20)에 진사시에 입격하였고, 1662년(현종 3) 과거에 급제하여 환로에 올랐다. 성균관학유에 임명된 것을 시작으로 성균관전적·홍천현감·장악원정 등을 역임하였다. 이후 김득신은 괴산 취묵당(醉默堂)으로 내려와 지냈다. 문집으로 『백곡집(栢谷集)』이 있다.
2) 영동 : 원문의 稽州는 "永同"의 옛 호칭이었다.
3) 박장원(朴長遠, 1612~1671) : 본관은 고령(高靈), 호는 구당(久堂)·습천(隰川)이다. 부친은 직장 박훤(朴烜)이며, 모친은 청송심씨(靑松沈氏)이다. 1636년 문과 급제 후 검열이 되고, 1640년 사간원정언으로 춘추관기사관이 되어 『선조수정실록』의 편찬에 참여하였다. 1658년 상주목사에 이어 강원도관찰사·예조판서·한성부관윤 등을 역임하였다. 저서로는 『구당집(久堂集)』이 있다.

步和駕鶴樓板上韻
가학루 판상의 시에 화운하다

黃州百里鶴千秋	백리의 황주에 학이 천 년이니
駕不虛名有此樓	가학은 허명이 아니요 이 누대가 있었네.
松樹層崖雲上界	절벽의 송림은 구름 위의 이 세계요
蘆花兩岸月中流	갈대꽃 핀 물가에는 물속에 달이 있네.
山川渺渺仙何去	산천은 아득한데 신선은 어디로 갔나
宇宙蕭蕭客亦悠	우주가 쓸쓸하니 나그네 또한 수심일세.
官道城南幽草沒	성 남쪽의 관도는 묵은 풀에 묻혔으니
笙歌無復去時秋	피리와 노랫소리 다시는 그 옛날이 아니구려.

송우용(宋友用, 1884~1968)

渡黃澗回巖水 時積雨水 洶湧可懼 縣吏十餘人 以肩輿渡予 吏云靑山縣前川亦深

황간의 회암수를 건너다 이때 빗물이 많이 불어 용솟음치는 물살이 두려울 정도였다. 현의 아전 십여 인이 가마로 나를 건네주었는데, 그 아전이 청산현의 앞 냇물도 깊다고 말하였다.

陰風吹苦雨	음산한 바람이 궂은비 몰아오니
咫尺道路難	지척의 길도 다니기가 어렵네.
征夫懷靡及	사자는 왕사를 미쳐 못할까 걱정이니
豈容久盤桓	어찌 오래 머뭇거릴 수 있으리오.
睨此澗谷水	그러나 이 골짝의 물을 보니
瑟縮心膽寒	너무 두려워 간담이 서늘해지네.
臨深尙有戒	깊은 물에 임해도 경계해야 하거늘
何況蹈狂瀾	더구나 미친 파도를 건너는 일이랴.
吏胥似平地	아전들은 평지와 같이 여기고
笑我顔無歡	겁먹은 내 얼굴을 비웃으면서.
籃輿擔以渡	남여에 나를 메고 건너는 것이
倏若乘風翰	바람 탄 날개처럼 빠르기도 해라.
悸定復勤問	나는 마음 진정하여 다시 묻노니
何處靑山灘	어느 곳이 청산의 여울인가.

김종직(金宗直, 1431~1492)[1] 『점필재집(佔畢齋集)』

---

[1] 김종직(金宗直, 1431~1492) : 경상남도 밀양 출신이며, 본관은 선산(善山)이다. 호는 점필재(佔畢齋), 부친은 김숙자이다. 1459년(세조 5) 문과에 급제한 후, 이조참판·경연동지사·한성부윤·공조참판·형조판서 등을 지냈다. 문인으로는 정여창(鄭汝昌)·김굉필(金宏弼)·김일손(金馹孫)·유호인(兪好仁)·남효온(南孝溫) 등이 있다.

寄鄭黃澗君澤
황간의 현감 정군택에게 부치다[1]

重興仙洞舊相隨	신선 마을 중흥동[2]을 옛날 서로 찾아갔다
江沄迢迢歲屢移	아득 멀리 강위[3] 간 건 여러 해가 되었는데,
十載干戈那忍說	십년 동안 겪은 전쟁 어찌 차마 말하겠나
一樽談笑亦無期	한 동이 술 담소 기회 약속마저 못 하는 채,
我離香土尋丘壑	나는 관직 떠나서는 시골 찾아 왔건마는
君向滄波理釣絲	자넨 관직 세상 향해 역할 준비하였으니,
一帶荊江連赤水	한 줄기 형강[4]이 적등강(赤登江)[5]에 닿았으니
秋風搖棹遡淸漪	가을바람 노를 저어 맑은 그 물 올라가게!

송남수(宋枏壽, 1537~1626)[6] 『송담집(松潭集)』

---

1) 이 작품은 현감을 출발로 해서 승진하라는 축시이다.
2) 중흥동(重興洞) : 둘이 함께 갔던 명승지일 것이다.
3) 강위(江沄) : 역시 둘이 함께 갔던 명승지일 것이다.
4) 형강(荊江) : 금강을 가리키는데, 특히 문의 일대의 강을 형강이라고 한다.
5) 적등강[赤水] : 적수(赤水)는 황간(黃澗) 지역의 물이 흘러 들어가는 적등강(赤登江)을 말하면서 낮은 직급의 관리를 비유한 말로, 여기에서 시작해서 높은 직급으로 올라가라는 뜻을 담은 것이다.
6) 송남수(宋枏壽, 1537~1626) : 호는 송담(松潭)·오도산인(吾道山人), 본관은 은진(恩津)이다. 1578년(선조 11) 음보(蔭補)로 등용되어 임천군수(林川郡守)에 이르렀다. 1597년 정유재란 때 싸우지 않고 도주하여 처형될 뻔했으나 특별히 용서받아 군량 수송의 책임을 맡았다. 만년에는 고향에서 서사(書史)와 시문(詩文)을 즐겼다. 문집으로 『송담집(松潭集)』이 있다.

黃澗 次崔舍人晛韻
황간에서 최 사인현의 시 운자를 따라 짓다

水色明深峽	깊은 산골 물 빛깔은 환하게 밝고
山光暎小樓	산 풍경은 작은 누각 어울렸는데,
雲林靜散地	속셀 떠나1) 조용한 채 한가론 이 곳2)
邂逅得天遊	우연 만나 신선 놀일3) 할 수 있게 돼,
酸寒溧陽尉	처량 신세4) 율양위5)와 같은 처지로
得句仲宣樓	중선루6)서 왕찬(王粲) 같이 좋은 시 짓곤,
不是陶元亮	도원량7)과 같은 인물 못 되었으니
空慚馬少遊	마소유(馬少遊)8) 그에게도 부끄럽구나!

성문준(成文濬, 1559~1626)9) 『창랑집(滄浪集)』

---

1) 속셀 떠나 : 원문의 "운림(雲林)"은 속세를 떠나 숨어 사는 곳을 뜻한다.
2) 한가론 이 곳 : 원문의 "산지(散地)"는 사람들이 버린 듯이 한가론 지역을 뜻한다.
3) 신선 놀일 : 원문의 "천유(天遊)"는 학을 타고 하늘을 날며 노닌다는 말로, 신선이 되어 노닌다는 말이다.
4) 처량 신세 : 원문의 "산한(酸寒)"은 세상에서 버려진 채 가난한 것을 뜻한다.
5) 율양위(溧陽尉) : 나이 50에 등제(登第)하여 율양위(溧陽尉)라는 하급 관직에 몸담았던 당(唐)나라 시인 맹교(孟郊)를 가리킨다. 한유(韓愈)의 시에 "율양의 위는 춥고 배고픈 자리, 나이도 오십이니 얼마나 늙었는가.[酸寒溧陽尉 五十幾何耄]"라는 말이 나온다.
6) 중선루(仲宣樓) : 중국의 한(漢)나라 왕찬(王粲)이 이 누각에서 시를 지었다. 중선(仲宣)은 그의 자(字)이다.
7) 도원량(陶元亮) : 중국의 진(晉)나라 도연명(陶淵明)을 말하며 원량(元亮)은 그의 자(字)이다.
8) 마소유(馬少遊) : 중국의 후한(後漢) 사람 마원(馬援)의 아우이며, 그는 '무엇을 해도 착한 사람만 되면 괜찮다'고 말했다.
9) 성문준(成文濬, 1559~1626) : 본관은 창녕(昌寧), 호는 창랑(滄浪)이다. 부친은 성혼(成渾)이며, 모친은 고령신씨(高靈申氏)로 신여량(申汝樑)의 딸이다. 1585년(선조 18) 사마시에 입격하여 연은전참봉·세자익위사세마를 지냈다. 부친이 무욕(誣辱)을 당하게 되자 벼슬을 버리고 임천(林泉)에서 은거하였다. 1623년(인조 1) 인조반정 뒤 사포서사포를 거쳐, 영동현감(永同縣監)을 역임하였다. 저서로는 『창랑집(滄浪集)』 등이 있다.

黃澗縣
황간현

洞天中闢簇雲山	골짜기 중간이 트이며 구름 낀 산이 모여 있고
樓壓長川曲作灣	누대는 긴 시내 누르고 굽이돌아 만이 되었네.
八月秋高一夜宿	팔월이라 가을하늘 높은데 하룻밤을 묵으니
更無羈夢到人間	더욱이 인간 세상 가는 나그네 꿈이 없구나.

이안눌(李安訥, 1571~1637)[1] 『동악집(東岳集)』

---

[1] 이안눌(李安訥, 1571~1637) : 본관은 덕수(德水), 호는 동악(東岳)이다. 부친은 진사 이형(李泂)이며, 모친은 경주이씨이다. 1599년(선조 32) 문과에 급제했으며 이후 여러 언관직(言官職)을 거쳐 예조와 이조의 정랑, 홍문관제학 등을 지냈다. 1636년 겨울에 병자호란이 일어나자 병든 몸을 이끌고 왕을 호종하여 남한산성으로 갔다. 저서로는 『동악집(東岳集)』이 있다.

黃澗
황간에서

白露黃粱熟	흰 이슬에 조 이삭은 누렇게 익고
侵籬澗水懸	울 속으로 산골 물 흘러가네.
高樓憶疎豁	높은 누각 훤히 트임 생각하다가
却望峽中天	도리어 골짝 안의 하늘 보누나.

김육(金堉, 1580~1658)[1] 『잠곡유고(潛谷遺稿)』

---

[1] 김육(金堉, 1580~1658) : 호는 잠곡(潛谷), 본관은 청풍(淸風)이다. 1605년(선조 38) 사마시에 입격한 후, 문묘(文廟)의 책임을 맡았고, 그때 정인홍(鄭仁弘)을 비판하다가 광해군의 노염을 받아 가평(加平)에서 은둔 생활로 10년을 지냈다. 1623년 인조반정으로 다시 조정에 불려와 금오랑(金吾郞)을 역임하고 다음해 봄, 이괄(李适)의 난으로 임금이 피난하자 호종한 공으로 음성 현감이 되었으며 이어 부제학·성균좨주·예조판서를 역임, 1651년(효종 2) 영의정이 되었다.

過黃澗縣 書主人紙窓
황간현을 지나다가 주인집의 창문 종이에 써 놓다

長洲春草碧於波	긴긴 냇가 봄 맞은 풀 물결보다 더 푸른데
此去南州路幾多	예서 떠날 남쪽 여정 그 얼마나 길 많을까?
畵角三聲驚罷睡	기상나팔 세 마디에 놀라 잠을 깨어나선
靑山黃澗夢中過	청산 지역·황간 지역 꿈속처럼 지나왔네!

남용익(南龍翼, 1628~1692)[1] 『호곡집(壺谷集)』

---

[1] 남용익(南龍翼, 1628~1692) : 본관은 의령(宜寧), 호는 호곡(壺谷)이다. 부친은 부사 남득명(南得明)이며, 모친은 신복일(申復一)의 딸이다. 1648년 문과에 급제한 뒤, 병조좌랑·홍문관부수찬 등의 요직을 역임하였다. 현종 때는 대사간·대사성을 거쳐 6조의 참판을 두루 거쳤다. 1680년(숙종 6)부터 좌참찬·예문관 제학을 역임하고, 1689년 소의장씨(昭儀張氏)가 왕자를 낳아 숙종이 그를 원자로 삼으려 하자, 여기에 극언으로 반대하다가 명천으로 유배되어 3년 뒤 그곳에서 죽었다. 문집인 『호곡집(壺谷集)』 등이 있다.

黃澗道中
황간 가는 길에

南州荒絶爲誰留	아득히 먼 이 남쪽에 뭣 때문에 멈춰 있나
行役悠悠歲暮愁	다니는 길 아득하여 세모 맞아 시름인데,
層嶂揷天猶有路	산봉 하늘 솟았어도 외려 길은 있었기로
長風捲地獨憑樓	지면 부는 바람에도 홀로 누각 기댔자니,
經霜老栢渾深翠	서리 맞은 큰 잣나문 온통 푸름 짙어 있고
出峽鳴灘盡急流	골짝 울려 나온 여울 모두 빨리 흘러가니,
千里家鄕頻入夢	천리나 먼 고향만은 자주 꿈속 나타날 뿐
錦江波瀾繫孤舟	금강 이는 파도 속에 외로운 배 매어 놨네!

김이곤(金履坤, 1712~1774)[1] 『봉록집(鳳麓集)』

---

[1] 김이곤(金履坤, 1712~1774) : 본관은 안동(安東), 호는 봉록(鳳麓)이다. 부친은 김순행(金純行)이며, 족부(族父) 김명행(金明行)에게 입양되었다. 1752년에 동궁시직(東宮侍直)이 되었으며, 1774년에 김이곤이 신계현령(新溪縣令)에 제수되었다. 저서로는 『봉록집(鳳麓集)』이 있다.

黃磵縣
황간현에서

深川日夜流	깊은 냇물 밤낮으로 흘러서 가며
奔溑三十曲	달려가는 물길 바로 서른 굽인데,
山水互送迎	산과 물이 서로 맞고 서로 보내며
高岸又平陸	높은 언덕이었다가 또 평지 되어,
秣馬西松院	서송원(西松院)1)서 말에게 먹일 먹이고
揮鞭出磵曲	채찍 치며 계곡 굽이 벗어나오니,
官道厪一線	큰길이란 겨우 하나 줄로 된 채로
直指山之腹	곧장 산의 배 쪽으로 나 있으면서,
頹衙小於掌	기운 청사(廳舍) 손바닥 보다 작은 채
孤寄如僧屋	스님 암자 같이 외져 붙어 있으며,
翻思李知縣	사또였던 이 현감을 되 따져 보니
異事空遺躅	기이했던 일들 괜히 흔적뿐이나,
騎牛爲洗馬	소를 타고 말 세척을 하였었으니
風流眞可掬	그 한 품이 정말 손에 잡힐 것 같고,
新詩又警策	새로 지은 시들 또한 놀랍건마는
思之徒極目	생각하면 눈 빠지게 한갓 그릴뿐,
極目人已遠	그려보면 사람 벌써 멀리 가버려
夕陽棲古木	저녁 해만 고목 위에 비칠 뿐일세!

홍한주(洪翰周, 1798~1868)2) 『해옹시문집(海翁詩文集)』

---

1) 서송원(西松院) : 지금의 황간면 서송원리에 있는 옛날 역원(驛院)으로 지금의 역같이 교통의 중심지였으며, 서송원(徐松院)이라고도 하였다.
2) 홍한주(洪翰周, 1798~1868) : 본관은 풍산(豊山), 호는 해옹(海翁). 저서로는 『해옹시문집』이 있다.

湖東八景 中 錦江歸帆
호동팔경[1] 중 '금강에 돌아오는 돛단배'

樹浮百濟國	나무는 백제국(百濟國)에 떠 있고
霞落沃州城	노을은 옥주성(沃州城)[2]으로 떨어지네.
中有澄湖百里明	이 가운데 맑은 호수 백 리가 밝은데
風帆弄日輕	바람 받은 돛은 햇빛 가볍게 희롱하네.
翻回鷗鷺舞	날아 돌아오는 갈매기와 백로 춤추고
衝斷靄雲橫	부딪쳐 끊어진 아지랑이와 구름 가로 감싸네.
多少遊人浩蕩情	유람하는 사람들 호탕한 감정 발하는데
長空鴈一聲	넓은 하늘에 기러기 울음소리 들리네.

허온(許蘊, 1861~1941)[3] 『회곡집(晦谷集)』

---

1) 호동팔경(湖東八景) : 영동군 황간면 원촌리 일원으로, 팔경은 덕봉상운(德峯祥雲), 용연추월(龍淵秋月), 구봉조양(九鳳朝陽), 증봉자하(甑峰紫霞), 법암모종(法菴暮鍾), 월봉반조(月峯返照), 신평토약(新坪土籥), 금강귀범(錦江歸帆)이다.
2) 옥주성(沃州城) : 옥주(沃州)는 지금의 충북 옥천의 옛이름이다.
3) 허온(許蘊, 1861~1941) : 호는 회곡(晦谷), 본관은 하양(河陽)이다. 곽종석(郭鍾錫)의 문인이다. 문장으로 이름이 났으나 벼슬에 뜻을 두지 않고 영동 황간 백화산(白華山) 밑 신기(新基)에 살며 학문에만 전념하였다.

新安八景 中 月峯落照
신안팔경[1] 중 '월류봉의 저녁 햇빛'

峯接咸池天際邵	봉우리가 하늘 끝 함지(咸池)[2]에 접해 있는데
流光爲愛掛殘照	흐르는 햇빛을 사랑하여 저녁노을을 걸어놓았네.
溪沙閒坐問何翁	시냇가 모래톱에 앉아 있는 노인 누구인가 물어보니
山水歌中尙對釣	산수를 노래하는 가운데 오히려 낚싯대만 잡고 있네.

이규회(李奎會, 1800~1867) 『무간집(無干集)』

---

1) 신안팔경(新安八景) : 영동군 황간면 일원으로, 팔경은 학봉노송(鶴峯老松), 화우춘조(花隅春鳥), 후평농가(後坪農歌), 선암귀운(仙庵歸雲), 월봉낙조(月峯落照), 이봉석수(伊峯夕燧), 상암채곡(裳巖採曲), 장등모연(長磴暮煙)이다.
2) 함지(咸池) : 하늘에 있는 해가 목욕한다는 못. 천지(天池).

留宿般若寺
반야사[1]에서 유숙하며

竹房高處絶人聲	대나무 방 높은 곳엔 인기척도 끊어졌고
半夜溪鳴入夢淸	한밤중의 냇물소리 꿈결에도 깨끗하구나.
燭轉香殘僧面壁	촛불 지고 향 사글도록 면벽하는 스님
滿簾風細月華明	주렴 가득 바람 들고 달빛이 환하네.

박흥생(朴興生, 1374~1446)[2] 『국당유고(菊堂遺稿)』

---

1) 반야사(般若寺) : 영동군 황간면 지장산(地藏山)에 있는 남북국시대 통일신라의 승려 상원(相源)이 창건한 사찰.
2) 박흥생(朴興生, 1374~1446) : 호는 국당(菊堂), 본관은 밀양(密陽)이다. 부친은 박천귀이며, 김자수(金子粹)의 문인이다. 박흥생은 생원시와 진사시에 모두 급제한 후 창평현령(昌平縣令)을 지냈으나, 1424년(세종 6) 부친상을 당해 영동으로 낙향하였다. 영동 고당포(高塘浦)에 이요당(二樂堂)과 쌍청루(雙淸樓)를 짓고 이후 20여 년간 경전을 탐구했다. 1670년(현종 11)에 영동의 화암서원(華巖書院)에 제향되었다.

般若寺 次主人
반야사에서 주인의 운에 차운하다

夜醉仙樓月	밤에는 신선의 누대에서 달에 취하고
朝尋古寺春	아침에 옛 절에서 봄을 찾노라.
瑤岑元逈俗	옥빛 뫼는 원래 속세에서 멀고
石澗不生塵	계곡물엔 티끌이 생기지 않네.
結夏眠雲衲	결제에 들어 하안거하는 스님[1]은 조는데
棲霞想羽人	노을에 깃들어 우인[2]을 생각하네.
何緣置茅宇	어이하면 초가집을 짓고서
林壑養吾眞	숲속에서 나의 본성 수행할까.

황준량(黃俊良, 1517~1563)[3] 『금계집(錦溪集)』

---

[1] 하안거(夏安居)하는 스님 : 결하하는 승려라는 뜻이다. 결하는 비구들이 음력 4월 보름부터 3개월 동안 사찰 밖으로 나가지 않고 한곳에 머물면서 정진 수행하는 기간을 말하는 것으로, 하안거 또는 우안거(雨安居)라고도 한다.

[2] 우인(羽人) : 신선을 달리 이르는 말인데, 우객(羽客)이라고도 한다. 『초사』〈원유(遠遊)〉에 "단구로 우인에게 나아감이여, 죽지 않는 고장에 머무르련다.[仍羽人於丹丘兮 留不死之舊鄕]"라고 한 데서 온 말이다.

[3] 황준량(黃俊良, 1517~1563) : 호는 금계(錦溪), 본관은 평해(平海)이다. 부친은 황치(黃觶)이며, 모친은 황한필(黃漢弼)의 딸이다. 이황의 문인이다. 1540년(중종 35) 문과에 급제한 후, 공조좌랑・호조좌랑겸춘추관기사관・단양군수・성주목사 등을 역임했다. 『중종실록』과 『인종실록』 편찬에 참여하였다. 문집으로 『금계집(錦溪集)』이 있다.

黃澗般若庵 次李東崦同字韻 示宗人李天瑞
황간의 반야암에서 이동암의 '동'자 운에 맞춰 지어 종인 이천서에게 보여주다

柯葉張來自踈密	줄기와 잎 자라 성글기도 하고 빽빽하기도 하며
支流分處亦西東	지류 나뉘어 서쪽으로도 동쪽으로도 흘러가네.
須將幹本源頭說	모름지기 뿌리와 근원으로 말해야 하니
水不殊源幹却同	물은 근원 다르지 않고 줄기는 뿌리 같다네
纖月迢迢已欲中	초승달 아스라이 떠올라 어느덧 중천 향하고
子規啼在古杉東	자규새는 묵은 삼나무 동쪽에서 우네.
佛燈明滅禪房靜	등불 깜빡이는 선방 고요한데
吟罷新詩一笑同	새 시 읊고 나서 함께 한바탕 웃노라.

이하곤(李夏坤, 1677~1724)[1] 『두타초(頭陀草)』

---

[1] 이하곤(李夏坤, 1677~1724) : 호는 담헌(澹軒), 본관은 경주(慶州)이다. 부친은 이인엽(李寅燁)이고, 모친은 임천조씨(林川趙氏)이다. 이하곤은 지금의 진천 초평 용정리 양촌마을에서 태어났다. 김창협(金昌協)의 문인이다. 1722년(경종 2) 과거를 단념하고 고향인 진천 초평으로 내려와 학문과 서화에 힘썼다. 이하곤은 평생을 관직에 나가지 않고 독서와 시서화(詩書畵) 및 장서에 힘썼다. 만권루를 중심으로 시인이었던 이병연(李秉淵)과 서예로 유명한 윤순(尹淳), 화가였던 정선(鄭敾)·윤두서(尹斗緖) 등과 교유하였다. 양반 사대부로 김창흡(金昌翕)·이병연·신정하(申靖夏)·이광사·윤두서·윤순·조귀명(趙龜命)·홍중성(洪重聖) 등과 교유하였다. 시문집으로『두타초(頭陀草)』등이 있다.

遊冷泉亭
냉천정[1]을 유람하다

袖裏全携駕鶴樓	소매 속에 가학루시만 휴대하다가[2]
餘酣又作冷泉遊	취흥에 다시 냉천정을 유람하였네.
斜陽回首無窮意	석양에 머리 돌리니 뜻이 끝없는데
倂入峯頭一笛秋	봉우리 위에 가을 젓대 소리 함께 들리네.

황준량(黃俊良, 1517~1563) 『금계집(錦溪集)』

---

1) 냉천정(冷泉亭) : 영동군 황간읍에 있는 정자 이름이다.
2) 소매 …… 휴대하다가 : 한껏 고조된 시인의 흥취가 느껴지는 시구이다. 의미는 가학루에 관한 시를 이미 지어 소매 속에 넣어두었다는 것이다.

再訪冷泉亭
다시 냉천정을 방문하여

疊壁沿江玉揷天	강을 올라가니 첩첩 봉우리 하늘에 꽂혀 있고
崖晴谷秀貯風煙	맑은 벼랑과 빼어난 골짝엔 안개가 자욱하네.
武夷千古難高下	천고의 무이산과 높낮이 가리기 어려우니
誰和文公九曲篇	누가 주 문공(朱文公)의 구곡 시[1]에 화답하랴.

황준량(黃俊良, 1517~1563)『금계집』

---

[1] 주 문공(朱文公)의 구곡 시(九曲詩) : 주문공은 남송(南宋)의 대학자인 주희(朱熹)를 가리킨 것으로 문공은 그의 시호이다. 구곡(九曲)은 무이산(武夷山) 아래 흐르는 아홉 굽이의 시내인데, 주희는 이곳에 정사(精舍)를 짓고 무이 구곡의 경치를 읊은 〈무이도가(武夷櫂歌)〉를 지어 유명하다.

寒泉精舍
한천정사에서[1]

月留峰形斷復連	월류봉 끊어질 듯 다시 이어지고
花軒水勢更盤旋	화헌악 아래 흐르는 물 휘감았네.
山羊綠壁如飛穴	산양의 푸른 절벽은 나는 굴과 같고
縣主登岑學化鵑	고을 원님은 산봉우리 올라 두견을 배우네.
菴廢法存餘古址	암자는 없어지고 불법은 있어 옛터가 남았고
書編思錄憶寒泉	글을 엮고 생각을 기록함에 한천[2]이 떠오르네.
仙禽一去雲猶在	선학(仙鶴)은 날아갔으나 구름은 남아 있는데
何事神龍久蟄淵	무슨 일로 신룡은 오래 못에 잠겨있나.

박유동(朴惟棟, 1604~1688)[3] 『일석유고(一石遺稿)』

---

[1] 한천정사(寒泉精舍)에서 : 한천정사는 영동군 황간면 원촌리에 있다. 우암 송시열(宋時烈, 1607~1689)이 한때 이곳에 머물며 작은 정사를 짓고 학문을 연구하였는데 월류봉 아래쪽에 우암을 기리기 위해 건립한 것이 한천정사이다. 월류봉을 중심으로 그 주위의 뛰어난 여덟 곳을 한천팔경(寒泉八景) 또는 냉천팔경(冷泉八景)이라고 하는데, 이 시는 한천팔경을 노래하였는바, 1구는 월류봉(月留峯), 2구는 화헌악(花軒嶽), 3구는 산양벽(山羊壁), 4구는 사군봉(伺君峯), 5구는 법존암(法尊巖), 6구는 냉천정(冷泉亭), 7구는 청학굴(青鶴窟), 8구는 용연동(龍淵洞)이다.

[2] 한천(寒泉) : 주자가 머물렀던 한천정사(寒泉精舍)로 주자를 가리킨다. 주자는 『근사록(近思錄)』을 편찬하였다.

[3] 박유동(朴惟東, 1604~1688) : 본관은 충주(忠州), 호는 일석(一石)이다. 부친은 박사삼(朴事三), 모친은 배천조씨(白川趙氏)로 조응지(趙應祉)의 딸이다. 김장생(金長生)의 문인이다. 1652년(효종 3) 진사시에 입격한 후 목릉참봉(穆陵參奉) 경기전참봉(慶基殿參奉)을 거쳐 사직서참봉(社稷署參奉)을 지낸 뒤 고향에 돌아와서 후진의 양성에 전력을 기울였다. 저서로는 『일석유고(一石遺稿)』 2권이 있다.

冷泉亭
냉천정에서

金碧撑螺髻	단청 칠한 정자는 소라 껍질 지붕에
芙蓉列錦屛	연꽃들은 비단병풍 편 듯 폈는데,
天慳留勝槪	하늘에선 좋은 풍경 아껴 뒀다가
地僻有孤亭	외진 이 곳 오뚝 정자 세워 놓아서,
雪共寒沙白	찬 모래 밭 눈빛 같이 희게 펼쳤고
雲將亂岫靑	늘어선 산 구름 함께 푸르렀으니,
何當成小築	어찌해야 자그만 집 지어 놓고서
煙月此颺舲	안개, 달과 여기에서 노닐며 살까?

신득홍(申得洪, 1608~1653)[1] 『지담집(芷潭集)』

---

[1] 신득홍(申得洪, 1608~1653) : 본관은 고령, 호는 지담(芷潭)이다. 관직은 전적·감찰·공조좌랑·옥과현감 등을 역임한 뒤 함경도도사에 이르렀다.

冷泉八詠 中 月留峯
냉천팔영[1] 중 '월류봉'

日落江空暮靄橫	해 저문 빈 강에 저녁 안개 자욱하고
更憐寒月靜中生	깨끗한 달이 고요히 떠올라 더욱 어여뻐라.
東岑玉立三千仞	동쪽 봉우리는 삼 천 길 옥처럼 서서
留得淸輝夜夜明	맑은 달빛 잡아놓아 밤마다 밝네.

홍여하(洪汝河, 1620~1674)[2] 『목재집(木齋集)』

---

1) 냉천팔영 : 영동군 황간면 원촌리에 있는 월류봉을 중심으로 그 주위의 뛰어난 여덟 곳을 말한다. 『신증동국여지승람』 제16권, 충청도 황간현(黃澗縣) 불우 조에 '심묘사(深妙寺)팔경(八景)'이라 기록되어 있는 곳이 바로 이곳이다. 우암 송시열(宋時烈, 1607~1689)이 한때 이곳에 머물며 작은 정사를 짓고 학문을 연구하였는데 월류봉 아래쪽에 부암을 기리기 위해 건립된 한천정사(寒泉精舍)가 있다

2) 홍여하(洪汝河, 1620~1674) : 본관은 부계(缶溪), 호는 목재(木齋)·산택재(山澤齋)이다. 부친은 대사간 홍호(洪鎬)이며, 모친은 고종후(高從厚)의 딸이다. 1654년(효종 5) 문과에 급제, 예문관 검열·대교·봉교 등을 역임했다. 1658년 경성판관이 되었으며, 왕의 하문에 의하여 소를 올렸으나 그 소문에 이후원(李厚源)을 논박한 구절로 말미암아 이조판서 송시열(宋時烈)이 사직하는 등의 문제를 일으켜 황간(黃澗)에 유배되었다. 1674년(숙종 즉위년) 제2차 복상문제(服喪問題)로 남인이 정권을 잡자 다시 등용되어 병조좌랑이 되었으며, 이어 사간에 이르렀다. 저서로는 『목재집(木齋集)』 등이 있다.

冷泉八詠 中 龍淵洞
냉천팔영 중 '용연동'

春波澹蕩玉虹淵	봄 물결 출렁대는 용연(龍淵)에
石上花飛鏡裏天	돌 위 꽃잎은 거울 같은 수면에 날리네.
醉倚高臺轟鐵笛	취해 높은 대에 기대자 철적 소리 울려
一聲驚破毒龍眠	한 소리에 잠자던 독룡이 놀라 깨어날 듯.

홍여하(洪汝河, 1620~1674)『목재집』

冷泉八詠 中 法遵菴
냉천팔영 중 '법준암'

苔滑雲深石路低	이끼 매끄럽고 구름 깊은 돌길 아래
法遵菴在月峯西	법준암이 월류봉 서쪽에 자리하였네.
洞門十里春波闊	십 리 길 골짜기에 봄 물결 넓으니
滿地落花山鳥啼	땅에 가득 꽃이 지고 산새 지저귀네.

홍여하(洪汝河, 1620~1674) 『목재집』

遊黃澗冷川
황간 냉천에 와서 노닐면서

黃古山羊壁	황간 여기 오랜 암석 이 산양벽(山羊壁)은
蒼蒼半入雲	아득 반신(半身) 구름 속에 들어 있는 채,
寒溪在其下	찬 계곡 물 그 아래로 흘려보내며
日夜洗塵氛	밤낮으로 속세 먼질 씻게 하누나!

이세구(李世龜, 1646~1700)[1] 『양와집(養窩集)』

---

[1] 이세구(李世龜, 1646~1700) : 본관은 경주(慶州), 호는 양와(養窩)이다. 부친은 이시현(李時顯)으로, 박장원(朴長遠)의 문인이다. 1673년(현종 14) 진사시에 합격하고, 1695년 천거로 예산현감에 임명되고, 1697년 장령을 거쳐 서연관(書筵官)·상의원첨정(尙衣院僉正)·홍주목사 등을 역임하였다. 저서로는 『양와집(養窩集)』이 있다.

謁寒泉書院 同弟姪 煮花喚鶴庵前 時轉入黃澗
한천서원을 참배하고 아우, 조카들과 암자 앞에서 화전을 부쳐 먹고 학을 부르며 즐기고서, 시간이 지나서 황간으로 들어갔다

壁聳千尋翠	푸른 절벽 아스라이 천길 솟았고
潭回百頃清	물은 돌며 백 이랑에 맑기도 한데,
冠童春日興	어른 아이 봄을 맞은 흥에 겨워서
骨肉異鄉情	친족 간에 타향에서 맞는 정이라,
酒煖供溪鯽	따스한 술 냇물 고기 안주로 삼고
糕香掇野英	야생 꽃을 화전으로 부쳐 놓으니,
盤陀臨水石	물가 바위 울퉁불퉁 앉아 노닐며
留客便忘行	멈춘 객들 문득 갈 걸 잊어버렸네!

이기진(李箕鎭, 1687~1755)[1] 『목곡집(牧谷集)』

---

[1] 이기진(李箕鎭, 1687~1755) : 본관은 덕수(德水), 호는 목곡(牧谷)이다. 부친은 양구현감 이당(李簹)이며, 모친은 박원만(朴元萬)의 딸이다. 권상하(權尚夏)의 문인이다. 1717년(숙종 43) 문과에 급제 영조대에 대사성·대사간·경기도관찰사·판의금부사·판돈녕부사를 지냈다. 저서로는 『목곡집(牧谷集)』이 있다.

黃溪道中
황계 가는 길에

洞天幽景畵難形	골짝 속의 아늑한 곳 그려 설명 어려운 곳
匹馬探奇認舊經	말을 타고 경치 찾아 옛 지도1)로 알겠는데,
萬古長懸黃瀑水	만년 두고 황계(黃溪) 폭포 사뭇 달려 물 흐르고
十年復見碧寒亭	십 년 만에 푸르고 찬 냉천정(冷泉亭)을 다시 보니,
鬖髿柳暗鳴鳩雨	비둘기가 우는 비 속 늘인 버들 어둑하고
潑剌鰷游宿鷺汀	백로 조는 물가에는 모래무지 헤엄쳐서,
盡日緣溪隨意適	하루 종일 시내 따라 내 뜻대로 놀겠으니
此行堪可入丹靑	이번 여행 그림으로 그려질만2) 하게 됐네!

박치복(朴致馥, 1824~1894)3) 『만성집(晩醒集)』

---

1) 옛 지도[舊經] : 옛날의 도경(圖經), 옛날의 지도(地圖)라는 말이다.
2) 그림으로 그려질만[入丹靑] : 단청(丹靑) 곧 그림에 들어간다는 것은, 그림으로 그려진다는 말이다.
3) 박치복(朴致馥, 1824~1894) : 호는 만성(晩醒), 함안(咸安) 출생이다. 부친은 박준번(朴俊蕃)이고, 모친은 현풍곽씨로 곽심태(郭心泰)의 딸이다. 정재(定齋) 유치명(柳致明)의 문인이다. 1882년 사마시에 입격하였다. 1888년 소를 올려 남명(南冥) 조식(曺植)을 문묘에 종사할 것을 청하였다.

登氷玉亭
빙옥정[1]에서

湖山隱約白雲秋	아스라한 시골 산수 흰 구름 뜬 가을이라
一界淸凉蕩萬愁	이 일대가 맑고 시원 온갖 시름 털게 하여,
萬壑松心常不老	온 골짝의 소나무는 마음 영원 안 늙은 채
混天雨意乍還收	흐린 하늘 비 올 낌새 금방 도로 걷혀져서,
前人遺躅尋巖穴	앞선 옛분 남긴 자취 바위 속에 찾아보고
數客幽懷坐水頭	아늑한 정 몇 손님과 냇물 머리 앉았자니,
稽峀東西無此勝	이 계수(稽峀)[2]의 동서(東西)에는 이런 경치 없는 터라
題詩愧我晩登樓	이 정자에 늦게 올라 시 짓는 게 부끄럽네!

송병순(宋秉珣, 1839~1912)[3] 『심석재집(心石齋集)』

---

1) 빙옥정(氷玉亭) : 영동군 양강면 남전리에 있는 정사이다.
2) 계수(稽峀) : 영동(永同)의 옛 이름인 계산(稽山)과 같은 말이면서 계주(稽州)라고도 하였다.
3) 송병순(宋秉珣, 1839~1912) : 호는 심석재(心石齋), 본관은 은진(恩津)이다. 송시열(宋時烈)의 9세손이자 을사조약에 반대하여 순절한 송병선(宋秉璿)의 아우이다. 영동 학산 활산에 강당을 세우고 많은 문인들을 강학하여, 민족의식을 고취하는 데 정력을 기울였다. 1905년 11월 〈토오적문(討五賊文)〉을 지어 전국의 유림에게 배포하며, 민족정기를 드높이고 국권을 회복할 것을 호소하였다. 경술국치 후 1912년 유서를 남긴 뒤 독약을 먹고 자결하였다. 저서로는 『심석재집(心石齋集)』 등이 있다.

永同東臺 錄示鄭黃澗君澤姜永同遵
영동 동대에서 황간현감 정군택과 영동군수 강준에게 기록해서 보여주다

慳秘千年地	천 년 두고 아껴 숨긴 이 곳 풍경은
高秋物像佳	이 한가을 물상 풍경 아름다운데,
天低紅樹岸	하늘 나직 단풍 숲이 늘어 선 언덕
江濶白鷗沙	강물 질펀 흰 갈매기 나는 모랫벌,
列戟東南岫	창끝인가 동남쪽엔 늘어선 산봉
拖紈遠近波	비단인 듯 원근 모두 펼쳐진 물결,
使君擔酒至	현감들은 여기 술을 가지고 와서
斜日聽笙歌	해 지도록 풍악 노래 듣고 놀았네!

송남수(宋柟壽, 1537~1626)『송담집(松潭集)』

己酉春到永同 見公館始役 辛亥春又至 已落成矣 縣監李侯厚根要新題 李曾有宗簿同僚之分 且是淸潭李知事之孫 吾儕曾爲潭老進慶壽詩 李侯作帖示之 具識顚末 以副請詩之勤云

기유년 봄에 영동에 도착해서 공관의 건축공사 시작을 봤었는데, 신해년 봄에 또 와서 보니 벌써 건축이 끝났다. 현감인 이 사또 후근이 이것을 기념으로 새로 시를 짓기를 요망하였으며. 이 사또와는 일찍부터 친족 일가로서의 친분이 있고, 또한 청담 이지사님의 손자라, 우리들은 일찍이 이 청담 노인의 장수를 축하하는 시를 지어서, 이 사또가 시첩을 만들어서 보여주면서 그 끝에 사연을 기록해 놓았기로, 시를 지어 달라는 요망에 부응하여 지었다

前來適見起工辰	먼저 와서 기공하던 그 때 마침 봤었더니
重到華櫺莞簟新	다시 오니 훤한 창문 고운 자리 새로운데,
山鳥入簷如舊識	산새들은 처마 날며 옛날 알던 사이 같고
穭龍承砌故相親	새 죽순은 뜨락 밑서 짐짓 서로 친한 듯해,
宗人僚伯多情緖	종친 일가 여러 분은 정겨움이 끝이 없고
潭老詩章亦勝因	청담 노인 시 작품은 또한 좋은 인연이나,
明日東風寒食路	내일 되어 봄바람 속 한식 맞아 가는 길엔
蘭舟相送赤登津	고운 배로 적등 나루[1] 서로 전송하게 됐네!

이호민(李好閔, 1553~1634)[2] 『오봉집(五峯集)』

---

1) 적등 나루[赤登津] : 영동·옥천을 흘러가는 적등강(赤登江)을 말한다.
2) 이호민(李好閔, 1553~1634) : 본관은 연안(延安), 호는 오봉(五峯)이다. 부친은 이국주(李國柱)이며, 모친은 비안박씨(比安朴氏)이다. 1584년에 문과에 급제한 후 응교·대제학·좌찬성을 지냈다. 1604년에 호성공신(扈聖功臣) 2등으로 연릉군(延陵君)에 봉해졌다. 저서로는 『오봉집(五峰集)』이 있다.

澄淸亭
징청정[1]

眼前山水卽新屛	눈앞의 산과 물이 바로 새로운 병풍인데
盡日吟詩放野情	온종일 시를 읊어 시골 심정 풀어보네.
自笑區區經國志	구구한 경국(經國)의 뜻 스스로 우스워라
鬢絲常向鏡中驚	흰 실 같은 귀밑 머리털 거울 보고 놀랐네.

권진(權軫, 1357~1435)[2] 『신증동국여지승람(新增東國輿地勝覽)』

---

1) 징청정(澄淸亭) : 『신증동국여지승람』 충청도(忠淸道) 영동현(永同縣) 정사(亭榭) 조에 "징청정(澄淸亭)은 객관(客館) 동쪽에 있다."라고 하였다.
2) 권진(權軫, 1357~1435) : 본관은 안동(安東), 호는 독수와(獨樹窩), 부친은 감찰규정(監察糾正) 권희정(權希正)이다. 1377년(우왕 3) 문과에 급제 후 조선시대에 이르러 1417년에 형조판서에 오르고 그 뒤에 호조·이조 판서 등을 1431년 우의정에 올랐다. 세종 때 정인지(鄭麟趾) 등과 함께 목조(穆祖)부터 태종이 세자로 있을 때까지의 사적을 서술했으며, 의례상정소(儀禮詳定所)의 제조(提調)가 되어 악률(樂律)을 만드는 데도 참여하였다.

次澄淸亭韻 亭在永同
징청정에서 차운하다 정자는 영동에 있다.

樓壓層巒百雉城	읍성(邑城)의 누각이 물속의 산을 누르고
一軒風月自雙淸	마루 위엔 바람과 달이 절로 둘 다 맑네.
登攀點檢前賢句	올라서 선현의 시구 살펴보니
珠玉鏗鏘是楚聲	주옥이 울리는 듯 초나라 노래[1]로세.

박흥생(朴興生, 1374~1446) 『국당유고(菊堂遺稿)』

---

1) 초나라 노래[楚聲] : 초사(楚辭)와 같은 말인데, 전국 시대 말년에 초(楚)나라 지방에서 일어난 문학은 비애(悲哀)와 청신(淸新)한 것을 주로 하였다.

永同澄淸亭
영동의 징청정

芙蓉山下鬱孤城	부용산 밑 외로운 성에 초목은 울창하고
一水潺湲鏡面淸	한 줄기 물은 잔잔하여 거울처럼 맑아라.
怕有蛟龍泓下聽	깊은 물속에서 교룡이 들을까 두려워
題詩不敢語高聲	시를 쓰고도 소리 높여 읊조리지 못하네.

서거정(徐居正, 1420~1488)[1] 『신증동국여지승람』

---

[1] 서거정(徐居正, 1420~1488) : 본관은 대구(大丘), 호는 사가정(四佳亭)이다. 1444년(세종 26) 문과에 급제한 후 육조(六曹)의 판서를 두루 지냈다. 1470년(성종 1) 좌찬성(左贊成)에 이르렀으며 이듬해 좌리공신(佐理功臣)이 되고 달성군(達城君)에 책봉되었다. 문장과 글씨에 능하여 『경국대전(經國大典)』·『동국통감(東國通鑑)』·『동국여지승람(東國輿地勝覽)』 편찬에 참여했으며, 문집에 『사가집(四佳集)』이 있다.

草江泛月
초강¹⁾에서 달빛 속에 배를 띄우고

與地主携德明 轉入玉溪 諸友皆作別於龍門 獨家間少輩 及琴君和仲金君學新呂君文輔從之 族弟養善送甘酒一壺 與行中諸人 列坐瀑下分飮 足以解渴 至自取潭 地主亦分路 先送孫兒于芝庄 諸少偕之 和仲轉向他處 學新直還其家 與德明及家姪向草湖 宜中終始偕行

마을의 주인과 함께 덕명(德明)을 데리고 옥계로 돌아 들어가는데, 여러 벗들은 다 용문에서 작별을 하고, 홀로 집안 일가의 젊은 사람들과 금군 중화·김군 학신·여군 문보 등만 따라오고, 일가의 아우인 양선이 감주 한 병을 보내서, 함께 가는 사람들과 함께 옥계폭포 아래에서 나란히 앉아서 나누어 마시니 족히 해갈이 되었다. 자취담에 이르러 마을 주인도 길을 달리해서 떠나고 먼저 손자 아이도 지장으로 보냈다. 여러 젊은 사람들과만 함께 있는데, 화중도 다른 곳으로 돌아가고, 학신도 곧장 자신의 집으로 돌아갔으며, 덕명과 함께 집의 조카도 초호로 향해 가서, 의중만이 처음부터 끝까지 함께 가게 되었다.

一面淸江一面山	일면으론 맑은 강물 일면으로 산들에다
煙霞十里去來間	안개·노을 십리 길은 오고 가는 사이인데,
扁舟又載龍門月	한 척 쪽배 용문산 달 또 싣고서 가노라니
好借名區日日閒	참 좋구나 명승 빌려 매일매일 한가로와!

송근수(宋近洙, 1818~1902)『입재집(立齋集)』

---

1) 초강(草江) : 영동군 심천면 초강리를 흐르는 물 이름으로 상촌면에서 발원하여 심천면 고당강으로 합류한다.

到高唐江 憶庚午年中舊遊 觸物有懷
고당강¹⁾에 이르러 경오 연간(1570)의 놀던 일을 추억하니 경물에 접하여 회포가 일다

黃昏立馬對空洲	황혼에 말 세우고 텅 빈 물가 바라보고
楓葉蘆花憶舊遊	단풍잎 갈대꽃에 그 옛날 놀던 일 회상하네.
氷合一江天地閉	강이 온통 얼어붙어 천지가 막혔으니
沙頭閑却濟川舟	모래톱에는 물 건너는 배가 도리어 한가하네.

임제(林悌, 1549~1587) 『임백호집(林白湖集)』

---

1) 고당강 : 영동 심천면에 흐르는 물 이름으로, 『신증동국여지승람』에는 고당포(高唐浦)로 나와 있다.

雙淸樓
쌍청루[1]에서

欲訪淵明共自由	도연명(陶淵明)을 찾아서 더불어 즐기고자
花開花落水長流	꽃은 피고 지는데 무심한 물결.
沈吟忽起歸來興	고향의 정취 홀로 읊조리며
輕風搖搖一葉舟	일엽편주에 몸을 실어 노 저어 가노라.

박연(朴堧, 1378~1458)[2] 『난계유고(蘭溪遺稿)』

---

1) 쌍청루(雙淸樓) : 영동군 심천면 고당리 세덕사 경내에 있는 누각이다. 국명(菊瑩) 박흥생(朴興生)이 세워 20여 년간 기거하던 곳이다.
2) 박연(朴堧, 1378~1458) : 본관 밀양(密陽), 호 난계(蘭溪), 영동(永同) 출신이다. 1405년(태종 5) 문과에 급제하였고, 세종이 즉위한 후 악학별좌(樂學別坐)에 임명되어 악사(樂事)를 맡아보았다. 세종 당시 불완전한 악기 조율(調律)의 정리와 악보편찬의 필요성을 상소해 자작한 12 율관(律管)에 의거 음률의 정확을 기했다. 1453년(단종 1) 계유정난(癸酉靖難) 때 파직당하여 낙향하였다. 고구려의 왕산악, 신라의 우륵과 함께 한국 3대 악성으로 추앙되고 있다. 문집으로 『난계유고(蘭溪遺稿)』가 있다.

與李達遊於玉溪瀑布 因寄管城趙使君
이달¹⁾과 함께 옥계폭포²⁾에 유람 가서 관성의 조 사군에게 부치다

■興尋春去	흥취 타고³⁾ 봄 찾아 가서
看花帶月回	꽃구경에 달빛 띠고 돌아오네.
飛泉咽危磴	폭포는 가파른 비탈에 목이 메고
老樹覆層臺	오래된 나무는 높은 누대를 덮었구나.
題石詩三絶	바위에 시 세 수를 갈겨쓰고
開懷酒一杯	회포를 풀고자 한 잔 술 마시네.
獨遊還有感	혼자 노닒에 도리어 감회가 있으니
更約管山來	다시 관산(管山)⁴⁾에 오리라 다짐하네.

박흥생(朴興生, 1374~1446) 『국당유고(菊堂遺稿)』

---

1) 이달(李達, 1539~1612) : 호는 손곡(蓀谷)이다. 허균(許筠)의 스승으로 최경창·백광훈과 함께 당시(唐詩)에 능하다고 알려져 삼당시인(三唐詩人)으로 불렸다.
2) 옥계폭포(玉溪瀑布) : 영동군 심천면 고당리에 있는 폭포로 박연폭포라고도 불린다. 깎아지른 듯한 절벽에서 쏟아져 내리는 물줄기가 무려 20여m에 이르며 수려한 주변 경관과 어우러져 일대 장관을 이룬다. 예부터 난계 박연 선생을 비롯한 수많은 시인들이 모여 옥계폭포의 아름다움을 찬탄하는 글을 많이 남긴 곳으로 알려져 있다.
3) 타고 : 원문은 판독이 어려우나, 문맥상 '乘'으로 해석하였다.
4) 관산(管山) : 옥천(沃川)의 이칭으로 관성(管城)이라고도 한다.

次韻
차운하다

題詩嵒上事	바위 위에서 시를 쓰던 일
頻入夢中回	자주 꿈속에 들어와 맴도네.
百尺泉飛雪	백 척의 폭포수 눈인 양 날리고
千層花滿臺	천 층의 꽃잎이 누대에 가득했지.
煙霞招我重	연하가 우리를 진중하게 부르고
兄弟共心杯	형제가 한 마음 되어 술잔을 들었지.
寄語管城宰	관성(管城)의 원님에게 말하노니
庸流不可來	용렬한 무리는 못 올 곳이지요.

박흥생(朴興生, 1374~1446) 『국당유고』

永同縣東北二十里許 有所謂朴淵瀑布者 以朴大提學堧舊
卜築于瀑布之上 故以朴淵名之 僕與李侯往觀 名瀑雖以朴
公舊居 而與在天磨者同稱 無乃有竝埒之僭耶

영동의 관아 동북쪽 이십 리쯤에 이른바 박연폭포가 있다. 대제학 박연이 예전에 폭포 위에 집을 지었던 까닭에 박연이라 부르는데, 내가 현령 이모와 함께 가서 보니 폭포를 명명한 것이 비록 박연 공이 옛날 거처했다는 이유라지만, 개성의 천마산에 있는 폭포와 명칭을 똑같이 쓴다면 동등하게 여기는 참람함이 있지 않겠는가

驀壑飛泉瀉壁流	깊은 골짝 나는 듯한 폭포 절벽으로 쏟아지고
兩巖回作袖形幽	두 바위 굽어 돌아 옷소매인 양 그윽하구나.
陰藏碧溜龍涎積	깊은 소 검푸르게 굽어 도는 물엔 용의 침 서렸고
倒掛蒼松鶴夢愁	거꾸로 걸린 푸른 소나무엔 학의 꿈 시름겹네.
點額登門如可得	이마를 찧더라도 용문에 오르기만 한다면1)
探珠興雨不難謀	여의주 찾아 비 부르는 것 어렵지 않으리.
落花多事仙源淺	낙화가 빈번히 떠감은 도원이 가깝다는 것이니
莫漫人間到客舟	멋대로 인간에 말해 속객 오게 하지 말라.

泉之下渾水落處 有兩巖夾拱如袖 其中紺碧幽肥 似有神物伏之故云

폭포 아래 물이 모여 떨어지는 곳에 두 바위가 소매처럼 끼고 있는데, 물속이 검푸르고 깊숙하면서 풍부하여 용이 숨어있는 듯하므로 한 말이다.

이호민(李好閔, 1553~1634)『오봉집(五峯集)』

---

1) 이마를 …… 한다면 : 중국 황하(黃河) 상류의 절벽으로 된 곳에 용문(龍門)이라 부르는 데가 있는데, 그 아래 모여든 고기가 위로 올라가면 용(龍)이 되지만 올라가지 못하면 이마를 찧어 상처만 입고 되돌아온다는 전설이 있다.『水經 河水 註』『埤雅』

永同玉溪瀑布庵
영동의 옥계폭포 위 암자에서

五月來蕭寺	오월 맞아 이 옛절엘 찾아와 보니
千岑隔世饒	수천 산봉 속세와는 아주 떼어 놔,
谷深鶯不到	골짝 깊어 꾀꼬리도 안 날아 오고
簷潤鷰來巢	처마 넓어 제비들만 와서 사는데,
夏歇長林晚	여름은 긴 숲 쉬나 늦춰져 있고
秋含小瀑高	가을은 작은 폭포 마신 듯 깊어,
浪吟臨絶壑	시 읊으며 외진 골짝 찾아와 보니
聲徹鬼應嘲	소리 울려 귀신 응당 조롱하겠네!

송방조(宋邦祚, 1567~1618)[1] 『습정집(習靜集)』

---

[1] 송방조(宋邦祚, 1567~1618) : 호는 습정(習靜), 본관은 은진(恩津)이다. 전적(典籍)·금교도 역승(金郊道驛丞)·병조좌랑·고산도마승(高山道馬丞)·평안도병마평사(平安道兵馬評事) 등을 역임하고, 이조참의에 추증되었다. 저서에 『습정집(習靜集)』이 있다.

永同玉溪瀑布
영동 옥계폭포에서[1)]

濯髮飛泉落未收	폭포에 머리 감으며 빠진 터럭 버려두니
雪莖飄向海東流	흰 터럭 표표히 동해로 흘러가네.
蓬萊仙子如相見	봉래산 신선이 혹 이를 보게 되면
應笑人間有白頭	인간에 백발이 있음을 비웃으리라.

송시열(宋時烈, 1607~1689)[2)] 『송자대전(宋子大全)』

---

1) 『송자대전』 부록 제6권 연보(年譜) 5 숭정(崇禎) 45년 임자년 기록에, 우암 선생 66세에 영동(永同) 옥계폭포(玉溪瀑沛)를 두루 구경하고 냉천(冷泉)을 거쳐서 노곡(老谷)에 이르렀다고 하였다.
2) 송시열(宋時烈, 1607~1689) : 호는 우암(尤庵)·화양동주(華陽洞主), 본관은 은진(恩津)이다. 부친은 사옹원봉사 송갑조(宋甲祚)이고, 모친은 선산곽씨(善山郭氏)로 곽자방(郭自防)의 딸이다. 김장생(金長生)과 김집(金集)의 문인이다. 1649년 효종이 즉위 후 관직에 나아갔으나 다음 해 김자점(金自點) 일파가 청나라에 조선의 북벌 동향을 밀고하여 송시열을 포함한 산당(山黨) 일파가 모두 조정에서 물러났다. 1658년(효종 9) 다시 찬선에 임명되어 관직에 나갔고, 북벌 계획의 중심인물로 활약하였다. 그러나 1659년 5월 효종이 급서한 뒤 낙향하였다. 이후 1668년(현종 9) 우의정에, 1673년 좌의정에 임명되었을 때 잠시 조정에 나아갔다. 1689년(숙종 15) 기사환국이 일어나 남인이 재집권했는데, 이때 세자 책봉에 반대하는 소를 올렸다가 제주도로 유배되었다가 사약을 받았다.

玉溪瀑布 次疇孫韻
옥계폭포에서 손자 주석의 시에 차운하다

雨餘遙看勢尤奇	비 온 뒤 멀리서 보면 형세 더욱 기이한데
嫩綠殘紅杜宇時	신록과 지는 꽃잎에 두견새 우는 때로다.
瑤琴彈盡峨洋裏	거문고를 아양 속에서 다 연주했지만
只恨難逢古子期	옛날 종자기(鍾子期)는 만나기 어렵구나1).

송시열(宋時烈, 1607~1689) 『송자대전』

---

1) 거문고를 …… 어렵구나 : 아양(峨洋)은 산과 물을 말하고 자기는 종자기(鍾子期)이다. 종자기의 친구 백아(白牙)가 산을 생각하며 거문고를 타면 자기가 "높은 산이 우뚝하도다.(高山兮峨峨)" 했고, 백아가 물을 생각하며 거문고를 타면 자기가 "물이 넘실넘실하도다.(流水兮洋洋)" 하였다는 말에서 온 말이다. 『呂氏春秋 本味』

玉溪瀑布 敬次尤庵先生韻 庚寅
옥계폭포에서 삼가 우암 선생의 시에 차운하다 경인년(1770)

飄雪輕煙散不收	옅은 안개 속 눈송이 사방에 흩날리는데
飛泉一道古今流	한 줄기 폭포수 천고토록 흐르누나.
此中塵語誰能着	뉘라서 여기에 속된 말 붙이랴
尤老留題在上頭	우암이 남긴 글 꼭대기에 있으니.

김원행(金元行, 1702~1772)[1] 『미호집(渼湖集)』

---

[1] 김원행(金元行, 1702~1772) : 본관은 안동(安東), 호는 미호(渼湖)·운루(雲樓)이다. 부친은 승지 김제겸(金濟謙)이며, 모친은 밀양박씨로 박권(朴權)의 딸이다. 이재(李縡)의 문인이다. 1719년(숙종 45) 진사가 되었으나, 1722년(경종 2) 신임사화 때 조부 김창집(金昌集)이 노론 4대신으로 사사되고, 생부 김제겸과 친형인 김성행(金省行)·김탄행(金坦行) 등이 유배되어 죽임을 당하자, 벼슬할 뜻을 버리고 학문에 전념하였다. 저서로는 『미호집(渼湖集)』이 있다.

玉溪歸路 口占求和
옥계폭포에서 돌아오는 길에

百里秋風客	백리 길에 가을 맞아 가는 소님은,
飄然上玉溪	훌쩍 날 듯 옥계폭포 올라가서는,
回頭怊悵立	머리 돌려 머엉한 채 서 있노라니,
屛老舊巖棲	늙는 것도 잊고 숨어 사는 듯하네!

박건중(朴建中, 1766~1841)[1] 『선곡유고(仙谷遺稿)』

---

[1] 박건중(朴建中, 1766~1841) : 호는 선곡(仙谷)이며, 본관은 상주(尙州)이다. 기묘명현 필재(畢齋) 박광우(朴光佑)의 후손으로, 부친은 박상부(朴尙溥)이고, 모친은 평산신씨(平山申氏)로 신요(申曜)의 딸이다. 박건중은 젊어서 과거를 접고 청주 선유동에 우거하자 사람들이 선곡처사(仙谷處士)라 하였다. 송환기(宋煥箕)와 김정묵(金正默) 등에게 사사하였다. 문집으로 『선곡유고(仙谷遺稿)』가 있다.

玉溪觀瀑 用前韻戲題
옥계폭포를 구경하면서 앞서 지은 시의 운자를 써서 짓다

龍門餘興又稽山	용문에서 남은 흥취 또 계산에 이어지며
百丈水簾束峽間	백 길 늘인 발 같은 물 골짝 사일 묶듯 흘러,
旱餘縱欠飛流勢	가뭄 끝에 펄펄 날 듯 흐를 기센 없다마는
回視前江却等閒	저 앞 강물 돌아보니 문득 그렇겠다 싶네!

송근수(宋近洙, 1818~1902)[1] 『입재집(立齋集)』

---

[1] 송근수(宋近洙, 1818~1902) : 본관은 은진(恩津), 호는 입재(立齋)·남곡(南谷)이다. 송시열(宋時烈)의 8대손이다. 1848년(헌종 14) 문과에 급제한 뒤, 대사헌·공조판서·병조판서·이조판서·좌찬성·우의정·좌의정 등의 요직을 역임하였다. 문집으로 『입재집(立齋集)』이 있다.

玉溪瀑布
옥계폭포에서

玉溪靑嶂裏	푸른 산봉우리 속 옥계폭포
瀑水灑春天	봄 하늘에 포말을 흩뿌리네.
滾滾飛廻雪	뿜쏟아 날려서 흩나는 눈꽃1)
亭亭掛直烟	오롯이 높이 솟아 아지랑이 걸린 듯.
深尊芳樹合	꽃다운 숲에서 술잔 주고받고
高屐夕陽懸	석양에 높은 나막신2) 매어다네.
傳語桃源客	전하노니 무릉도원 찾는 손아
休尋物表仙	세상 밖 신선일랑 찾지 말게나.

박문호(朴文鎬, 1846~1918)3) 『호산집(壺山集)』

---

1) 눈꽃[廻雪] : 폭포수의 포말이 바람에 날리는 눈꽃처럼 흩날리는 모습을 형용한 것이다. 위(魏)나라 조식(曹植)의 〈낙신부(洛神賦)〉에 "구름이 달을 살짝 가리듯 보일락 말락 하고, 바람에 눈꽃이 날리듯 가볍게 나부낀다.[髣髴兮若輕雲之蔽月 飄飄兮若流風之廻雪]"라고 한 말에서 유래한 것이다. 『文選 卷10』

2) 높은 나막신 : 남북조 시대 송신(宋晉)·송(宋) 내의 사영운(謝靈運, 305~433)이 등산을 좋아했는데, 산에 오를 때에는 나막신의 앞굽을 떼어내고 산에서 내려올 때에는 나막신의 뒷굽을 떼어내 오르내리기에 편리하게 하였다고 한다.

3) 박문호(朴文鎬, 1846~1918) : 본관은 영해(寧海), 호는 호산(壺山)·풍산노초(楓山老樵)이다. 경기도 과천에 있는 위당(威堂) 신헌(申櫶, 1810~1884)의 집에 머물면서 학문을 가르치고, 이상수(李象秀, 1820~1882)의 문인이다. 충청북도 보은군 화북면 눌곡리에 풍림정사(楓林精舍)를 지어 후학을 양성하였다. 저서로는 『호산집(壺山集)』 등이 있다.

敬次尤翁詩
우암의 시에 삼가 차운하다

地接嶺湖風物收	지역이 영·호남과 근접해 좋은 풍광 모으니
玉淵瀑沛向東流	옥연폭포 있어 동쪽을 향해 흘러가네.
尤翁濯髮如今戒	우옹의 '머리 감은 일' 지금도 경계되니[1]
莫作仙人笑白頭	신선이 백발을 보고 웃는 일 없게 했으면.

이병연(李秉延, 미상)

---

[1] 지금도 경계되니 : 『효경(孝經)』에, 공자가 "이 몸은 모두 부모에게서 받은 것이니, 감히 다치지 않게 하는 것이 효의 시작이다.[身體髮膚 受之父母 不敢毀傷 孝之始也]"하였다. 따라서 빠진 머리카락이나 손톱도 모아 죽을 때 관에 넣어 가지고 가야 하는 것으로 알았다. 여기서 우암 송시열이 머리를 감고 빠진 머리카락을 줍지 않아 떠내려가 동해에서 신선이 이를 보고 인간에도 백발이 되도록 사는 자가 있구나 하였으니, 이는 곧 머리카락 하나라도 함부로 버려서는 안 되는 것을 경계해야 한다는 말로 보인다.

玉溪瀑布
옥계폭포

日夕風雷殷翠巒	주야로 바람과 우레 푸른 산에서 울리더니
半空銀沫下珊珊	공중에서 은빛 물보라 후드득 내리 쏟아지네.
聲飛羽化危樓外	그 소리 높다란 우화루(羽化樓) 너머로 퍼지고
影落高塘暮雨間	그림자는 저녁 비 고당강(高塘江)에 드리우네.
月曉偏沾騷客句	새벽달은 유독 시인의 시구에 젖어있고
花朝剩洒醉仙顔	아침 꽃은 한껏 취한 신선의 얼굴 씻어주네.
策驢更向東臺路	나귀를 채찍질해 다시 동대(東臺)로 가며
回首紛紛雪滿山	돌아보니 온 산에 분분히 눈 내리는 듯하네.

이후근(李厚根, 미상)

玉溪瀑布
옥계폭포

奇巖截壁聳蒼空	기암절벽이 창공에 우뚝한데
百丈飛流掛玉虹	백 길 폭포가 옥무지개에 걸렸네.
未必廬山能勝此	여산[1]폭포인들 여기보다 나을 손가
愛看終日坐林叢	그윽이 바라보며 종일 숲속에 앉았노라.
水碧沙明處	물 파랗고 모래 깨끗한 곳
行行坐石磯	가다가 돌무지에 앉았노라.
千年浴沂興	먼먼 그 옛날 욕기의 흥취[2]
此日咏而歸	지금 예서 읊고 돌아가누나.

박희고(朴羲古, 미상)

---

[1] 여산(廬山) : 중국 강서성(江西省)에 있는 산으로 경치가 빼어나고 폭포가 유명한 바, 이백(李白)의 "나르는 폭포 삼천 척이 곧장 내려오네[飛流直下三千尺]"이라는 시구가 유명하다.
[2] 욕기(浴沂)의 흥취 : 증점(曾點)의 쇄락(灑落)한 흥을 말한다. 공자가 제자들에게 장차 어떻게 쓰이겠는가 하고 묻자 그중에 증점은 "늦봄에 봄옷이 다 만들어지면 그것을 입고 여러 사람들과 함께 기수(沂水)에서 목욕하고 무우단(舞雩壇)에서 바람 쐬고 한 곡조 읊고서 돌아오겠다."라고 답하여 공자의 허여를 받았다. 『論語 先進』

寧國寺
영국사[1]에서

澗水潺湲瀉路隅	냇물은 잔잔하게 길모퉁이로 쏟아져 내리고
行人指點是僧區	행인들 손가락으로 가리키며 절간이 있다 하네.
披蓁客到欲秋暮	망초풀 헤치면서 객이 이르니 가을이 저물려 하고
面壁禪趺斜日晡	벽을 향한 선사의 가부좌에 저녁햇빛이 비치네.
翠石半天高可仰	푸른 바위는 하늘 높이 솟아 우러러 보겠고
大江連海遠堪盱	큰 강물은 바다와 이어져 멀리 바라보이네.
三生事杳無人識	삼생의 일이 아득하여 아는 사람이 없으니
佛殿重營尙記無	불전을 거듭 경영하는 일 기억하는 사람이 없으메라.

김수온(金守溫, 1409~1581)[2] 『식우집(拭疣集)』

---

1) 영국사(寧國寺) : 영동군 양산면 누교리 천태산(天台山) 중턱에 있는 사찰로 삼국시대 승려 원각국사(圓覺國師)가 창건하였다고 전한다.
2) 김수온(金守溫, 1409~1581) : 호는 괴애(乖崖)·식우(拭疣), 본관은 영산(永山, 영동의 옛이름)이다. 부친은 김훈(金訓)이며, 영동 출신이다. 김수온은 세종 때 문과에 급제한 후 1457년(세조 3)에 중시(重試)에서 입격(入格)하여 통정대부(通政大夫) 첨지중추원사(僉知中樞院事)로 발탁되었다. 이후 자헌대부(資憲大夫) 지중추원사(知中樞院事)가 되었다가, 공조판서 등을 지냈다. 저서로는 『식우집(拭疣集)』이 있다.

陽山八景詩 中 龍湫細雨
양산팔경[1]시 중 '용추의 가랑비'

滿眼烟波遙極浦	눈 가득 안개파도 멀리 포구에 이르는데
沈沈水氣成零雨	침침한 물 기운 빗방울 이루네.
濛濛寒濕綠簑衣	부슬부슬 내리는 비 도롱이를 썰렁하게 적시는데
罷釣歸來未■牛	낚시 마치고 돌아오나 소는 아직 몰아오지 못했네.

김동균(金東均, 미상)『김동균유고(金東均遺稿)』

---

1) 양산팔경(陽山八景) : 영동군 양산면 일원으로, 팔경은 국사모종(國寺暮鍾), 봉대귀범(鳳臺歸帆), 봉대취연(鳳臺炊烟), 벽정춘유(碧亭春柳), 선대추월(仙臺秋月), 환선방초(喚仙芳草), 봉산낙조(鳳山落照), 봉곡청우(鳳谷聽雨)이다. 참고로 이병연(李秉延)의『조선환여승람(朝鮮寰輿勝覽)』에서는 '양산팔경(陽山八景)'을 선대추월(仙坮秋月), 용추세우(龍湫細雨), 오포어화(鰲浦漁火), 조령조운(鳥嶺朝雲), 남강석애(南岡夕靄), 서교낙조(西橋落照), 북저귀안(北渚歸雁), 음산모운(陰山暮雲)으로 소개하였다.

陽山八景詩 中 鰲浦漁火
양산팔경시 중 '오포의 고기잡이 불빛'

月黑洲邊■機枀	달빛 어둑한 모래톱 가에
風林點點煥舟火	단풍잎 점점이 떨어지고 배의 불빛은 빛나네.
寒光明滅夜將闌	차가운 빛 명멸하고 밤은 장차 깊어 가는데
耿耿星河天上下	반짝반짝 별빛은 하늘 위와 아래에서 빛나네.

김동균(金東均, 미상)『김동균유고』

涵碧亭 次韻
함벽정에서 판상운을 따라 짓다

林間好鳥語頻頻	숲 사이의 예쁜 새들 사뭇 잦춰 울부짖어
强起吟翁出水濱	읊는 영감 막 내세워 냇물 가로 가게 하곤,
時序正當三月候	시절로는 바로 삼월 제철 맞게 하여 놓아
風煙堪賞一年春	풍광 안개 한 해 봄을 감상할 만하게 하니,
花明曲沼游魚婢	꽃 환히 핀 굽은 못엔 고기 새끼 잘 노닐고
沙暖芳洲落雁賓	모래 따뜻 고운 물간 기러기 떼 내려 앉아,
朋酒留連山忽暝	벗에 술에 못 떠난 채 산은 금방 어두워져
不妨蟾魄夜來新	밤 되면서 달도 새로 떠오는 게 참 좋구나!
右春.	이것은 봄을 읊은 것.

高堂晴日酒行頻	높다란 집 개인 한낮 술잔 돌림 잦아지며
楊柳輕風動潤濱	버들 숲에 살랑 바람 냇물 가에 불어오나,
峯聳白雲長帶晚	산봉 솟아 흰 구름은 늦게까지 사뭇 꼈고
庭開紅藥巧偸春	뜨락 환한 작약꽃은 봄을 훔쳐 피었으며.
閒中得意經朝暮	한가론 속 뜻한 대로 아침. 저녁 보내면서
醉裏忘形孰主賓	취한 속에 모두 잊어 주인. 손이 뉜지 몰라,
留住嬌鶯啼近岸	근처 언덕 꾀꼬리들 멈춰 울게 하자 해서
故敎濃綠護墻新	짐짓 짙은 녹음으로 담을 새로 덮어 놨네!
右夏.	이것은 여름을 읊은 것.

令節追歡笑語頻	좋은 시절 찾는 기쁨 자주 웃고 얘기하며

回塘南畔小溪濱	못을 돌아 앞쪽 오니 작은 시내 물가인데,
巖楓葉嫩風霜曉	바윈 단풍 고운 잎들 서리 맞은 새벽이나
籬菊香浮麴米春	울엔 국화 국미춘(麴米春)¹⁾과 같은 향기 풍겨나며,
悅目雲山如媚我	눈 즐겁게 구름 낀 산 내게 애교 부리는 듯
多情絃索解留賓	다정도 한 악기 소린 손님 만류할 줄 안 듯,
澆腸莫厭終宵醉	장에 붓듯 밤내 술에 취한대도 싫단 말자
時事那堪逐日新	매일 새로 생기는 일 어찌 견뎌내겠는가?
右秋.	이것은 가을을 읊은 것.

杖屨偸閒獨往頻	짚고 신고 한가론 틈 홀로 자주 찾아 간 덴
悄無車馬鬧池濱	말·마차가 없이 그냥 늘 부산한 못가라서,
氷糚水岸溪鋪玉	얼음이 언 언덕이라 냇간 구슬 포장했고
雪壓墻梅臘帶春	눈에 덮인 담 옆 매환 설달인데 봄을 맞아,
當戶碧山常作主	방문 앞의 푸른 산은 항상 주인 되어 있고
透簾明月自來賓	주렴 비친 밝은 달은 손님으로 제냥 와서,
年華送盡吟哦裏	한 해 풍경 다 보내며 시를 지어 읊는 속에
不覺詩斑上鬢新	시상 고심 귀밑털이 새로 센 걸 몰랐구나!
右冬.	이것은 겨울을 읊은 것.

이광윤(李光胤, 1564~1637)²⁾ 『양서집(瀁西集)』

---

1) 국미춘(麴米春) : 중국의 운안(雲安)에서 나오는 술이다.
2) 이광윤(李光胤, 1564~1637) : 호는 양서(瀁西), 본관은 경주(慶州)이다. 부친은 진사 이잠(李潛)이고, 형 역시 청주에서 강학활동을 했던 이득윤(李得胤)이다. 1594년 문과에 급제한 후, 1602년 호조좌랑을 시작으로 교리·수찬 등을 역임하고, 1607년 서천군수·부제학 등을 지냈다. 문집으로 『양서집(瀁西集)』이 있다.

次降仙臺韻
강선대[1] 시에 차운하다

削出芙蓉秀半天	깎아지른 부용이 중천에 솟았으니
臨江隱映玉樓邊	강에 임해 은은히 비치는 옥루의 곁이로다.
碧空寥亮風頭笛	창공엔 바람결에 젓대 소리 청량하게 들려오고
白日翩躍鶴背仙	햇살 속엔 학을 탄 신선 너울너울 지나가네.
沉瀣遙連星斗逼	항해[2]는 멀리 북두칠성과 바짝 이어져 있고
流霞輕概羽衣牽	유하는 가볍게 신선의 옷깃을 끌어당긴다.
穿花更有桃源路	꽃밭 헤치고 나가면 도원 가는 길 다시 열릴 테니
不借漁郎一葉船	어부의 조각배를 빌릴 필요 없다네.

이충범(李忠範, 1520~1598)[3] 『동천유고(東川遺稿)』

---

1) 강선대(降仙臺) : 영동군 양산면에 있는 영동군 향토유적 제1호의 누대이다. 금강 기슭의 기암절벽과 노송이 울창한 곳으로 대 밑을 감돌아 흐르는 맑은 강물과 멀리 펴진 넓은 들의 경관이 좋아 신선이 내려와 놀던 곳이라 하여 강선대라 하였다. 동악 이안눌과 백호 임제의 시가 있다.
2) 항해(沆瀣) : 야간(夜間)의 수기(水氣)가 엉긴 맑은 이슬을 말하는데, 보통 선인(仙人)의 음료수를 뜻하는 말로 쓰인다.
3) 이충범(李忠範, 1520~1598) : 호가 동천(東川), 본관은 인천(仁川)이다. 부친은 이원량(李元良)이며, 모친은 함창김씨(咸昌金氏)로 김인손(金寅孫)의 딸이다. 이충범은 1520년에 영동 양산 가곡리에서 태어났다. 1552년 사마시에 입격하였으며, 영서찰방·장단도호부사·봉상시정 등을 지냈다. 만년에는 영동 양강 두평리에 있는 자풍서당(資風書堂)에서 후학을 양성하며 학문에 매진하였다. 1592년 임진왜란이 발발하자, 의병을 일으켜서 군자정책(軍資正策) 선무이등공신(宣武二等功臣)으로 녹훈되었다.

過降仙臺 宿陽山縣村舍 眞別天地也
강선대를 지나며 양산현[1] 촌집에 묵었는데 정말 별천지였다.

喚仙樓北降仙臺	환선루 북쪽이라 강선대로 돌아드니
白玉芙蓉鏡面開	백옥 같은 저 부용꽃 거울 속에 활짝 폈네.
安得從遊赤松子	어찌하면 적송자[2] 따라 함께 노닐어
月明騎鶴過江來	밝은 달에 학을 타고 강 건너 갈까보냐.

임제(林悌, 1549~1587)[3] 『임백호집(林白湖集)』

---

1) 양산현 : 지금 옥천군의 옛 이름. 『전국명승고적』의 옥천군 편에 환선루는 읍의 남쪽 40리에 있고, 강선대는 읍 부근에 있다고 나와 있다.
2) 적송자(赤松子) : 중국 고대 전설 속의 신선의 이름이다.
3) 임제(林悌, 1549~1587) : 본관은 나주, 호는 백호(白湖)·겸재(謙齋)이며, 성운(成運)의 문인이다. 1576년(선조 9) 생원시·진사시에 입격한 후, 1577년 알성문과(謁聖文科)에 급제했다. 예조정랑(禮曹正郎)과 지제교(知製教)를 지내다가 동서(東西)의 당파싸움을 개탄, 명산을 찾아다니며 여생을 보냈다. 문집으로 『임백호집(林白湖集)』이 있다.

遊降仙臺 臺在沃川郡南陽山倉之北 山川極佳
강선대에 노닐며 강선대는 옥천군 남양산창의 북쪽에 있는데, 산천이 무척 아름답다.

聞說天仙降此臺	듣자니 신선이 이 누대에 내려와
玉簫吹徹紫雲回	옥피리 소리 울려 퍼지고 검붉은 구름이 돌았다네.
鸞驂一去尋無處	봉황의 수레 한번 가고 찾을 길이 없고
唯見桃花滿岸開	오직 복숭아꽃만 물가에 가득 피었구나.
百尺溪頭一古臺	시냇가에 백 척의 오래된 강선대
晴沙如雪水如苔	개인 모래사장 눈 같고 물은 이끼 같다네.
汀洲花落春風晚	물가에 꽃이 떨어지고 봄바람에 저무는데
遠訪仙蹤棹月來	멀리 신선의 자취 찾아 달빛 저어 왔다네.

이안눌(李安訥, 1571~1637) 『동악집(東岳集)』

閏十一月初六日 戲題呂延豐家
윤십일월 초엿샛날에 장난삼아 여연풍의 집에 쓰다

降仙臺上鎖煙霞	강선대 위에 안개 노을이 자욱하고
臺下寒流漾月華	누대 아래로 차가운 시내에 달빛이 흔들리네.
我是玉皇香案吏	나는 옥황상제의 문서를 보던 관리였는데
謫來猶贅洞賓家	인간으로 귀양 와서 여동빈[1]의 집에 신세지고 있구나.
青蓮居士本餐霞	청련거사[2]는 본디 노을을 먹고 살다가
誤落人間鬢已華	인간 세상에 잘못 떨어져 귀밑머리가 이미 세었구나.
會向沃州山下隱	마침 옥천의 산 아래에 숨으니
邯鄲一枕呂翁家	한단에서 베개 베고 잠들던 여옹의 집이로구나.[3]

이안눌(李安訥, 1571~1637) 『동악집』

---

1) 여동빈(呂洞賓) : 여덟 신선의 하나로 집주인의 성씨가 여씨(呂氏)이기에 빗댄 것으로 보인다.
2) 청련거사(青蓮居士) : 청련거사는 당나라의 시인 이백(李白)의 별호인 바, 하지장(賀知章)은 이백의 문장을 보고 "이 사람은 천상에 있었는데 인간 세상으로 잠시 귀양 왔다." 하여 적선(謫仙)으로 불리었는 바, 동악 이안눌을 이백에 비유한 것으로 보인다.
3) 한단(邯鄲)에서 …… 집이로구나 : 한단은 지명으로 당(唐)나라 개원(開元) 연간에 도사인 여옹(呂翁)이 한단의 객사에서 노생(盧生)이라는 한 소년을 만났는데, 불우한 자신의 신세를 한탄하였다. 여옹이 주머니 속에서 베개를 꺼내어 주면서 "이것을 베고 자면 부귀영화를 마음껏 누릴 것이다."라고 하였다. 노생이 이 베개를 베고 잤는데 꿈속에서 온갖 부귀영화를 누리다가 깨어보니, 주인이 기장으로 만들던 음식이 채 익지 못하였다. 이후로 인간의 영고성쇠가 일장춘몽과 같음을 비유하는 말로 쓰인다.

題喚仙樓
환선루[1]에 제하다

臺下淸江江上樓	누대 밑은 맑은 강 그 강 위는 누각인데
江流不盡幾回秋	강물은 얼마나 많은 세월 쉬지 않고 흘렀는가.
朱欄影拂靑山色	붉은 난간 그림자는 푸른 산빛을 스치고
畫棟輝連白露洲	단정한 용마루 빛깔은 흰 이슬 덮인 섬에 닿았네.
三弄娥洋雲外響	삼롱의 거문고 소리 구름 밖에 울려 퍼지고
九天駕鶴月邊遊	구천의 난새와 학이 달 주위를 노니네.
登臨別有昇平樂	올라옴에 태평성대 즐거움 따로 있으니
大醉歸來倒騎牛	흠뻑 취해 돌아올 제 거꾸로 소를 타네.
絶勝鈞天白玉樓	빼어난 절경 하늘 한가운데 백옥루에서
悠然淸思碧霄秋	아스라이 맑은 생각 드는 푸른 가을밤이라네.
臺含露氣通三島	누대는 이슬 기운 머금어 삼도에 통하고
洞秘煙霞似十洲	골짝은 연무에 가리어 십주와 닮았네.
兩臉凌風疑羽化	겨드랑이로 바람을 타니 날개 돋은 듯하고
孤舟弄月認仙遊	외로운 배에서 달을 희롱하니 신선놀음이로세.
直將興入銀河界	흥에 겨워 곧장 은하수로 들어가는 듯하니
不必乘槎犯斗牛	굳이 뗏목 타고 두우성 지나갈 것 없네.

이충범(李忠範, 1520~1598) 『동천유고(東川遺稿)』

---

1) 환선루(喚仙樓) : 영동군 양산면 봉곡리 하천의 절벽 위에는 있던 누각으로 큰물에 허물어져 버렸다고 한다. 고맹영(高孟英, 1502~?)이 옥천군을 다스릴 때 이 누각 이름을 지었다고 한다.

喚僊樓八景 中 西橋落照
환선루팔경[1] 중 '서쪽 다리의 저녁 햇빛'

芳草洲邊來晩眺	방초 우거진 모래톱에 석양빛 찾아드니
小橋橫斷行人少	작은 다리 가로 끊어져 행인이 드무네.
長虹斜影蘸晴天	긴 무지개 석양빛 맑은 하늘에 서리고
雲外微茫半落照	구름 밖 아득히 반은 저녁노을일세.

이충범(李忠範, 1520~1598) 『동천유고』

---

[1] 환선루팔경(喚僊樓八景) : 영동군 양산면 일원으로, 팔경은 조령조운(鳥嶺朝雲), 음산모설(陰山暮雪), 서교낙조(西橋落照), 북저귀안(北渚歸鴈), 남강석애(南岡夕靄), 별포어화(鼈浦漁火), 용추세우(龍湫細雨), 선대추월(僊臺秋月)이다.

喚僊樓八景 中 北渚歸鴈
환선루팔경 중 '북쪽 물가의 돌아가는 기러기'

玉塞風霜歲月晏	옥문관(玉門關)¹⁾ 풍상에도 세월은 저물어 가는데
聯翩幾陣南飛鴈	잇달아 남쪽으로 날아가는 기러기 몇 줄인고?
哀鳴遵渚更回翔	슬피 울며 물가를 맴돌다 다시 돌아 나는데
遙憶楚雲湘雨伴	멀리 초산 구름과 상강의 비²⁾와 짝하는 것 생각나네.

이충범(李忠範, 1520~1598)『동천유고』

---

1) 옥문관(玉門關) : 중국에서 서역으로 통하는 관문이다. 서역에서 옥석(玉石)을 실어들일 때 이 관문을 지났기 때문에 붙여진 이름이며, 한(漢)나라 무제(武帝) 때 설치되었다. 지금의 감숙성(甘肅省) 돈황(敦煌) 서북쪽 소방반성(小方盤城)에 해당한다. 일반적으로 북쪽 변새(邊塞)를 뜻하는 말로 쓰인다.
2) 초산 구름과 상강의 비 : 원문의 '초운상우(楚雲湘雨)'는 남녀 간의 그윽한 정을 비유한다. 전국 시대 초 회왕(楚懷王)이 일찍이 고당(高唐)에서 낮잠을 자는데, 꿈에 한 여인이 나타나 말하기를 "첩은 무산의 여자로서 고당의 나그네가 되었습니다. 임금께서 고당을 유람하신다는 소문을 듣고 왔으니, 침석을 받들게 해주소서.[妾巫山之女也, 爲高唐之客. 聞君遊高唐, 願薦枕席.]"라고 하였다. 이에 그와 같이 하룻밤을 잤더니, 이튿날 아침에 그 여인이 떠나면서 말하기를 "첩은 무산의 양지쪽 높은 구릉의 험준한 곳에 사는데, 매일 아침이면 아침 구름이 되고 저녁이면 내리는 비가 되어 아침마다 저녁마다 양대 아래에 있습니다.[妾在巫山之陽, 高丘之岨, 旦爲朝雲, 暮爲行雨, 朝朝暮暮, 陽臺之下.]"라고 하였다는 고사가 전한다. 후에 이를 '조운모우(朝雲暮雨)' 또는 '무산운우(巫山雲雨)'라 하여 남녀 간의 정사(情事)를 의미하게 되었는데, 여기에서 온 말이다. 참고로 당나라 당언겸(唐彦謙) 〈무제(無題)〉 시에 "초산 구름과 상강 비는 양대에서 모이고, 비단 휘장과 부용은 밤중에 열렸도다.[楚雲湘雨會陽臺, 錦帳芙蓉向夜開.]"라고 하였다. 『文選 卷19 情 高唐賦』『全唐詩 卷671 無題十首』

喚僊樓八景 中 鼇浦漁火
환선루팔경 중 '별포의 고기잡이 불빛'

月黑洲邊紅幾朶	달빛 어두운 모래톱 주변 붉은 연꽃 몇 떨기
楓林紅勝漁舟火	단풍 숲 아름다운 경치에 고기잡이 배 불 밝네.
寒光明滅夜將闌	차가운 불빛 깜박깜박 밤은 깊어만 가는데
耿耿星河天上下	빛나고 빛나는 은하수 하늘에 가득하네.

이충범(李忠範, 1520~1598) 『동천유고』

次東岳李公安訥喚僊樓
동악 이안눌의 〈환선루〉 시에 차운하다

避世桃源是	세상을 피한 도원이 바로 여기니
居民莫種花	사는 백성들 꽃을 심지 않네.
春來但流水	봄이 오면 오직 물만 흘러가니
誰識有人家	누가 인가가 있는 줄 알겠는가.

홍석기(洪錫箕, 1606~1680)[1] 『만주유집(晚洲遺集)』

---

[1] 홍석기(洪錫箕, 1606~1680) : 호는 만주(晚洲), 본관은 남양(南陽)이다. 부친은 홍이중(洪頤中)이며, 모친은 고성남씨(固城南氏)이다. 청주 미원에서 출생한 홍석기는 구봉서(具鳳瑞)의 문하에서 배웠다. 1641년 문과에 급제하여, 병조좌랑을 거쳐 정언이 되었다. 1654년(효종 5) 예조정랑으로 기용되었으며 인동부사·성천부사를 거쳐 1659년 단양군수 이후 영광군수 남원군수를 지냈다. 1672년(현종 13) 청주(淸州)의 검단산(檢丹山)에 후운정(後雲亭)을 짓고 여생을 보내다 1680년 졸하였다. 문집으로『만주유집(晚洲遺集)』이 있다.

次喚仙樓韻
〈환선루〉 시에 차운하다

外高祖高大諫府君 莅沃川郡時 名此樓 一松諸公 皆有作 李進士汝果 來示板韻 次而贈之
외고조 고 대간 부군1)이 옥천군을 다스릴 때, 이 누대 이름을 지었다. 일송(一松)2) 등 여러 공들이 모두 시를 지었다. 진사 이여과(李汝果)3)가 와서 현판에 새긴 시를 보여주기에 차운하여 주었다.

翠碧寒流聳玉樓	비취색 깨끗한 강물에 옥루가 우뚝하니
靈區擅勝幾千秋	신령한 곳 좋은 경관 세월이 얼마인가.
煙霞是處通鼇島	안개 노을 이곳이 봉래도(蓬萊島)와 통하는데
幢節何年過鳳洲	의장기는 어느 해에 봉주에 오셨던가.
聞說詩仙題美號	시선4)이 아름다운 이름 지었다고 하는데
謾傷遷客阻同遊	함께 놀지 못하여 괜히 마음이 아프네.
他時儻許乘槎到	뒷날 행여 뗏목 타고 오게 되면
擬向河濱問飮牛	은하의 견우에게 물어봐야겠네.5)

홍여하(洪汝河, 1620~1674) 『목재집(木齋集)』

---

1) 고 대간(高大諫) 부군 : 고맹영(高孟英, 1502~?)을 가리킨다. 본관은 장흥(長興), 호는 하천(霞川)이다. 대사간·이조 참의 등의 벼슬을 지냈다. 의병장 고경명(高敬命)이 그의 아들이다.
2) 일송(一松) : 심희수(沈喜壽, 1548~1622)의 호이다. 본관은 청송(靑松)으로 노수신(盧守愼)의 문인이다. 문과에 급제, 양관(兩館)의 대제학이 되고 우의정과 좌의정을 지냈다. 저서로는 『일송집』이 있다.
3) 이여과(李汝果) : 이석형(李碩馨)으로, 본관은 전의(全義)이고 여과는 그의 자이다. 호조참판에 증직되었다.
4) 시선(詩仙) : 시를 잘하는 신선이라는 뜻으로, 원래 이백(李白)을 시선, 두보(杜甫)를 시성(詩聖)이라 칭하였는바, 여기서는 고맹영(高孟英)을 가리킨다.
5) 뗏목 타고 …… 물어봐야겠네 : 본문의 승사(乘槎)는 사신을 표현한 말이다. 한(漢)나라 때 장건(張騫)이 사명(使命)을 받들고 서역(西域)에 가는 길에 뗏목을 타고 황하의 근원을 거슬러 올라갔는데, 어느덧 천상의 은하(銀河)에 이르러 보니, 한 남자는 소를 끌고 은하의 물을 먹이고 있었다. 이것은 바로 견우성(牽牛星)이었다고 하는 바, 이 고사를 인용한 것이다.

喚仙樓 次南雲卿韻
환선루에서 남운경이 지은 시의 운을 따라 짓다

橫江白鶴翅如輪	강을 건너 나는 흰 학 날갠 둥근 바퀴 같아
赤壁前宵夢羽人	적벽1) 아래 어젯밤에 꿈에서 본 신선인 듯,
我有鑑湖移棹興	나에게는 감호2) 향해 배 저어 갈 홍취 있어
黃庭不博好鵝賓3)	황정(黃庭)4)처럼 거위 안은 왕희지(王羲之)와 안 겨루네!

심유(沈攸, 1620~1688)5) 『오탄집(梧灘集)』

---

1) 적벽(赤壁) : 중국의 호북성(湖北省) 무창(武昌)에 있는 산이며, 이 아래에 있는 강에서 오(吳)나라 주유(周瑜)가 조조(曹操)를 격파하였으며, 이 강에서 송(宋)나라 소식(蘇軾)이 뱃놀이를 하면서 〈적벽부(赤壁賦)〉를 지었는데, 이 글에서 꿈속에 학(鶴)을 봤는데 아마도 신선일 것이라고 하였다.
2) 감호(鑑湖) : 이것은 중국의 절강성(浙江省) 소흥(紹興)에 있는 호수로 "경호(鏡湖)"라고도 하며, 이것을 당(唐)나라 때 시인인 하지장(賀知章)이 황제로부터 여기에서 실컷 노닐 수 있는 특권을 허락 받아 즐기며 살았다. 그래서 이 시에서는 작자인 심유(沈攸)가 이 하지장처럼 이 양산강(陽山江)에서 홍취를 즐기며 노닐겠다는 말이다.
3) 호아빈(好鵝賓) : "거위를 좋아한 손님"이라는 뜻인데, 이것은 중국의 진(晉)나라 명필가인 왕희지(王羲之)가 산음(山陰)의 도사(道士)에게서 도경(道經)을 베껴 달라는 요청을 받고서, 다 베껴 주고서는 아무 말도 없이 그 집에 있는 거위만 그냥 안고 돌아왔다.
4) 황정(黃庭) : 중국의 송(宋)나라 명시인(名詩人)이며 명필가(名筆家)였던 황정견(黃廷堅)을 말하며 그는 자(字)를 "노직(魯直)", 호를 "산곡도인(山谷道人)"·"부옹(涪翁)"이라 하였다. 이 작품에서는 이 황정견이 왕희지와도 글씨를 겨루려 하지 않고 자신을 가진 것처럼, 작자인 심유 자신도 이 황정견처럼 누구와도 글씨를 겨루고 싶지 않은 자신을 갖는다는 말이다.
5) 심유(沈攸, 1620~1688) : 본관은 청송(靑松), 호는 오탄(梧灘)이다. 부친은 응교 심동구(沈東龜)이고, 모친은 김수렴(金守廉)의 딸이다. 1650년(효종 1) 문과에 급제한 후 정언·헌납·사간 등의 언관을 두루 거쳤다. 1674년(숙종 즉위년) 제2차 복상문제(服喪問題)때 사간으로서 송시열을 변호하는 주장을 피다 광주(廣州)에 유배되었다. 1680년(숙종 6) 경신환국으로 다시 등용되어 그 뒤 대사성·홍문관부제학을 비롯하여 이조·예조·호조·형조의 참의를 두루 역임하였다. 저서로는 『오탄집(梧灘集)』이 있다.

喚仙樓月夜 題寄主守金使君壽昌 樓在沃川
환선루 달밤에 이곳 원님인 김수창에게 지어 부치다 누각은 옥천에 있다.

淸夜江波漾月輪	맑은 이 밤 강 물결 속 둥근 달이 일렁대서
擧杯樓上喚仙人	누각 위서 술잔 들고 신선 불러 보았더니,
泠泠笙鶴雲間響	구름 사이 학 탄 신선 "삐이" 생황 부는 소리
不是安期卽洞賓	안기(安期)1)가 아니고서 동빈(洞賓)2)이 왔나보네!

남용익(南龍翼, 1628~1692) 『호곡집(壺谷集)』

---

1) 안기(安期) : 중국의 진(秦)나라 시황(始皇) 시기의 신선인 "안기생(安期生)"을 줄여 쓴 말로, 이 사람은 바닷가에서 생약(生藥)을 팔며 사는데, 시황이 불러서 삼일(三日) 밤을 함께 이야기하고 나서 금(金)과 비단을 주었으나, 그냥 놓고 떠나면서 붉은 구슬이 달린 신을 한 켤레 남겨 놓고 말하기를 "천 년 뒤에 나를 봉래산(蓬萊山) 아래에서 찾아보라"고 하였다.
2) 동빈(洞賓) : 중국의 당(唐)나라 무종(武宗) 때의 신선으로 알려진 여암(呂巖)을 말하며 그의 자(字)가 동빈(洞賓)이다. 그가 과거에 낙방하고 술집에서 놀고 있을 제 신선인 종리권(鍾離權)을 만나, 종리권이 밥을 짓는 사이 동빈이 자고 있다가 꿈에서 과거에 합격을 하고 부잣집 딸에게 장가를 들어 아들을 낳아 나중에 성취시키고, 자신은 정승까지 되어 권세를 부리며 호강을 하다가, 죄를 짓고 가족과도 헤어진 채 떠돌면서 눈보라 속에 한탄을 하던 중에, 문득 정신이 번쩍 들어 깨어나 보니, 아직 짓던 밥도 다 익지 않았더라고 하였다. 부귀영화가 모두 이 한바탕 꿈과 같이 허망한 것이라는 말이다.

登喚仙樓
환선루에 올라와서

峽裏澄江江上樓	골짝 안엔 맑은 강물 강 위에는 누각 있고
樓前翠壁臨江流	누각 앞의 푸른 절벽 강물 버텨 서 있는데,
駿鸞蕭史幾時返	난새를 탄 소사(蕭史)1)는 또 어느 때쯤 돌아오며
化鶴令威何處遊	학이 돼 온 영위2)는 어디에서 놀고 있나?
一壑靑霞鎖洞府	한 골짝의 푸른 안갠 온 마을을 꽉 감쌌고
萬山紅葉明沙洲	수많은 산 단풍잎은 물가 사장 환히 비춰,
秋風此日彩雲客	가을바람 부는 오늘 은진송씨 이 나그넨3)
獨倚朱欄看白鷗	붉은 난간 홀로 기대 흰 갈매길 구경하네!

송규렴(宋奎濂, 1630~1709)4) 『제월당집(霽月堂集)』

---

1) 소사(蕭史) : 중국의 춘추전국 시대 주(秦)나라의 신선으로 퉁소를 잘 불어서 임금인 목공(穆公)의 딸인 농옥(弄玉)을 아내로 삼아, 농옥에게 퉁소를 가르쳐서 봉황새 우는 소리를 내자, 실제로 봉황이 날아와서 나중에 농옥은 봉황을 타고 소사는 용을 타고 하늘로 올라갔다.
2) 영위(令威) : 중국의 요동 사람인 정령위(丁令威)를 말하며, 그는 영허산(靈虛山)에 들어가서 신선이 되는 도(道)를 닦아 신선이 되었다가, 뒤에 학(鶴)이 되어 화표주(華表柱)라는 기둥에 날아와 앉아서는 "집 떠난지 천 년만에 돌아와 보니 성곽(城郭)은 옛날대론데 사람들은 옛 사람이 아니구나! 왜 신선을 안 배우고 죽어 무덤들만 군데군데 남겼는가?"라며 노래를 불렀다.
3) 은진송씨 이 나그넨 : 원문의 "彩雲(채운)"은 지금의 충남 논산시인 "은진(恩津)"이라는 지역의 옛날 이름이라, 이 시를 지은 작자인 "송규렴(宋奎濂)"이 바로 "은진송씨(恩津宋氏)"이기 때문에 자신을 이렇게 "은진송씨인 나그네 자신"이라는 말로 쓴 것이다.
4) 송규렴(宋奎濂, 1630~1709) : 본관은 은진(恩津), 호는 제월당(霽月堂)이다. 부친은 이조판서 송국전(宋國詮)이며, 모친은 안경인(安敬仁)의 딸이다. 송준길(宋浚吉)의 문인으로 1654년(효종 5) 문과에 급제한 후 수찬·부교리·정언·헌납·이조좌랑·사간·홍문관교리 등을 거쳤다. 1674년(숙종 즉위년) 제2차 복상문제(服喪問題)때 송시열(宋時烈)의 신원(伸寃)을 주장했다가 파면당하였다. 1680년 경신환국으로 서인들이 다시 집권하게 되자 사간·수찬·대사간·승지·이조참의·부제학·대사성·대사헌·우참찬·동지중추부사·예조참판을 지냈다. 저서로는 『제월당집(霽月堂集)』이 있다.

喚仙樓 次韻
환선루에서 판상운을 따라 짓다

一棹風前帶夕暉	바람 앞에 노 젓는 배 석양빛을 띠고 가자
隔臨山翠送霏霏	건너편의 푸르른 산 싱그런 빛 보내 주어,
居然物外攀瓊檻	속셀 떠난 그대론 채[1] 누각 난간 잡고 서니
怳若雲間喚羽衣	황홀하게 구름 타고 신선 불러 노나 싶고.
沙雁叫殘江樹暮	기러기들 울다 간 뒤 강가 숲에 해 저물며
渚禽衝破水煙飛	물새들은 물안개를 부딪치듯 날건마는,
仙樓此會應關數	신선 누각 이 모임은 응당 운수소관인 듯
不許霍旌取次歸	빨리빨리 차례대로 못 돌아들 가게 하네!

최석항(崔錫恒, 1654~1724)[2] 『손와유고(損窩遺稿)』

---

1) 속셀 …… 채 : 속세의 잡된 것들을 떠난 상태를 말한다.
2) 최석항(崔錫恒 1654~1724) : 본관은 전주(全州), 호는 손와(損窩)이다. 부친은 최후량(崔後亮)이며, 모친은 안헌징(安獻徵)의 딸이다. 영의정 최석정(崔錫鼎)의 아우이다. 1680년 문과에 급제, 예문관검열이 되었다. 1721년(경종 1) 신임사화에서 소론이 승리하는 데에 큰 구실을 하였다. 이조판서를 거쳐 좌의정에 이르렀다. 저서로는 『손와유고(損窩遺稿)』가 있다.

喚仙樓
환선루에서

綠陰深淺覆亭臺	짙고 옅은 녹음들은 누각 지붕 덮어 있고
中野行松一簇堆	저 안 들판 줄 선 솔은 한 무덕씩 돼 있는데,
亂峽忽刳靈境出	여러 산골 막 터진 듯 신비 경지 펼쳐져서
名樓眞喚臥仙來	유명 누각 누운 신선 정말 불러올 듯하고,
江含小雨空濛合	가랑비를 머금은 듯 강은 자욱 닫혔으며
山到雕欄紫翠開	난간에는 울긋붉은 산이 다가 보여지니,
剛恨無錢堪買土	땅을 살 만한 돈 없어 아주 한스러운 터라
暫敎魚鳥謾驚猜	잠시나마 물고기. 샐 괜히 놀라게들 했네!

채팽윤(蔡彭胤, 1669~1731)[1] 『희암집(希菴集)』

---

1) 채팽윤(蔡彭胤, 1669~1731) : 본관은 평강(平康), 호는 희암(希菴)·은와(恩窩)이다. 부친은 현감 채시상(蔡時祥)이고, 모친은 권흥익(權興益)의 딸이다. 1689년 문과에 급제 후 정언(正言)·도승지·대사간을 거쳐 예문관제학에 올랐다. 이후 1730년(영조 6) 병조참판·동지의금부사·부제학을 역임하였다. 저서로 『희암집(希菴集)』이 있다.

喚仙樓舟遊
환선루 아래에서 뱃놀이를 하면서

江源濬傾奔	강물 줄긴 깊이 팔 듯 달려 흐르고
連山鬱重疊	이은 산들 울창한 숲 겹쳐 있는데,
穿嶺八百里	영마루를 뚫고 넘은 팔 백 리에서
得此原野匝	둘러 있는 이 들판을 만나게 된 곳,
高樓起江渚	높은 누각 강물 가에 세워져 있어
雲煙日吐納	구름 안개 피웠다가 지고 하면서,
岸濶松樹列	넓은 언덕 소나무 숲 늘어서 있고
浦深林樾接	갯벌은 깊숙 숲에 닿아 있으며,
水外一孤峯	강물 저 밖 한 봉우린 오뚝한 채로
端竗如人立	얌전하게 사람처럼 서 있으면서,
況當三月交	거기다가 삼월이 넘어갈 때라
春物滿大峽	봄 풍경이 온통 협곡 한껏 펼쳐져,
山花已濃紅	산엔 핀 꽃 벌써 짙게 붉어져 있고
嶼水復嫩葉	물가에는 다시 잎들 푸르러져서.
和煦漲菰叢	더위 맞춰 줄풀 포기 무성한 속에
鳧鳥羣喋唼	물오리는 떼를 지어 "쩝쩝"[1] 좍 먹고,
淸興極水涘	물가에는 한껏 홍칠 돋와 보여서
幽事理舟楫	아깃자깃[2] 배를 풀고 노를 매만져,

---

[1] 쩝쩝 : 원문의 "喋唼(첩삽)"은 오리나 거위 따위가 무엇을 "쩝쩝" 소리를 내며 쪼아 먹는 것을 나타내는 의성어이다.
[2] 아깃자깃 : 원문의 "幽事(유사)"는 아늑하고 아깃자깃하게 은근히 좋은 상태를 말한다.

掛席下長瀨	돛을 달고 긴 여울로 내려가자니
沙水暮平帖	물가 사장 땅거미가 펼쳐지는데,
窈窕綵霞亭	아늑하게 채색 노을 어린 정자엔
澄波更俯挹	맑은 물결 다시 굽어 잡힐 듯하고,
村叟出見客	마을 영감 나와 손님 보고 나서는
淸濁携滿榼	청주·탁주 술병에 담아 갖고 와,
農談坐到夕	농사 얘기 앉아 하며 저녁 맞으니
巾屨何雜沓	두건 꾼3)들 어찌 그리 법석대는가?
麥隴牛睡穩	보리밭 둑 소는 조용 졸고 있는데
灌圃春耕及	채마밭에 물을 대니 봄 갈이 됐고,
江情兼野趣	강가 정경 여기에다 들 홍취 겸해
心境得俱愜	심경들이 모두 함께 넉넉해져서,
昏黑出林去	어두어져 숲 속에서 떠나와서는
船頭復夜集	뱃머리에 다시 밤에 모여들어서,
待月傍巖石	바위 옆에 자리 잡아 달 기다리며
不憚風露襲	바람. 이슬 덤빌 걱정하지 않는데,
屯雲碍嶺頂	뭉친 구름 영마루 위 가리고 있어
孤輪吐更澁	외져 둥근 달 나오기 갑갑하구나!
樓低繫錦纜	누각 밑에 비단 닻줄 매어 놓고서
危檻更暝踏	오똑 난간 다시 어둑 거니노라니,
蒼莽向江樹	푸르른 빛 강가 숲을 향해 이었고
羣尨吠步屧	뭇 삽살개 걸음 소리4) 짖어대는데,
漁屋小如舶	어부 집은 작은 것이 쪽배만 한데

---
3) 두건 꾼 : 원문의 "巾屨(건구)"는 두건에 짚신 신은 사람들을 줄여서 쓴 말로 "두건 꾼"이라 할 수 있다.
4) 걸음 소리 : 원문의 "步屧(보섭)"은 걸음을 걸을 때 나는 소리. 곧 발걸음 소리를 말한다.

日高罷睡睫	해가 훌쩍 뜬 뒤에야 잠 깨고나서,
復去入春山	다시 떠나 봄 맞은 산 찾아 들어가
寧國看僧塔	영국사(寧國寺)5)를 찾아 스님. 탑이나 보자!

이현익(李顯益, 1678~1717)6) 『정암집(正菴集)』

---

5) 영국사(寧國寺) : 영동군 양산면 천태산 아래에 있는 사찰로, 고려의 공민왕이 홍건적(紅巾賊)의 침입 당시 피란을 잘한 곳이라서 "寧國(나라가 편안해졌다)"이라 부르게 됐다는 절이며, 바로 옥계폭포(玉溪瀑布)의 상류 쪽에 있다.
6) 이현익(李顯益, 1678~1717) : 본관은 전주(全州), 호는 정암(正菴)이다. 1708년(숙종 34) 생원시에 장원으로 입격(入格)하였고, 1710년 학행(學行)으로 참봉(參奉)이 되었다. 벼슬은 영조의 왕자사부(王子師傅) 및 진안현감(鎭安縣監)을 역임했다. 문집으로 『정암집(正菴集)』이 있다.

沃川喚仙樓
옥천의 환선루에서

西來丹水接天台	서쪽 향해 흐른 단수[1] 천태산[2] 밑 닿아 있고
十二飛欄翠作堆	열두 폭의 날 듯 난간 푸른 턱이 되어 있어,
日落君山元縹緲	군산(君山)[3]처럼 해가 지면 원래부터 아득하고
雲迷夢渚自縈迴	운몽택[4]에 구름 끼면 제냥 얽혀 돌 뿐이나,
松陰月古候仙路	달 뜬 솔숲 옛날부터 신선 길로 기다리고
楡葉春長祭社杯	봄 버들 잎 봄에 그냥 사직단 술 제사하나,
鶴馭鸞笙消息晚	학을 타고 생황 부는 소식마저 늦어지니
天敎我馬且徘徊	하늘에선 나의 말을 또 배회만 하게 하네!

조하망(曹夏望, 1682~1747)[5] 『서주집(西州集)』

---

1) 단수(丹水) : 양산(陽山)에 와서 합수(合水)되어 흐르는 적등진(赤登津 또는 赤登江)을 다르게 부르는 명칭이었다.
2) 천태산[天台] : 양산(陽山)의 서북쪽에 있는 천태산(天台山)을 말하며, 이 산과 마니산(摩尼山) 사이 높은 곳에 있는 사찰이 영국사(寧國寺)이고, 이 아래 쪽에 있는 것이 옥계폭포(玉溪瀑布)이다.
3) 군산(君山) : 중국의 호남성(湖南省) 동정호(洞庭湖) 입구 호수(湖水) 가운데에 있는 산으로 전설로는 옛날에 순(舜)임금의 두 부인인 아황(娥皇)과 여영(女英), 곧 "상군(湘君)"이라고 불리는 이 두 여인이 와서 노닐었다고 해서 "군산(君山)"이라고 불려졌다.
4) 운몽택 : 원문의 "夢渚(몽저)"의 "夢"은 분명 "운몽택(雲夢澤)"의 준말이며, 따라서 이것은 "운몽택(雲夢澤)"의 물가라는 말이고, 이 "운몽택(雲夢澤)"은 실제로는 "동정호(洞庭湖)"와 같은 범주 안에 있는 호수로 알려져 있다.
5) 조하망(曹夏望, 1682~1747) : 본관은 창녕(昌寧), 호는 서주(西州)이다. 부친은 금구현령 조헌주(曹憲周)이며, 모친은 이일상(李一相)의 딸이다. 1736년(영조 12) 문과에 장원한 뒤 판결사·승지·참찬관(參贊官)을 지내면서 어사를 파견하여 양정(良丁)을 살필 것을 청하였다. 1739년 승지를 지내고, 1741년 대사간, 1745년 승문원부제조(承文院副提調)를 지내고, 이듬해 영월부사로 전임하였다. 저서로 『서주집(西州集)』이 있다.

登喚仙樓
환선루에 올라서서

江平列三島	강물 질펀한 속 세 섬1) 늘어서 있고
地斷成浮丘	속세 단절2) 부구백(浮丘伯)이 되어질 테니3),
不須煩喚覓	번거롭게 누굴 찾고 부를 게 없네
仙客自來遊	신선들이 절로 와서 노닐 테니까!

권렴(權濂, 1701~1781)4) 『후암집(厚庵集)』

---

1) 세 섬[三島] : 동해 바다 속에 신선들이 살고 있다는 세 개의 산인 삼신산(三神山), 곧 봉래산(蓬萊山)과 방장산(方丈山)과 영주산(瀛洲山) 등이 있다는 세 섬을 말하며, 이것은 모두 우리나라에 있는 산들이라 중국의 진(秦)나라 시황(始皇)이 이 산에 있다는 불로초(不老草)를 캐오라며 서불(徐市)에게 명령하여 동남(童男)과 동녀(童女) 수천 명을 보냈다고 하였다. 그래서 이 산들은 바로 우리나라에 있는 금강산(金剛山)과 지리산(智異山), 그리고 한라산(漢拏山)이라고 말하고 있다.
2) 속세 단절[地斷] : 환선루가 있는 이 양산강에 신선들이 사는 세 산이 있다고 했으니, 이 지역은 속세와는 단절이 되어 있으며 신선들만 찾아오는 별천지라는 말이다.
3) 부구백[成浮丘] …… 테니 : 이 어휘에서 부구(浮丘)는 바로 중국이 옛 신서인 부구백(浮丘伯)을 말하며, 그의 성은 "이(李)"씨로 숭산(嵩山)에 숨어 살면서 道를 닦아 신선이 되어 대낮에 하늘을 날아다녔다. 그런데 이 "성부구(成浮丘)"는 여기 환선루(喚仙樓)를 찾아오는 사람들은 이 지역이 저절로 속세와 단절이 되어 있어서 저절로 부구백(浮丘伯) 같은 신선이 된다는 말이다.
4) 권렴(權濂, 1701~1781) : 본관은 안동(安東), 호는 후암(厚庵)이다. 부친은 권후준(權后準)이고, 모친은 문소김씨(聞韶金氏) 김태암(金台重)의 딸이다. 1733년(영조 9) 생원(生員)시에 입격(入格)하였다. 훈수 정만양·지수 정규양 형제 등과 교유하였다. 문집으로 『후암집(厚庵集)』이 전한다.

喚仙樓
환선루에서

喚仙樓對降仙臺	환선루는 강선대와 서로 마주해 있더니
臺廢樓存江自回	댄 헐리고 누만 남아 강물 둘러 흐르는데,
一雨微微鳳山頂	한 자락 비 부슬부슬 봉황산정(鳳凰山頂) 내려오고
平林漠漠虎灘隈	나란한 숲 자욱하게 호탄(虎灘)[1] 물가 서 있으며,
風光不逐文壺去	풍광일랑 글[2]을 따라 없어지진 않는 거라
聲跡猶傳岳澤來	소문·자취 외려 산과 물[3]을 따라 전해 오니,
半日仙遊吾亦得	반나절의 신선 놀이 우린 할 수 있겠기에
可堪苕老九原哀	초천(苕泉) 어른[4] 저승에서 슬퍼하실 만도 하네!

황윤석(黃胤錫, 1729~1791)[5] 『이재유고(頤齋遺稿)』

---

1) 호탄(虎灘) : 이 양산강(陽山江)에 있는 여울인 "호진(虎津)"을 말하며, 이것은 "호진(虎津)"이라고도 "호탄(虎灘)"이라고도 부른다.
2) 글 : 원문의 "文壺(문호)"는 이것은 이렇게 시를 짓고 읊어서 그릇에 넣어 두는 것을 말하며, 여기에서는 시인들이 풍경을 읊으면서 자연의 유상함에 비하여 인생은 상대적으로 유한, 무상한 것을 슬퍼하지만, 인간의 유한, 무상한 인생에 상관없이 자연 풍광은 영원히 유상한 채 남아 있다는 말이다.
3) 악택(岳澤) : 산과 물이라는 뜻이다.
4) 초로(苕老) : 안동김씨(安東金氏) 초천(苕泉) 김시황(金時侃)을 가리킨다. 이 시의 제일 끝구로 봐서 이 초천(苕泉)이 이 누각에 와서 풍경과 함께 인생의 덧없음을 읊은 시를 지어서, 이 누각에 걸어 두었을 가능성이 있다.
5) 황윤석(黃胤錫, 1729~1791) : 본관은 평해(平海). 호는 이재(頤齋)·서명산인(西溟散人)·운포주인(雲浦主人)·월송외사(越松外史). 김원행(金元行)의 문인이다. 1759년(영조 35) 진사시에 합격, 1766년에 은일(隱逸)로서 장릉참봉(莊陵參奉)에 임명되고, 뒤이어 사포서(司圃署)의 직장·별제를 거쳐 익위사의 익찬을 지냈다. 1779년(정조 3)에 목천현감을 거쳐 전의현감(全義縣監)을 지냈다. 저서로는 『이재유고(頤齋遺稿)』 등이 있다.

與宋叙五 全文謙 作赤裳之行 爲疎暢伊鬱也 歷登喚仙樓 次叙五

송서오일돈 전문겸효직과 함께 적상산을 찾아가기로 한 건 답답함을 시원하게 풀어 보자 해서인데, 가던 길에 환선루에 올라서 서오의 시의 운을 따라 짓다

沃州佳處喚仙樓	이 옥천의 아름다운 환선루란 이곳에는
尙見仙人樓上遊	아직까지 누각 위서 노는 신선 볼 만하게,
十二欄干欲羽化	열두 난간 날개 돋쳐1) 훨훨 날아 갈 듯하니
尋常過客登瀛洲	그저 그냥 방문객도 신선 세상2) 맞겠는데,
何年桑入麻姑海	어느 해에 뽕나무 밭 마고3) 바다 들게 되어
中歲珠還合浦邱	중간 해에 구슬들이 합포4) 도로 나게 됐나?
往事悠悠徒極目	지난 일들 하염없어 눈 빠지게 그냥 보니
孤舟盡日大江流	외론 배만 하루 종일 큰 강물에 흘러가네!

樓於辛亥大水漂沒 近始重修.

누각이 신해년 큰 장마에 떠내려 가버렸다가, 이 근래에 비로소 다시 수리하여 세웠다.

이지수(李趾秀, 1779~1842)5) 『중산재집(重山齋集)』

---

1) 날개 돋쳐 : 원문의 "羽化(우화)"는 날개가 돋쳐서 훨훨 날아가는 신선이 된다는 말이다.
2) 신선 세상 : 원문의 "瀛洲(영주)"는 이른바 신선들이 산다는 세 산 중의 하나를 말하며, 우리나라의 제주도 한라산을 지칭하기도 한다.
3) 마고(麻姑) : 중국의 옛날 여자 신선인 이른바 마고할미를 말한다.
4) 주환합포(珠還合浦) : 이것은 원래 "合浦珠還"이라는 말을 앞뒤를 바꾸어 쓴 말로, 합포(合浦)라는 이곳에 원래부터 진주가 많이 났는데, 이곳을 다스리는 원님으로 탐욕을 가진 사람이 오자, 진주가 모두 살아졌다가 다시 맹상(孟嘗)이라는 청렴한 원님이 부임하자, 진주가 다시 많이 나오게 되었다고 하는 고사를 말하는 것인데, 여기에서는 바로 이 옥천의 원님이 청렴한 사람이라는 것을 암시한 것이다.
5) 이지수(李趾秀, 1779~1842) : 본관은 연안(延安), 호는 중산재(重山齋)이다. 부친은 동지중추부사 이명원(李命源)이며, 모친은 경주김씨(慶州金氏)로 김하주(金廈柱)의 딸이다. 1813년(순조 13) 문과에 급제한 후 성균관전적·사간원정언을 거쳐 병조좌랑·시강원사서·동부승지 등을 지냈다. 만년에는 향리에 돌아와 중산재를 짓고 후진교육에 힘썼다. 저서로는 『중산재집(重山齋集)』이 있다.

옥천·보은지역
沃川·報恩

設酌虎灘
호탄[1]에 술자리를 마련하고

鳳飛山下虎江濆	봉비산 아래 호강이 흐르는데
地勢周遭鎖洞門	지세가 에워싸서 골짜기 입구를 막았네.
遊子行裝隨短劍	나그네의 행장에는 단검을 지녔는데
主人心事展芳尊	주인의 심사는 향기로운 술잔을 벌였네.
方知勝會須佳節	비로소 좋은 모임은 시절이어야 함을 깨닫고
更信仙區有長君	다시 신선의 구역에 장군[2]이 있음을 알겠네.
莫道徵陽在西嶺	희미한 햇볕이 서쪽 고개에 있다고 말하지 마오
笙歌滿座酒氣溫	생황과 노래 소리 온 좌석에 울리고 술기운 따뜻하네

정립(鄭雴, 1554~1640)[3] 『고암유고(顧菴遺稿)』

---

1) 호탄(虎灘) : 영동군 양산면 호탄리를 흐르는 금강 상류의 여울로 옥천군 이원과 영동군 서부와 무주, 금산을 잇는 주요한 교통요지로 현재 호탄교가 놓여있다.
2) 장군(長君) : 나이 많은 상대방에 대한 존칭으로, 이때 술자리를 마련한 주인을 가리킨 것으로 보인다.
3) 정립(鄭雴, 1554~1640) : 호는 고암(顧菴), 본관은 하동(河東)이다. 옥천 출신으로 부친은 찰방 정유건(鄭惟)이며, 모친은 옥천전씨(沃川全氏)로 관찰사 전팽령(全彭齡)의 딸이다. 1615년(광해군 7) 문과에 급제하여, 정랑·군자감정·판사 등을 역임하였다. 임진왜란 때에는 조헌(趙憲) 등과 함께 의병을 일으켰으며, 정묘호란 때에는 김장생(金長生)의 휘하에서 의병을 모집하는 본군의 도유사가 되었고, 이어서 4개 군의 소모관(召募官)이 되어 동궁(東宮)을 호종하였다. 문집으로 『고암유고(顧菴遺稿)』가 있다.

題赤登樓 壬戌夏倭入寇慶尙 遂屠州郡 六月十有二日承督戰之命
적등루[1]에서 짓다 임술년(1382) 여름 왜구가 경상도에 침략하여 여러 고을을 도륙하자 6월 12일 전투를 독려하라는 명을 받았다.

棲棲六月路三千	허둥지둥 유월 달 삼천 리 길 달리는데
野渡無人獨上船	들 나루터 사람 없어 홀로 배에 오르네.
採蕨出師誰得計	채궐[2]과 출사[3]에서 누가 계책 얻었던가
赤登樓下水如天	적등루 아래로 하늘빛 같은 물 흐르네.

조준(趙浚, 1346~1405)[4] 『송당집(松堂集)』

---

1) 적등루(赤登樓) : 적등강(赤登江)의 서편, 옥천군 이원면 원동리 적등마을 남동쪽 산봉우리에 조선 초기 때 세워진 2층 누각이다.
2) 채궐(採蕨) : 『시경』의 원 제목은 〈채미(采薇)〉인데, 미적(薇狄)을 정벌하는 데 군사를 보내는 내용의 시(詩)이다. 여기서는 음운(音韻) 때문에 궐(蕨)을 미(薇)와 통용하였다.
3) 출사(出師) : 제갈량(諸葛亮)의 〈출사표(出師表)〉를 말하는데, 제갈량이 위(魏)나라로 출병하면서 후주(後主)에게 올린 것으로 충의(忠義)가 가득 담긴 글이다.
4) 조준(趙浚, 1346~1405) : 본관 평양(平壤), 호 우재(吁齋)·송당(松堂), 부친은 판도판서 조덕유(趙德裕)이다. 고려 말 전제개혁을 단행하여 조선 개국의 경제적인 기반을 닦고, 이성계를 추대하여 개국공신이 되었다. 제1차 왕자의 난 전 후로 이방원의 세자책봉을 주장했으며, 태종을 옹립하였다. 토지제도에 밝은 학자로 『경제육전(經濟六典)』을 편찬하였다. 문집에 『송당문집(松堂文集)』이 있다.

登赤登院樓 沃川
적등원루[1]에 올라 옥천에 있다.

往來行旅日千千	오고 가는 나그네 하루에도 수천 명
爭渡江頭一隻船	강나루에서 한 척 배로 건너기를 다투네.
更上赤登樓上望	또다시 적등루에 올라 바라다보니
白鷗閑泛鏡中天	갈매기는 한가로이 물 위에 떠 있네.

이직(李稷, 1362~1431) 『형재시집(亨齋詩集)』

---

1) 적등원루(赤登院樓) : 옥천군 이원면에 있었던 누대이다.

赤登樓 和大虛
적등루에서 대허에게 화답하다

瀜瀜春江上	맑고 깊은 봄 강가에 이르니
風吹亂碧漣	바람이 불어 푸른 물결 일렁이네.
綠楊煙苒惹	푸른 버들은 연기가 자욱하고
黃犢草芊綿	송아지는 무성한 풀을 뜯누나.
故國將寒食	고국엔 곧 한식이 돌아오는데
貧居只薄田	가난한 삶은 척박한 토지뿐이로다.
脩門還在望	대궐문 다시 멀리 바라보면서
空詠白雲篇	부질없이 백운편1)을 읊노라.

김종직(金宗直, 1431~1492) 『점필재집(佔畢齋集)』

---

1) 백운편 : 주 목왕(周穆王)이 곤륜산(崑崙山)에 갔을 때, 선녀인 서왕모(西王母)가 잔치를 베풀고 주 목왕에게 축수를 올리면서 불렀던 백운요(白雲謠)를 가리킨다.

赤登院 次韻
적등원¹⁾에서 차운하다

雲間螺髻亂峯千	구름 속 소라 모양 어지러운 천 봉우리
風裏滄洲一葉船	바람 부는 강물에 일엽편주 띄웠네.
不管波濤頻出沒	파도가 자주 출몰해도 상관하지 않고
目隨高鳥入遙天	높은 새 먼 하늘로 들어가는 것 바라보네.
臨流不恨路岐千	물속에 천 갈래 길인 것 한하지 않고
却愛靑山影滿船	푸른 산이 배 가득 비치는 것이 좋다오.
兩岸晴沙明似雪	양쪽 언덕의 맑은 모래는 눈처럼 흰데
白鷗飛下夕陽天	흰 갈매기 석양 하늘에서 날아 내리네.

구봉령(具鳳齡, 1526~1586)『백담집(栢潭集)』

---

1) 적등원(赤登院) : 옥천군 이원면 원동리 금강 변에 있었던 역원이다. 적등진(赤登津)은 경상도에서 서울로 가는 대로에 있었던 나루터였고, 역원 옆에 적등원(赤登院)이 있었다. 서거정이 쓴 〈적등원루기(赤登院樓記)〉가 전하고 있다.

赤登津頭 口占 津頭有樓基 佔畢齋後登樓賦 卽此樓也
적등진¹⁾ 머리에서 입으로 읊다 나룻가에 누대 터가 있다. 점필재 김종직이 후등루 부를 지은 곳이 바로 이 누대이다.

昔聞江上赤登樓	강가의 적등루는 옛날부터 들었는데
今日停驂但古丘	오늘 말을 멈추고 보니 옛 언덕만 남았구나.
雲物不隨千古去	운물은 천고의 세월 따라가지 않거늘
文章還被六丁收	문장은 도리어 육정²⁾이 데리고 갔구나.
時危兵甲難容力	위태로운 시기에 병갑은 힘을 쓰기 어려웠으니
事去英雄豈自謀	사업이 끝난 뒤 영웅이 어찌 스스로 도모하랴.
佇立沙邊斜日暮	해 저무는 모래강변에 우두커니 서서
臨風默默更搔頭	바람 맞으며 묵묵히 다시 머리만 긁적이네.

윤두수(尹斗壽, 1533~1601)³⁾ 『오음유고(梧陰遺稿)』

---

1) 적등진(赤登津) : 옥천군 이원면 원동리와 지탄리 사이를 흐르는 금강 줄기. 『신증동국여지승람』 제15권, 충청도(忠淸道) 옥천군(沃川郡) 산천 조에 "고을 남쪽 40리에 있다. 그 근원은 셋이 있는데, 하나는 전라도 덕유산에서 나오고, 하나는 경상도 중모현(中牟縣)에서 나오고, 또 하나는 본도 보은현 속리산에서 나온다. 고을 동쪽을 지나서 차탄(車灘)이 되고, 동북쪽으로는 화인진(化仁津)이 되며, 회인현(懷仁縣)을 지나서 말흘탄(末訖灘)이 되고, 문의현에서는 형각진(荊角津)이 된다. 공주에 이르러서는 금강이 되고 곰나루[熊津]가 되며, 부여(扶餘)에 이르러서는 백마강이 되며, 임천(林川)·석성(石城) 두 고을 경계에 이르러 고성진(古城津)이 되고, 서천군(舒川郡)에 이르러 바다로 들어간다."라고 나와 있다.
2) 육정(六丁) : 도교(道敎)에서 말하는 여섯 신(神)의 이름인데, 이 신을 부리면 먼 곳의 물건을 가져오게 할 수 있고, 미래의 길흉을 미리 알 수 있다고 한다. 『後漢書 卷50 梁節王暢列傳』
3) 윤두수(尹斗壽, 1533~1601). 본관은 해평(海平), 호는 오음(梧陰)이다. 부친은 군자감정 윤변(尹忭)이며, 모친은 부사직(副司直) 현윤명(玄允明)의 딸이다. 이중호(李仲虎)·이황(李滉)의 문인이다. 1558년 문과에 급제한 이후 이조정랑·의정부검상·사인·사헌부장령·성균관사성·사복시정 등을 거쳐 1576년(선조 9) 대사간에 이르렀다. 이후 한성좌윤·오위부총관·형조참판 등을 역임하고, 건저문제(建儲問題 : 세자 책봉의 문제)로 정철이 화를 당할 때 같은 서인으로 연루되어 회령에 유배되었다. 1592년 임진왜란이 발발하자 다시 기용되어, 어영대장·우의정을 거쳐 1598년 좌의정이 되고 영의정에 올랐으나, 대간의 계속되는 탄핵으로 사직하고 남파(南坡)에 물러났다. 저서로는 『오음유고』·『기자지(箕子誌)』 등이 있다.

記行絶句 中 過赤登樓故墟
기행 절구 중 '적등루 옛터를 지나며'

佔畢文章照古今	점필재의 문장은 고금에 빛나는데
赤登樓榭就埋沈	적등루 다락은 매몰되고 없구나.
當時一賦猶堪誦	당시에 지은 부 아직도 외울 만하니
不盡騷人憤世心	세상 향한 시인의 울분은 다하지 않았네.

윤두수(尹斗壽, 1533~1601)『오음유고』

會諸士友於龍門書塾 用文正公黃山舟中韻 共賦
여러 사우들과 용문서숙에 모여서 문정공의 〈황산주중〉 시[1]의 운을 이용하여 함께 읊다

先祖黃山舟遊 昔在孝廟癸巳七月 有記遊帖 至今傳誦 歷歷如陪杖屨 今年干支適符 舊甲 以書約會德明 乃於七月之旣望 與地主趙汝晦及朴仲居 往龍門書塾 家姪秉瓚 小孫昌憲呂君文輔宗人宜中從之 亦有諸友來會 若爾人泛舟前江 乘月上下甚樂而 但時値旱亢 水勢甚淺 不能縱其所如 是可歎也 謹依先祖故事 舟中各誦詩一篇 亦有 吹簫者從行 以倣赤壁之遊 仍用黃山原韻.

선조께서 황산에서 뱃놀이 한 것은 옛날 효종(孝宗) 계사년 7월에 있었는데 기유첩(記遊帖)이 있다. 지금도 전송(傳誦)되는데 역력히 어른의 장구(杖屨)를 모시는 듯하다. 금년의 간지가 마침 구갑(舊甲)에 부합하여 편지로 덕명과 모이자고 약속했다. 이에 7월 16일에 지주(地主) 조여회(趙汝晦)와 박중거(朴仲居)와 함께 용문서숙(龍門書塾)에 갔다. 집안 조카 병찬(秉瓚)의 소손(小孫) 창헌(昌憲) 여군(呂君) 문보(文輔)와 종인(宗人) 의중(宜中)이 따라왔다. 또한 여러 벗들이 와서 모였다. 이들과 함께 앞 강에 배를 띄우고 달빛을 타니 상하가 몹시 즐거웠다. 다만 시절이 큰 가뭄을 만나서 물의 형세가 너무 얕아서 그 가려고 하는 바를 따를 수 없었다. 이는 한탄스러웠다. 삼가 선조의 옛일에 의거하여 배 안에서 각자 시 한 편을 읊었다. 또한 퉁소를 부는 자가 유람에 따라와서 적벽의 유람을 본받았다. 이어서 황산 시의 원운을 이용했다.

今年太歲舊黃山	금년 간지가 옛 황산 유람에 해당하니
赤壁佳辰又此間	적벽의 좋은 날이 또 이 사이에 있네.
一曲簫歌千載夜	한 곡조 퉁소의 곡이 천 년의 밤인데

---

[1] 문정공의 〈황산주중〉 시 : 송시열(宋時烈)의 〈黃山舟中, 次兪武仲韻〉 시를 말한다.

滿江風月不曾閒	온 강의 바람과 달빛에 한가롭지 못하네.

赤登江上達尼山	적등강[2] 위는 니산에 이르는데
勝地有名左海間	승경지가 좌해 사이에서 유명하네.
明月今宵須盡趣	달 밝은 오늘밤 반드시 아치를 다하리니
浮生難再此遊閒	덧없는 생애에서 이 한가한 유람을 다시 하기 어렵다네.

송근수(宋近洙, 1818~1902) 『입재집(立齋集)』

---

2) 적등강(赤登江) : 옥천군 이원면 원동리 앞 동편으로 흐르는 금강이다.

七月旣望 遊赤登江
칠월 열엿샛날 적등강에서 노닐며

稽山之下赤江流	계산¹⁾ 자락 아래 적등강 흘러가고
萬里黃岡接素秋	만리의 황강²⁾은 가을로 접어드네.
百歲難逢今夜景	한평생 오늘밤 풍경은 만나기 어려워
一樽能續古人遊	술동이 하나면 옛사람 유람을 이어갈 수 있네.
月從白鳥去邊出	달이 하얀 물새 쫓아 강가에 나오자
舟到綠潭深處休	배는 푸른 연못 깊은 곳에 이르러 쉬네.
聽罷棹歌遺世立	뱃노래 듣고 나니 속세를 벗어난 듯³⁾
隨風欲上廣寒樓	바람 따라 광한루⁴⁾에 오르고자 하네.

김상렬(金相烈, 1883~1955)⁵⁾ 『소유집(小遊集)』

---

1) 계산(稽山) : 영동군의 다른 명칭이다.
2) 황강(黃岡) : 송(宋)나라의 문인 소식(蘇軾, 1036~1101)이 1082년에 귀양 갔던 황주(黃州)를 가리킨다. 황주의 적벽(赤壁)에서 지은 〈전적벽부(前赤壁賦)〉와 〈후적벽부(後赤壁賦)〉가 유명하다.
3) 속세를 벗어난 듯 : 소식의 〈적벽부(赤壁賦)〉에 "표연하게 속세를 벗어나 홀로 서서 날개를 달고 신선이 된 것 같다.[飄飄乎如遺世獨立, 羽化而登仙.]"라고 하였다. 〈적벽부〉는 1082년 소동파가 47세 때 적벽강에서 뱃놀이를 한 내용을 부(賦)로 읊은 명작인데, 이 대목은 첫 부분으로 날씨에 이슬이 내린 깊은 밤 배를 타고 가면서 느끼는 호쾌하고 낭만적인 정감을 노래하고 있다.
4) 광한루(廣寒樓) : 달 속의 선궁(仙宮)인 광한궁(廣寒宮)의 누각을 가리킨다.
5) 김상렬(金相烈, 1883~1955) : 호는 심연(心淵), 본관은 안동이다. 충북 괴산 소수에서 태어나 서울에서 경제활동을 하면서 계산시사를 비롯한 시우회에서 여러 문인들과 교류하였고, 1943년 청주로 낙향한 뒤로 지역 문인들과 교류하면서 작품 활동을 하였다. 저서로는 『심연시집』, 『기술잡초』, 『소유집』이 있다.

幽居八景 中 前溪細柳
유거팔경[1] 중 '앞 시내의 실버들'

前溪梟梟護幽樓	앞 시냇가 하늘하늘 그윽한 거처를 감싸고
多愛春來嫩色低	봄 맞아 낮게 돋아난 풀빛 사랑스럽네.
葉底鸎歌堪可斤	나뭇잎 아래 꾀꼬리 울음소리 들리는데
扶節携酒過長堤	지팡이 짚고 술병 들고 긴 둑을 지나가네.

김종도(金鍾度, 미상) 『청풍세고(淸風世稿)』

---

[1] 유거팔경(幽居八景) : 옥천군 옥천 구읍 문정리 일원으로, 팔경은 정전낙화(庭前落花), 서산낙조(西山落照), 관루효각(官樓曉角), 동령호월(東嶺皓月), 전계세류(前溪細柳), 농서제우(農墅霽雨), 평교모연(平郊暮煙), 원수숙운(遠峀宿雲)이며 조선후기 때 김종도(金鍾度)가 설정하였다.

沃川聚遠亭 吟示舊要
옥천 취원정[1]에서 읊어서 벗들의 요구에 보이다

依然丘水幾經秋	의연한 언덕과 물은 몇 번이나 가을을 보냈는가
遼鶴歸來鬢絲稠	요동학[2]이 돌아오니 귀밑머리 백발만 조밀하네.
山色尙銜當日態	산색은 여전히 당일의 자태를 머금었고
江聲宛訴昔年愁	강물소리는 완연히 지난날의 근심을 호소하네.
亭臺處處尋遺躅	정대의 곳곳에서 남긴 자취를 찾고
村巷家家憶舊遊	시골 거리 집집에서 옛날 놀았던 것을 추억하네.
岸草汀花如有待	언덕 풀과 물가 꽃은 기다렸던 듯하고
東風斜日更淹留	봄바람 비낀 해가 다시 머물게 하네.

이태연(李泰淵, 1615~1669) 『눌재고(訥齋稿)』

---

1) 취원정(聚遠亭) : 옥천군 옥천읍 동이면 적하리 마을 앞 금강과 세산천이 만나는 지점 장기슭 위에 1520년대 전팽수(全彭壽)가 세운 정자로 현재는 터만 남아있다.
2) 요동학 : 진(晉)나라 도잠(陶潛)의 『수신후기(搜神後記)』에 "정영위(丁令威)는 본래 요동(遼東) 사람이다. 영허산(靈虛山)에서 도를 배운 후에 학이 되어서 요동으로 돌아와서 성문 화표주(華表柱)에 머물렀다. 그때 어떤 소년이 활을 들고 쏘려고 하니, 학이 곧 날아서 공중에서 배회하면서 말하기를 '새여! 새여! 정령위여. 집을 떠나 천 년 만에 지금 비로소 돌아왔네, 성곽은 예전 같지만 사람들은 다르니, 어찌 선(仙)을 배우지 않고 무덤만 늘어져 있는가?'라고 하였다. 마침내 높이 날아 하늘로 사라졌다."고 하였다.

沿牒往永同 歸路放赤津舟 下聚遠亭 雲卿已來待矣
연첩[1]으로 영동에 갔다가 돌아오는 길에 적진[2]에서 배를 띄워 취원정으로 내려가니 운경이 이미 와서 기다리고 있었다

湖亭避暑約詩翁	물가 정자에서 피서하기로 시옹과 약속 있어
催了文書發永同	문서를 재촉하여 영동에서 길을 떠났네.
赤渡舟廻青峽內	적등진에서 배를 푸른 산중으로 돌리고
羽衣人立畫樓中	신선 옷[3] 입은 이 그림 누정 안에 서있네.
殘杯小茗官庖冷	남은 술과 변변찮은 차에 관청 주방은 썰렁하고
銀鯽黃瓜村餉豊	은빛 붕어와 누런 오이에 시골 먹거리 풍족하네.
又送新凉鏖晚熱	또 시원한 기운 속에서 늦더위 물리치니
郡齋無此滿江風	동헌에는 강 가득한 이런 바람이 없다네.

조유수(趙裕壽, 1663~1741)[4] 『후계집(后溪集)』

---

1) 연첩(沿牒) : 관원들이 관직에 임명하는 임명장을 따라서 여기저기 외직으로 돌아다닌다는 뜻이다.
2) 적진(赤津) : 옥천군 이원면 원동리에 있는 적등진(赤登津)을 말한다.
3) 신선 옷 : 원문의 "羽衣(우의)"는 새의 깃을 엮어서 만든 도사의 옷을 말한다.
4) 조유수(趙裕壽, 1663~1741) : 본관은 풍양(豊壤), 호는 후계(後溪), 부친은 현감 조상변(趙相忭)이다. 1694년 천거로 희릉참봉(禧陵參奉)을 거쳐, 장흥고주부(長興庫主簿)·연풍현감(延豊縣監)·옥천군수·회양부사를 지냈고, 이어 선공감부정·장악원정·무주부사 등을 역임하였다. 문집으로 『후계집(后溪集)』이 있다.

宿東江
동강¹⁾에서 묵다

湖西逐客歇征驂	호서에서 쫓겨난 객은 달리는 말을 세우고
夜宿東江舊驛樓	밤에 동강의 옛 역루에서 묵네.
迢遞故山千里夢	머나먼 고향 산은 천리 꿈속에 있는데
旅窓殘月五更秋	여관 창의 남은 달빛 오경의 가을이네.

이재(李縡, 1634~1708)²⁾ 『백치재유고(白癡齋遺稿)』

---

1) 동강(東江) : 옥천군 동이면 적하리 마을 동편으로 흐르는 금강이다.
2) 이재(李縡, 1634~1708) : 본관은 우봉(牛峰), 호는 도암(陶菴)·한천(寒泉)이다. 부친은 이만창(李晩昌)이며, 모친은 민유중(閔維重)의 딸이다. 김창협(金昌協)의 문인이다. 노론 준론(峻論)의 대표적 인물로, 윤봉구(尹鳳九)·송명흠(宋命欽)·김양행(金亮行) 등과 함께 당시의 정국 전개에 많은 영향을 미쳤다. 예학(禮學)에도 밝아 많은 저술을 편찬하였다. 저서로는 『도암집(陶菴集)』 등이 있다.

次寄沃川詩社旣望泛舟東江韻
옥천시사에 〈기망범주동강〉 시에 차운하여 보내다

壬戌之秋此夜淸	임술년 가을 이 밤이 맑은데
相逢酒壘又詩城	상봉하여 술잔치 벌이고 또 시 모임 열었네.
昔人已去大江在	옛 사람은 이미 떠나고 큰 강만 남았는데
今我現來明月生	지금 내가 찾아오니 밝은 달이 떠올랐네.
宿鷺鶿邊移棹影	깃든 해오라기 가마우지 옆에 노 그림자 지나고
老蛟潛處徹簫聲	늙은 교룡 잠긴 곳에 퉁소소리 통하네.
怳如赤壁全圖畵	황홀한 적벽의 전체 그림이니
不獨蘇仙擅美名	소선1)만이 아름다운 명성 떨친 것이 아니라네.
秋水船如坐上淸	가을 물에 배가 가니 상청에 앉은 듯하고
帆頭野勢接江城	돛 머리의 들의 형세는 강성에 접했네.
天時暑日回凉時	천시는 더운 날이 서늘한 때로 돌아가고
人事前生視後生	인사는 전생을 후생이 보네.
碧酒月沈空色色	푸른 술에 달이 잠기니 색색이 비웠고
玉簫風送散聲聲	옥피리소리 바람에 전해지니 소리소리 흩어지네.
倘吾壬戌今題帖	만약 내가 임술년에 지금처럼 시를 적었다면
得似坡仙鬻世名	파선2)처럼 세상의 명성을 팔았으리라.

정일용(鄭鎰溶, 1862~1932)3) 『소호시집(素湖詩集)』

---

1) 소선(蘇仙) : 송나라 소식(蘇軾)의 미칭. 〈적벽부(赤壁賦)〉 2편을 지었다.
2) 파선(坡仙) : 동파(東坡) 소식(蘇軾)의 미칭이다.
3) 정일용(鄭鎰溶, 1862~1932) : 호는 소호(素湖), 본관은 영일(迎日)로 옥천(沃川) 소정리(疎亭里)에서 태어났다. 문예구락부(文藝俱樂部)·언지사(言志社)·한상음사(漢上吟社)·옥천시사(沃川詩社)에서 활동하였으며, 서정순(徐正淳, 1831~1905)의 문하에서 수학하였다. 문집으로『소호시집(素湖詩集)』이 있다.

鷲潭山水八景 中 蘇糊漁舟
목담산수팔경¹⁾ 중 '소호의 고기잡이배'

日晚寒江水欲靜	날 저물자 차가운 강물 고요해지려 하고
魚吹細浪任沈浮	물고기 잔물결 뿜어내며 떴다 가라앉았다 하네.
孤舟養笠翁何者	외딴 배에 삿갓 쓴 노인 누구인고
長長釣絲暮雨秋	가을 저녁 비에 길고 긴 낚싯줄 드리우네.

전광국(全光國, 1722~1766)²⁾ 『무하당유고(無何堂遺稿)』

---

1) 목담산수팔경(鷲潭山水八景) : 옥천군 동이면 금암리 일원으로, 팔경은 응봉신월(鷹峯新月), 서대귀운(西臺歸雲), 증산조일(甑山朝日), 구암모경(龜菴暮磬), 소호어주(蘇湖漁舟), 계령목적(鷄嶺牧笛), 목담연류(鷲潭烟柳), 석정춘괴(石亭春槐)이다.
2) 전광국(全光國, 1722~1766) : 호는 무하옹(無何翁), 본관은 옥천(沃川)이다. 조부는 전만창(全萬昌)이고, 부친은 전동일(全東一)이다. 45세에 용곡서당(龍谷書堂)에서 병졸했다. 문집으로 『무하당유고(無何堂遺稿)』가 있다.

鷔潭山水八景 中 鷔潭烟柳
목담산수팔경 중 '목담의 안개 낀 버들'

荷杖斜陽細草岸	나는 풀 언덕 석양에 지팡이 짚고 가니
漆漆春氣洞中天	절절한 봄기운 동네 하늘에 가득하네.
東風好景覺兒問	동풍의 좋은 경치에 아이에게 물으니,
答謂溪楊濕翠烟	시냇가 버들 푸른 안개에 젖었다 대답하네.

전광국(全光國, 1722~1766) 『무하당유고』

登獨樂亭 敬次東洲先生卷中韻
독락정[1]에 올라 동주 선생[2] 시에 삼가 차운하다

百年顚沛病夫身	오랜 세월 좌절하여 병들어 쇠약해지고
萬死行藏此水濱	일만 번 죽어도 숨을 곳은 이 물가라네.
千仞名亭獨樂古	하늘을 향한 유명한 독락정은 오래되었고
滄浪一曲笑仙春	창랑곡 한 곡조에 아름다운 봄을 기뻐하네.
壺中有酒自爲迹	술단지 속에 술이 있으니 스스로 마시게 되고
琴上無絃孰會神	거문고 위에 줄이 없으니 누가 마음을 모으리.
小子何知和者道	소생이 어찌 화답하는 이의 도리를 알겠는가
淸風徒仰伯夷貧	다만 맑은 바람이 백이숙제의 가난을 우러르겠네.

윤선거(尹宣擧, 1610~1669)[3] 『노서유고(魯西遺稿)』

---

1) 독락정(獨樂亭) : 옥천군 안남면 연주리 서편 금강 기슭에 있는 정자로, 1607년(선조 40) 절충장군 주몽득이 세웠다. 주변 자연경관이 아름다워 많은 선비들이 모여 지내던 정자의 구실을 하다가, 후대에 유생들의 학당으로 사용되었다. 건물 정면에는 당시 군수였던 심유(沈攸)의 '독락정'이란 현판이 걸려 있고, 마루에는 송근수의 율시기문을 비롯하여 10여점의 기문액사가 실려 있다.
2) 동주 선생(東洲 先生) : 이민구(李敏求)를 가리킨다.
3) 윤선거(尹宣擧, 1610~1669) : 본관은 파평(坡平), 호 미촌(美村)·노서(魯西)이다. 부친은 대사간 윤황(尹煌)이며, 모친은 창녕성씨(昌寧成氏)로 성혼(成渾)의 딸이다. 1633년(인조 11) 문과에 급제하였다. 1636년 병자호란이 일어나자 가족과 함께 강화도로 피신하였가 강화도가 함락되자 탈출하였다. 강화도에서 대의를 지켜 죽지 못한 것을 자책하고 관직에 나아가지 않았다. 김집(金集)의 문하에 출입하면서 성리학과 예학(禮學)에 몰두하였다. 문집으로 『노서유고(魯西遺稿)』가 있다.

自京歸鄉 登獨樂亭
서울에서 고향에 돌아와서 독락정에 오르다

孤亭突兀枕江湄	외로운 정자 우뚝 솟아 강가를 내려다보고
大野長天面勢奇	큰 들판 먼 하늘을 바라보니 기세가 기이하네.
雲際亂峯森劍戟	구름 사이 솟아 나온 봉우리 칼과 창처럼 늘어서고
檻前流水映琉璃	난간 앞으로 흐르는 물은 유리처럼 비치네.
慣經畏道千重險	험준한 길 익숙하게 지나니 천 겹으로 높은데
寧怕高欄百尺危	어찌 높디높은 백 척의 난간 두려워하랴.
徙倚夕陽無限興	석양에 정자에 오르니 무한한 흥취
汀洲唯有白鷗知	물가 모래 위의 백구는 알고 있겠지.

송규렴(宋奎濂, 1630~1709) 『제월당집(霽月堂集)』

次獨樂亭韻
독락정 시에 차운하다

沃州名勝地	옥주 경치 좋기로 이름난 곳에
今上一高樓	오늘 이 높은 누대에 올랐어라.
山出江聲外	산은 강물소리 밖에 솟았고
村深樹影頭	마을은 나무 그늘 깊어라.
淳風多講席	순후한 풍습은 강학 자리 많고
歸路信漁舟	가는 길 고깃배가는 대로 맡기네.
抛卻塵心坐	세속 생각 다 버리고 앉았노라니
淸凉鷗鷺洲	참으로 청량한 구로의 물가¹⁾로다.

송병서(宋秉瑞, 1839~?)²⁾

---

1) 구로(鷗鷺)의 물가 : 갈매기와 백로처럼 인간 세상의 이해를 초월하여 자연을 즐기며 산다는 뜻이다. 『열자(列子)』 「황제편(黃帝篇)」에 "해상에 어떤 사람이 갈매기와 벗을 삼았다"에서 나온 말이다.
2) 송병서(宋秉瑞, 1839~?) : 본관은 은진(恩津), 송시열(宋時烈)의 9대손이다. 좌의정 송근수(宋近洙)의 아들이다. 1879년(고종 16) 문과에 급제한 뒤 규장각대교(奎章閣待敎)를 시작으로 홍문관의 정자(正字)·성균관대사성·이조참의를 거쳤다. 1888년에는 예방승지를 지냈으며, 그 해 5월에는 자경전(慈慶殿)을 중건함에 따라 그 현판의 서사관(書寫官)이 되기도 하였다. 이듬해에는 이조참판이 되었고, 사헌부대사헌·도승지·공조판서 등을 거쳐, 1894년에는 형조판서를 지냈다.

車灘
차탄[1]

坡翁曾道水車奇	파옹이 일찍이 수차의 기이함을 말하였는데[2]
誰謂灘名偶似之	누가 여울 이름을 우연히 똑같게 지었는가.
萬轂齊驅聲聒耳	일만 수레바퀴 도는 소리 귓전에 울리고
泠飆颯颯鬢邊吹	시원한 바람이 세차게 귀밑머리 스쳐가네.

구봉령(具鳳齡, 1526~1586) 『백담집(栢潭集)』

---

[1] 차탄(車灘) : 옥천군 옥천읍 수북리와 오대리 사이를 흐르는 금강의 상류. 갈수기에는 강물이 말라서 바지를 걷고 건널 수 있을 정도로 수레나 마차가 쉽게 건널 수 있다하여 '거탄(車灘)여울'로도 불렸다.
[2] 파옹(坡翁)이 …… 말하였는데 : 파옹은 북송(北宋)의 문장가 동파(東坡) 소식(蘇軾)을 가리킨다. 『소식시전집(蘇軾詩全集)』 권6에 수차의 기이함을 노래한 〈무석 가는 길에 수차를 읊다[無錫道中賦水車]〉라는 칠언율시를 두고 한 말이다.

化仁途中
화인¹⁾의 도중에서

野色靑靑麥漸長	들 빛 푸르니 보리싹 점점 자라고
淸和時節近端陽	청화한 계절 단오에 가깝구나.
行行隨處綠初嫩	발걸음 닿는 곳마다 신록이 고우니
最愛澗邊幽草香	시냇가 그윽한 풀 향기 가장 좋구려.

송시열(宋時烈, 1607~1689) 『송자대전(宋子大全)』

---

1) 화인(化仁) : 화인리(化仁里)로 지금의 옥천군 안내면 인포리(仁浦里)이다. 화인리는 청산→보은→화인→옥천으로 통하는 역로(驛路)였고, 출장 중인 관리들의 숙식을 제공하여 주던 화인원(化仁院)이 있었기 때문에 화인리라 부르게 되었다.

沃川化仁江上
옥천 화인강[1] 가에서

三春長役役	봄철 동안 오래 고생했는데
匹馬又西東	필마로 또 동서로 돌아다니네.
汀柳迎風綠	물가 버들은 바람 맞으며 푸르고
巖花帶雨紅	바위 가 꽃은 빗물 띠고 붉네.
年光岐路上	세월은 갈림길 위에 있고
世事酒杯中	세상일은 술잔 안에 있네.
逝者皆如此	흘러가는 것이 이와 같은데
臨江意不窮	강에 임하여 사념이 그치지 않네.

이태연(李泰淵, 1615~1669)[2] 『눌재고(訥齋稿)』

---

1) 화인강(化仁江) : 옥천군 안내면 인포리 화인 마을을 지나는 금강 줄기.
2) 이태연(李泰淵, 1615~1669) : 본관은 한산(韓山), 호는 눌재(訥齋)이다. 1661년(현종 2) 전라도관찰사에 이어 승지·병조참의를 지내고, 1666년 경상도관찰사를 거쳐 1668년 대사간·이조참의를 지내고, 이어 평안도관찰사를 지냈다.

初五日朝 發行沃川 沿江向化仁津
초닷샛날 아침 옥천을 출발하여 강을 거슬러 화인진¹⁾으로 향하다

江出蒼烟裡	강은 푸른 안개 속에서 나와서
隨人與北征	사람 따라 북쪽 여행을 함께하네.
淵源長水黑	연원이 긴 물은 검고
湍瀨沃川明	여울의 옥천이 밝네.
馬度欹斜棧	말은 기운 잔교를 지나가고
村依寂歷坪	마을은 적막한 평야에 의지했네.
峯陰氷腹厚	봉우리 그늘지니 얼음이 두꺼워서
人有往來輕	사람들의 왕래가 경쾌하네.

김창흡(金昌翕, 1653~1722)²⁾ 『삼연집습유(三淵集拾遺)』

---

1) 화인진(化仁津) : 옥천군 안내면 인포리 금강 여울에 있던 나루이다. 조선시대 군사가 지키던 주요한 옥천-보은, 옥천-회인-문의를 잇는 대로상의 큰 나루로 인근에 화인역과 화인원이 있었다.
2) 김창흡(金昌翕, 1653~1722) : 본관은 안동(安東), 호는 삼연(三淵)이다. 부친은 영의정 김수항(金壽恒)이며, 형은 영의정을 지낸 김창집(金昌集)과 예조판서·지돈녕부사 등을 지낸 김창협(金昌協)이다. 관직에 나가지 않고 시문과 학문에 전념했다.

沙村偶題
진모래 마을[1]에서

一江中斷兩崖崇	한 강물이 가운데로 흘러 양쪽 낭떠러지가 높거니
行客居人舟楫通	손님이나 주민이 배로 왕래하는구나.
水淺漁蓑浮日夜	물이 얕아 어부의 도롱이가 밤낮으로 떠 있고
月明浣杵響西東	달빛 밝아오자 여기저기서 빨래 방망이질 소리.
烟雲極目樓如畵	연기구름 아득하고 누대는 그림 같은데
泉石醒心酒不空	수석(水石)이 마음을 깨워 술잔 끊이지 않네.
好是春粧秋歸景	좋아라 봄꽃 치장이며 가을 드는 경치여
花開楓落滿簾紅	꽃 피고 단풍이 떨어져 주렴 가득 붉어라.

정냡(鄭渿, 1833~1901)[2] 『옥주유고(沃洲遺稿)』

---

1) 진모래 마을[沙村] : 옥천군 안내면 장계리(長溪里)의 서북편 금강 가에 있던 마을이다. 원래 군북면(郡北面) 소속의 장사리(長沙里)가 욱계리(旭溪里)와 합쳐지면서 장계리라고 한 것이다. 장사리는 '진모래'를 한자화한 것인데 "진"을 길다[長]로, "모래"를 沙(사)로 써서 이름 지은 것이다. 조선시대에는 이 마을 앞 금강을 장포강(長浦江)으로 부르기도 하였다.
2) 정냡(鄭渿, 1833~1901) : 호는 옥주(沃洲)이고, 본관은 영일(迎日)이다. 부친은 돈녕부도정 정시준(鄭時浚)이다. 옥천 군북(郡北) 소정리(疎亭里)에서 출생하였다. 〈옥주유고 발문〉에 의하면, 정냡은 과시를 위해 서울로 거처를 옮긴 이후 시문을 인정받아 당시 세도가와 교유하였다. 조일수호조규 때에 옥천 북면 배여울[梨灘]로 낙향하였다. 문집으로 『옥주유고(沃洲遺稿)』가 있다.

次疎江亭重修韻 幷序
소강정 중수 운에 차운하다 서문을 붙임

壬戌之秋九月 余作離嶽之遊 歷登疎江亭 主人鄭上舍聖叟 晢者 迎接 而亭纔重修 詩成一軸 要和意勤 顧未暇於覽賞叙話 擬於歸後奉酬 而亦因循經歲 尋常歉恨 今此勉副者 豈足云乎哉

임술년 가을 구월에 나는 속리산 유람을 했다. 도중에 소강정¹⁾에 올랐는데 주인 정 상사 성수 석기가 영접했다. 정자는 방금 중수를 마쳤는데 그 일에 관련하여 지은 시가 한 축을 이루었다. 나에게 화답을 요구하는 뜻이 은근했는데 열람하고 대화하는 데에 겨를이 없음을 돌아보고 간 후에 수창하여 올릴 것을 생각했다. 그러나 또한 꾸물거리다가 한 해를 넘겨서 항상 부끄럽고 한스러웠다. 지금 이처럼 면부된 자를 어찌 말할 수 있겠는가?

管城勝槩有斯亭	관성²⁾의 좋은 경치에 이 정자가 있는데
遊客邇來惜圮傾	유람객들이 근래 무너져 기운 것을 애석해했네.
翠壁層層千樹翳	푸른 절벽은 층층이 천 나무가 가렸고
淸江滾滾一舟橫	푸른 강은 콸콸 흐르며 한 배가 비껴있네.
重新從此增佳趣	새롭게 중수하니 이로부터 아름다운 아취가 더하고
良會如今揔款情	좋은 모임은 지금처럼 모두 다정하네.
丈老記文瞻翫地	어른의 기문을 바라보며 완상하는 곳에
宛然遺蹟感殘生	완연한 유적이 쇠잔한 이 몸을 감동시키네.

송환기(宋煥箕, 1728~1807)³⁾ 『성담집(性潭集)』

---

1) 소강정(疎江亭) : 옥천군 군북면 소정리 강기슭에 있었던 정자이다.
2) 관성(管城) : 옥천(沃川)의 옛 이름이다.
3) 송환기(宋煥箕, 1728~1807) : 호는 심재(心齋)·성담(性潭), 본관은 은진(恩津)이다. 부친은 송인상(宋寅相)으로, 문의현 신지리(新池里)에서 태어났다. 문집으로 『성담집(性潭集)』이 있다.

疎江
소강[1]

江夜如年江月孤	강가의 밤은 예년과 같은데 외로운 달빛 아래
將君顔髮較看吾	그대의 흰머리와 얼굴을 나와 비교해 보네.
松翠正憐君子節	푸른 솔은 군자의 절개 같아 정말 어여쁘고
梅紅疑對美人圖	붉은 매화는 미인의 그림 같아 의심스레 대하도다.
酒債常隨詩債有	술 빚은 항상 시 짓는 빚과 따르니
山人莫道故人無	산에 사는 사람은 친구가 없다고만 말하지 마라.
半醒半醉燈火落	술이 반쯤 깬 듯 반쯤 취한 듯 등불도 꺼졌는데
坐數村鷄嗎曜呼	홀로 앉아 닭 울음소리를 헤아리는구나.

정녑(鄭瀖, 1833~1901) 『옥주유고(沃洲遺稿)』

---

[1] 소강(疎江) : 옥천군 군북면 소정리 마을 앞에 흐르는 금강 본류이다.

楚江 來訪環山 拈韻
초강에서 환산에 방문하여 운자를 뽑다

鈷鉧潭頭白板扉	고무담 머리엔 하얀 판자문이 있는데
海棠花盡客來稀	해당화 시드니 손님이 드무네.
赤裳明月十年夢	적상산 밝은 달에 십 년 꿈 깃들었는데
忽到前溪雨滿衣	홀연 앞 시냇가에 이르니 옷이 비에 흠뻑 젖었네.
禁城花柳映朱扉	도성의 꽃과 버들엔 붉은 문이 어리고
絲竹樓臺午漏稀	풍악 울리는 누대 오후 되면 한가롭네.
憶在長安多醉興	장안에서 자주 취하던 시절 회억하니
逢迎日日典春衣	날이면 날마다 봄 옷 전당 잡혔노라.
巖邊茆屋竹邊扉	바위가 초가집 대나무 곁에 문이 달렸는데
靑雲一別故人稀	청운의 나이에 헤어진 뒤로 벗은 드물어 가네.
沃州江水通巫峽	옥주의 강물은 무협을 가로지르는데
幾度相思淚滴衣	그립고 그리워 몇 번이고 눈물로 옷 적셨는가.
天風吹客入雲扉	바람이 손님 재촉하여 구름 문에 들어서자
十載相看鬢髮稀	십 년이 넘도록 마주보니 귀밑머리 드물어 가네.
靑鞋布襪今秋事	푸른 짚신 베 버선 올 가을 일이니
五岳名山共振衣	오악의 명산에서 함께 옷깃을 펄럭이네.

정녑(鄭濼, 1833~1901) 『옥주유고』

二止堂 敬次重峯尤菴兩先生韻
이지당[1]에서 삼가 중봉과 우암 두 선생의 운자에 차운하다

兩賢俱已遠	두 현인은 이미 멀리 떠났는데
臺柳幾春秋	누대 버들은 몇 세월을 보냈던가.
道德宗思孟	도덕은 자사와 맹자를 종(宗)으로 삼았고
淵源祖孔周	연원은 공자와 주공을 조(祖)로 삼았네.
凄凉山水咽	처량히 산수가 오열하는데
寂寞鶴猿遊	적막히 학과 원숭이만 노니네.
惻愴人何去	슬프구나 사람은 어디로 떠나갔는가
依然白鷗洲	의연한 갈매기 모인 물섬이네.

금봉의(琴鳳儀, 1668~1697)[2] 『수경재유고(水鏡齋遺稿)』

---

1) 이지당(二止堂) : 옥천군 군북면 이백리의 금강 지류인 서화천(西華川)변 기암절벽 위에 있다. 우암 송시열과 중봉 조헌이 지방의 영재를 모아 강론하여 많은 인재를 배출한 곳이다. 처음에는 각신동(覺新洞)이라는 마을 이름을 따 각신서당(覺新書堂)이라 하였으나, 뒤에 우암이 『시경』의 "높은 산을 우러러봄이여, 큰길을 따라가도다.[高山仰止 景行行止]"라는 문구를 근거로 이지당이라 명명하였다. 현재 송시열이 친필로 쓴 이지당이란 편액이 걸려 있고, 대청에는 조헌의 친필인 각신서당의 현판을 비롯하여 〈이지당기(二止堂記)〉, 〈이지당강학조약(二止堂講學條約)〉 등이 남아 있다.
2) 금봉의(琴鳳儀, 1668~1697) : 호는 수경재(水鏡齋)로 송시열(宋時烈)의 제자로 30세에 요절했다.

二止堂 述懷
이지당에서 회포를 풀다

寂寞山邊鶴侶空	적막한 산 옆에 학 무리 비었는데
依俙氣象策駑中	희미한 기상에서 노둔한 말을 채찍질하는 중이네.
流鶯若訴當年事	날아가는 꾀꼬리는 당년의 일을 호소하는 듯하고
爲送天聲雨後風	불어오는 하늘의 소리는 비온 후의 바람소리이네.

금봉의(琴鳳儀, 1668~1697) 『수경재유고』

靑山縣
청산현[1]

逆旅浮生老	떠도는 헛된 인생 늙어가고
時危任轉蓬	시절 위험하여 날리는 쑥대에 맡겨두네.
山空惟見雪	산은 비어 다만 눈만 보는데
日晚更多風	해 저무니 더욱 바람이 많네.
縣郭人煙裏	현의 성곽은 인가의 연기 속에 있는데
溪村水樹中	개울가 마을은 물가 숲 속에 있네.
枌楡從此隔	느릅나무[2]는 이로부터 막혀지니
北望意恩恩	북쪽 바라보며 마음이 바쁘네.

신득홍(申得洪, 1608~1653) 『지담집(芝潭集)』

---

1) 청산현(靑山縣) : 옥천군 동부 지역에 위치한 청산면과 청성면과 보은군 내북면 주성부곡까지를 영역으로 하던 조선시대 330개 군현(郡縣)의 하나. 청산 읍내 앞을 흐르는 넓은 보청천과 함께 드넓은 들판이 펼쳐진 물산이 풍부한 곡창지대다.
2) 느릅나무 : 고향을 말한다. 한 고조(漢高祖) 유방(劉邦)이 고향에 느릅나무를 심어 토지 신으로 삼았는데 분유사(枌楡社)라고 한다. 이후 느릅나무는 고향을 가리키는 비유가 되었다.

沃川月嶽寺 和懶學子韻
옥천 월악사에서 나학자[1]의 시에 화답하다

夢裡芝眉豈偶然	꿈속의 얼굴이 어찌 우연이었으랴
終朝寒眼意還邅	아침 내내 찬 눈동자로 마음이 도리어 낙담했네.
山中忽得千金字	산중에서 문득 천금의 편지를 받고
吟罷瓊篇喜欲顚	보낸 시편을 다 읊조리니 기쁨이 넘치려했네.
有言來訪豈其然	내방하겠다고 했지만 어찌 그럴 수 있겠는가
淸景塵寰路自邅	맑은 경색의 세속의 길에서 스스로 주저하네.
只是耆川長入望	단지 기천이 오래 시야에 들어오니
相思時上最高巓	그리우면 때때로 가장 높은 꼭대기로 올라가네.
浪道懷奇世不然	기이한 재간을 품었다고 마구 말하지만 세상은 그렇지 않으니
歸來寧恨命迍邅	돌아와서 어찌 좌절된 운명을 한스러워 하랴.
可憐虛抛匡時策	시대를 바로잡을 계책을 헛되이 버림이 가련하구나
丹滿胷中白滿巓	충심이 흉중에 가득한데 머리엔 백발이 가득하네.
欲學高飛謝自然	공부하여 높이 날고자 자연을 떠났는데
半生烟火久迍邅	반평생 연화에서 오래 좌절했었네.
今來月嶽寧無意	지금 월악에 와서 어찌 생각이 없겠는가

---

1) 나학자(懶學子) : 박정로(朴廷老, 1553~1631)의 호이다. 본관은 밀양(密陽)이고, 읍청(挹淸) 박사종(朴嗣宗)의 조카이다. 예학(禮學)에 정통하였고, 동지중추부사(同知中樞府事)를 지냈다. 옥천에서 살았다.

淸夜吹簫在絶顚　　　맑은 밤 퉁소를 불며 산꼭대기에 있네.

송방조(宋邦祚, 1567~1618) 『습정집(習靜集)』

過冲菴書院
충암서원[1]을 지나며

翠屛如畫寫澄潭	푸른 병풍은 그림 같고 물은 쏟아지네
石瘦沙明古鏡函	옛 거울은 깨끗한 바위 모래 품고 있네.
至樂便從佳境得	지극한 즐거움은 곧 아름다운 경치에서 얻어지고
高風仍仰泰山巖	고풍은 여전히 태산의 위엄 우러르네.
南匯細澗乾坤別	남쪽으로 세천(細川)의 시내를 돌아 별천지를 이루고
北接離峯氣象參	북쪽에는 속리산과 이어져 기상 접하였네.
詩景逼人淸入骨	시경(詩景)으로 사람 뼛속까지 맑아지고
暮林黃葉撲征衫	해지는 숲속 낙엽 나그네 옷깃에 내려앉네.

강주(姜籒, 1566~1650)[2] 『죽창집(竹窓集)』

---

1) 충암서원(冲菴書院) : 조선 명종 때 보은(報恩)에 건립한 상현서원(象賢書院)을 말한다. 1555년(명종 10)에 성제원(成悌元)이 삼년성(三年城) 안에 충암(冲庵) 김정(金淨)을 향사하는 독향원(獨享院)을 세우고 '삼년성서원'이라 하였는데, 1610년(광해군 2)에 '상현'이란 이름을 사액(賜額)받았다. 1672년(현종 13) 삼년성에서 서원리로 옮겨 세웠으며, 대곡 성운을 을사명현(乙巳名賢)으로 배향하고, 보은현감을 지낸 동주 성제원과 중봉(重峯) 조헌(趙憲)을 1681년(숙종 7)에, 우암(尤庵) 송시열(宋時烈)은 1695년에 추가 배향하였다.

2) 강주(姜籒, 1566~1650) : 호는 채진자(采眞子)·죽창(竹窓), 본관은 진주(晉州)이다. 부친은 효자로 정려된 강운상(姜雲祥)이며, 모친은 보성오씨(寶城吳氏)이다. 강주는 1595년 문과에 급제하여 홍문관수찬·사헌부지평·이조정랑에 올랐고, 1623년 인조반정 후에 군기시첨정에 특배되어 장악원첨정·제용감정·상의원정을 거쳐, 1646년 첨지중추부사가 되었으나 사직하고 충주 가흥강(嘉興江)에 우거하였다. 제자로는 백곡 김득신(金得臣)이 있다. 문집으로『죽창집(竹窓集)』이 있다.

謁象賢書院 有感
상현서원을 배알하고 느낌이 있어

道源如水士如林	도의 근원 물과 같고 선비들은 숲처럼 많은데
小洞依然白鹿深	작은 골짝 의연한데 백록이 깊숙하다.
老檜春含千載意	늙은 회나무 봄이 되어 천 년의 뜻 품고
寒潭月照二賢心	찬 못에 달빛은 두 어진이 마음 비추네.
塔山鍾嶽誰高下	탑산과 종악이 어느 것이 높고 낮은가
魚躍鳶飛自古今	물고기 뛰고 솔개 낢은 예로부터 지금까지이네.
日暮醉歸還把酒	해 저물어 취해 돌아와 다시 술잔 잡으니
隔窓啼鳥和吾吟	창 너머 우는 새가 내 읊조림 화답하네.

홍석기(洪錫箕, 1606~1680) 『만주유집(晩洲遺集)』

西遊紀行 中 其十三
서유기행 중 그 열세 번째 수

歷歷雪中人	역력한 눈 속의 사람
朱原市上尋	주원(朱原) 시가지에서 찾노라.
前行有佳境	앞으로 가면 절경이 있는데
半日苦登臨	반나절 만에 겨우 오르노라.
鑿鑿堪輿說	착착 와 닿는 감여설1)에
過眼亦難諶	한 번 보고는 알아보기 힘들구나.
懸崖石逕危	낭떠러지 오솔길 위험도 하니
下有錦江潯	그 아래로 금강이 흐르누나.
遠遠呼舟子	멀리서 뱃사공을 불렀더니
渡頭日欲陰	나루터엔 날이 어두워지노라.
潭深自躍鱗	연못이 깊으면 자연 물고기 뛰놀고
人閑不驚禽	사람이 한가하니 짐승을 놀래키지 않네.
行到報恩界	걷고 걸어 보은에 이르니
山水愜余心	산천도 마음에 와 닿노라.
官基饒遠野	관기는 넓은 들판에 넉넉하고
鍾谷護雲林	종곡은 운림을 보호하네.
長江不可橋	장강에는 다리를 놓지 못하고
雨餘沙岸沉	비 내린 뒤에는 모래가 강가에 쌓이누나.
峻坂不可車	가파른 언덕에는 차가 통행하지 못하고

---

1) 감여설(堪輿說) : 감여는 본래 하늘과 땅이라는 말인데, 여기에선 묏자리나 집터에 관한 지리 즉, 풍수지리에 관한 학설을 이른다.

春來草樹森	봄이 오면 초목만 우거지노라.
俗離名言好	속리산 그 이름 좋으니
閑中自古今	그 한가함이 고금에 통하노라.
此地可邁軸	이곳은 소요할 만한 곳이니
悠悠碩人吟	큰 선비들 유유히 시를 읊노라.
君看名都市	그대 이 이름난 도시 보노라면
風埃日相侵	바람과 먼지가 골머리 썩이리라.
所以蕭相國	이 때문에 소상국(蕭相國)에서는
田宅置幽深	논밭과 집을 그윽하고 깊은 곳에 마련하였네.

홍치유(洪致裕, 1879~?) 『겸산집(兼山集)』

---

2) 소상국(蕭相國) : 소하(蕭何)를 가리킨 것으로 한 고조(漢高祖) 유방(劉邦)을 도와 천하를 통일하고 승상(丞相)에 올랐으므로 상국이라 칭한 것이다. 소하는 전지(田地)와 집을 궁벽한 곳에 마련하고는 "자손들이 훌륭하면 나의 검소함을 본받을 것이요. 자손들이 불초하더라도 세력가에게 전택을 빼앗기지는 않을 것이다."라고 하였다.

3) 홍치유(洪致裕, 1879~?) : 호는 겸산(兼山), 본관은 남양(南陽)이다. 보은의 서당인 관선정(觀善亭)에서 수백 명의 문하생을 배출하였다. 관선정은 보은 선병국 가옥 내 서당으로, 선정훈(宣政薰)이 1910년 이후 전남 고흥에서 보은 외속리면 하개리로 이주하여 99칸의 대저택을 신축하면서 만든 서당이다. 홍치유는 이 관선정에 초빙되어 1926년부터 1944년까지 일제에 의해 관선정이 폐쇄되기 전까지 전국 각지 수백 명의 젊은이들에게 한학을 강학했다. 문집으로 『겸산집(兼山集)』이 있다.

過懷仁縣
회인현을 지나며

懷仁雖小邑	회인이 비록 작은 고을이지만
亦足慰行人	또한 행인을 위로하기에 충분하네.
碧節烹園菜	마디마디 푸른 것은 텃밭의 나물반찬
銀絲膾丙鱗	실실이 은빛은 남녘의 생선회라.
庭柯山鳥語	뜰의 나뭇가지엔 멧새가 지저귀고
門逕石苔勻	문 앞의 오솔길엔 돌이끼 향긋하네.
知子逢迎罷	알겠네, 그대 손님맞이 파하고 나면
閑眠送一春	한가히 잠을 자며 한 봄 보낼 줄을.

조경(趙絅, 1586~1669)[1] 『용주유고(龍洲遺稿)』

---

1) 조경(趙絅, 1586~1669) : 본관은 한양(漢陽), 호는 용주(龍洲)이다. 1626년 정시문과(庭試文科)에 장원급제 하였다. 1636년 사간(司諫) 때 병자호란이 일어나자 척화(斥和)를 주장하였다. 1645년 이조참의가 되고, 대제학·형조판서·예조판서를 거쳤다. 1648년 우참찬(右參贊)이 되고, 1650년(효종 1) 청나라 사문사(査問使)가 와서 그를 척화신(斥和臣)이라 하여 의주에 귀양보냈다. 이듬해 풀려나와 1653년 회양부사(淮陽府使)를 지내고 은퇴했다. 문집에 『용주유고(龍洲遺稿)』 등이 있다.

贈懷仁李太守
회인의 이 태수에게 주다

衆山中折處	여러 산 가운데가 꺾인 곳에
小縣號懷仁	작은 고을 이름하여 회인(懷仁)이라네.
野鹿時時見	들 사슴 때때로 나타나고
村氓日日親	시골 백성은 나날이 친하도다.
峽江澄似鏡	산중의 강은 거울처럼 맑은데
崖雪白如銀	언덕에 쌓인 눈은 은처럼 희도다.
倘有相思意	혹시 그리는 뜻이 있거든
音書數寄夯	편지를 자주 보내시오.
太守今分竹	태수가 이제 도임하니
吾知政務仁	어질게 다스릴 것을 아노라.
峽民時有訟	골짜기 백성은 다투는 일이 드물고
縣吏或相親	현리(縣吏)와도 때로는 서로 친하다네.
野蕨香生齒	입에는 들나물 향기요
江魚色勝銀	강의 물고기 빛은 은보다 희도다.
幸君因佑客	그대가 나를 도우려면
莫惜寄西卷	책 보냄을 아까워 마오.

김득신(金得臣, 1604~1684)[1] 『백곡집(栢谷集)』

---

[1] 김득신(金得臣, 1604~1684) : 호는 백곡(栢谷)·괴강노옹(槐江老翁)·구석산인(龜石山人) 등이며, 본관은 안동(安東)이다. 부친은 경상도관찰사를 지낸 김치(金緻), 모친은 목첨(睦詹)의 딸인 사천목씨(泗川睦氏)이다. 1642년(인조 20)에 진사시에 입격하였고, 1662년(현종 3) 59세의 나이로 문과에 급제하여 비로소 환로에 올랐다. 군자감정·종부시정·승문원판교·장악원정 등을 역임하였다. 괴산 취묵당(醉默堂)에서 생을 마쳤다.

虎岾途中
호점산[1]으로 가는 길

飛瀑灑人面	폭포수 물안개 얼굴에 뿌리우고
宿雲移樹梢	묵은 구름에 나뭇가지 가리우네.
谷烟聞伐石	골짝 안개 사이로 돌 캐는 소리 들리니
山飯見誅茅	산에서 밥 먹으며 초가집 짓는 것 보이네.
微徑通魚貫	오솔길 물고기 꿰듯 잇닿았고
孤村寄燕巢	외로운 촌마을 제비 둥지처럼 붙어 있네.
登登至絶頂	오르고 올라 산꼭대기에 당도하니
秋色映江郊	가을빛이 강 따라 교외에 비추노라.

박문호(朴文鎬, 1846~1918) 『호산집(壺山集)』

---

1) 호점산(虎岾山) : 보은군 회북면 용곡리에 있는 산이다. 『신증동국여지승람』 충청도 회인현(懷仁縣) 산천 조에 "고을 남쪽 9리에 있다."라고 하였다.

金積溪堂 別楗仲
금적의 계당¹⁾에서 건중과 작별하다

金積雲深處	금적의 구름 깊은 곳에
送君雙涕流	그대를 전송하니 두 줄기 눈물 흐르네.
那堪千里別	천 리의 작별 어이 견디랴
未解百年愁	백 년의 시름 풀지 못하네.
松密宜藏鶴	소나무가 빽빽하니 학이 숨기에 좋고
波驚不著舟	물결이 거세니 배를 댈 수 없네.
還山抱白月	산으로 돌아와 밝은 달을 안으니
塵夢付悠悠	진세의 꿈 아득한 곳에 부치노라.

성운(成運, 1497~1579)[2] 『대곡집(大谷集)』

---

1) 금적(金積)의 계당(溪堂) : 금적은 보은의 금적산(金積山)이고, 계당은 최흥림(崔興霖, 1506~1581)의 호로, 본관은 화순(和順)이다. 대곡 성운의 문인이며 벼슬에 나가지 않은 채, 당질(堂姪)인 최영경(崔永慶)과 학문을 닦았다. 1545년 을사사화(乙巳士禍)로 많은 사림들이 화를 당하는 것을 보고, 가족들을 이끌고 서울을 떠나 이곳에 은거하였다.
2) 성운(成運, 1497~1579) : 호는 대곡(大谷)·허부(虛父)·삼산병인(三山病人), 본관은 창녕(昌寧)이다. 부친은 성세준(成世俊)이고, 모친은 비안박씨(比安朴氏)이다. 1531년 사마시에 입격하였다. 1545년(인종 1) 중형(仲兄) 성우(成遇)가 사화(士禍)에 피화(被禍)되자 처향(妻鄕)인 보은(報恩)의 종곡(鍾谷)에 대곡서실(大谷書室)을 짓고 은거하였다. 1553년(명종 8) 광릉참봉에 제수되었으나 부임한 지 수일 만에 보은으로 돌아와 <대한부(大旱賦)>를 지었다. 1579년 졸하자 임금이 제문을 내리고 학자들이 '대곡선생(大谷先生)'으로 추존하였다. 문집으로 『대곡집(大谷集)』이 있다.

與鍾山老人 踏靑溪邊
종산 노인¹⁾과 함께 시냇가에서 답청²⁾을 하다

昏花著眼雪渾頭	혼화가 눈에 일고 머리는 온통 백설이니
餘日無多水急流	얼마 남지 않은 여생 급히 흐르는 물과 같네.
自笑春心猶未死	스스로 우스우니 봄 마음 사라지지 않아
偸閑追作少年遊	한가한 시간에 소년 따라 노니는 거라오.
閑人相約曉梳頭	한가한 사람과 약속하여 새벽에 머리 빗고
步向西溪弄碧流	서쪽 시내 향해 걸으며 푸른 물을 희롱하네.
我醉放歌君起舞	나는 취하여 크게 노래하고 그대는 춤을 추니
村童笑指地仙遊	촌아이들 웃으며 지상의 신선들 논다고 하네.

성운(成運, 1497~1579) 『대곡집』

---

1) 종산 노인(鍾山老人) : 이때 성운은 종산(鍾山), 성제원(成悌元)은 보은(報恩), 조식(曺植)은 지리산(智異山)에 머물면서 서로 만나 함께 학문을 토론하곤 하였다.
2) 답청(踏靑) : 음력 삼월 삼짇날이나 청명절에 산이나 들로 나가 푸른 풀을 밟으며 음식을 먹고 마시면서 봄을 즐기던 풍속인데, 답백초(踏白草)라고도 한다.

진천지역
鎭川

錦溪楊柳
금계[1]의 수양버들

靑門送客向丹基	동문 밖에서 전별한 나그네 단기(丹基)로 향하니
楊柳新詞錦水湄	양류(楊柳)의 새로운 노래 금계 가에서 불러보네.
馬策斜陽揮白絮	말을 채찍질하는 석양에는 버들개지 날리고
鶯梭春日織靑絲	꾀꼬리는 봄날에 북으로 청사(靑絲)를 짜는 듯.
終朝烟帶東西樹	아침 내내 연기는 동서(東西)의 나무에 띠었고
拂地風淸上下枝	땅을 스쳐가는 바람은 나뭇가지에 시원하네.
莫向斜陽元亮宅	석양에 원량(元亮)[2]의 집으로 향하지 말지니
春來多恐五株移	봄이 옴에 여기의 버드나무를 옮겨갈까 두렵네.

이후연(李厚淵, 미상)[3] 『상산지(常山誌)』

---

1) 금계(錦溪) : 진천군 만승면 광혜원리에 있다.
2) 원량(元亮) : 진(晉)나라 도잠(陶潛)의 자(字)이다. 그는 자기 집 문 앞에 버드나무 다섯 그루가 있어 오류선생(五柳先生)이라 자호(自號)하였다. 이백의 〈제동계공유거(題東溪公幽居)〉 시에, "집은 청산에 가까워서 사조와 같고요, 문엔 푸른 버들 드리워 도잠과 같도다.[宅近靑山同謝朓 門垂碧柳似陶潛]"라고 하였다.
3) 이후연(李厚淵, 19세기 인물 추정) : 본관은 전주(全州), 호는 만오(晚悟)이다. 진천 출신으로 이호중(李昊中)의 증손(中孫)이다. 정재경의 문인이다. 효행과 문장이 탁월하여 여러 학자들이 만오(萬悟) 선생이라 불렀다고 전한다.

常山八景 中 錦溪浣紗
상산팔경 중 '금계에서 비단옷 빨기'

相喚相呼步步催	서로 부르고 서로 외쳐 걸음을 재촉하며
錦溪之上笑顔開	금계의 시냇가에서 웃는 얼굴 펴네.
花裙影漾波心月	꽃치마 그림자 물결 속의 달빛에 비치고
羅襪香生石上苔	비단 버선 향기 돌 위의 이끼에 풍기네.
隔岸東西家共住	언덕 건너 동서로 집들이 함께 늘어서 있고
臨溪先後日俱來	시내에 임하여 앞뒤로 날마다 함께 오네.
一般女子歸寧志	일반 여자들 근친 가려는 마음에
薄汙我私往復回	잠깐 내 옷가지 빨고 돌아온다네.

이윤종(李允鍾, 미상)『상산지(常山誌)』

常山八景 中 錦溪浣紗
상산팔경 중 '금계에서 비단옷 빨기'

白水灘頭淺水淸	흰 물결 여울머리에 얕은 물 맑고
浣紗夜夜白鷗警	비단 빨래하니 밤마다 흰 갈매기 놀라네.
澣衣藕澤水波散	빨래하니 향기로운 연못에 물결이 흩어지고
亂杵寒聲向月明	어지러운 절구공이 싸늘한 소리 밝은 달을 향하네.
越女溪留千載號	월나라 처녀가 시냇가에 머물며 천 년 동안 부르고
王孫飯感幾時情	왕손이 밥을 얻어먹은 감회 어느 때의 정회이던가.[1]
黃昏歸客聞砧急	황혼에 돌아가는 나그네 급박한 다듬이소리 들으니
如坐秋風白帝城	가을바람 부는데 백제성에 앉아있는 것 같네.

김진환(金璡煥, 미상) 『상산지(常山誌)』

---

[1] 왕손(王孫)이 …… 정회이던가 : 한(漢)나라 개국 공신으로서 삼걸(三傑)의 하나로 회자되는 회음후(淮陰侯) 한신(韓信)이 일찍이 포의(布衣)의 신분으로 빈궁해서 끼니를 잇지 못하고 소외당한 채 성 아래에서 낚시를 하고 있을 적에, 빨래를 하던 아낙네[漂母] 중의 한 사람이 굶주린 한신의 기색을 보고서 불쌍하게 여긴 나머지 수십 일 동안 밥을 먹여 주었는데, 이에 한신이 감격해서 언젠가 반드시 크게 보답하겠다고 하자, 그 아낙네가 "대장부가 끼니도 해결하지 못하기에, 내가 왕손을 불쌍히 여겨서 밥을 주었을 뿐이니, 어찌 보답을 바라겠는가.[大丈夫不能自食 吾哀王孫而進食 豈望報乎]"라고 말한 고사가 『사기(史記)』 권92 〈회음후열전(淮陰侯列傳)〉에 나온다. 나중에 한신이 초왕(楚王)이 된 뒤에 그 여인을 찾아서 그때의 고마움을 천금(千金)으로 보답하여 약속을 지키기도 하였다.

百源書院
백원서원[1]

俯臨幽澗仰高山	아래는 깊은 시내 위에는 높은 산
院宇巋然在此間	우뚝한 서원은 이 사이에 있네.
鎭日朋簪圍四坐	온종일 벗님네 사방의 자리에 에워 앉아
論文講道是眞閒	문장과 도(道)를 논하며 한가한 여유를 보내네.

이후연(李厚淵, 미상) 『상산지(常山誌)』

---

1) 백원서원(百源書院) : 진천군 이월면 노원리에 있었던 서원이다. 1597년(선조 30)에 이종학(李鍾學)·김덕숭(金德崇)·이여(李畬)·이부(李阜)을 제향하여 창건되었다. 1669년(현종 10)에 '백원(百源)'이라고 사액되었다.

題息波亭
식파정[1]에 쓰다

趁得重陽節	중양절에 때맞추어
來尋處士家	처사의 집을 찾아왔네.
疊巒明赤葉	겹겹의 붉은 단풍잎 환하고
欹石間黃花	비스듬한 바위 사이엔 노란 국화꽃 피어 있네.
網聚銀鱗急	그물에는 은빛 물고기 우글거리고
鷹翻錦翼斜	매는 비단 날개 번뜩이며 비스듬히 나네.
未須催去路	돌아갈 길 꼭 재촉할 것 없으니
風日正姸和	바람과 햇살이 정말 곱고 화창하네.
是日溫暖如春	이날 날씨가 온화하여 봄과 같았다.

최명길(崔鳴吉, 1586~1647)[2] 『지천집(遲川集)』

---

[1] 식파정 : 진천군 진천읍 건송리 두건마을 뒷산 백곡저수지 근처에 있는 조선시대 후기의 정자이다. 1587년(선조 20) 진천에서 태어난 이득곤(李得坤)이 벼슬에 나가지 않고 학문을 벗 삼아 1616년 두건리에 정자를 짓고 자신의 호를 따서 식파정이라 이름 지었다. 1893년(고종 30), 1954년 중수하였다. 최명길(崔鳴吉), 채지홍(蔡之洪), 김득신(金得臣), 송시열(宋時烈) 등 22명의 식파정 제영(題詠)이 시문집(詩文集)에 전한다. 1983년에 백곡저수지 확장 공사로 수몰 위기에 처하자 지금의 위치로 옮겼다고 한다.

[2] 최명길(崔鳴吉, 1586~1647) : 호는 지천(遲川) · 창랑(滄浪)이고, 본관은 전주이다. 부친은 영흥부사 최기남(崔起南)이고, 모친은 유영립(柳永立)의 딸이다. 1605년(선조 38)에 문과에 병과로 급제하여 승문원을 거쳐 성균관전적이 되었다. 인조반정에 참여한 반정공신이다. 병자호란 때 강화를 주관하여 인조의 신임을 얻었다. 이후 대명, 대청 외교를 맡고 개혁을 추진하면서 국정을 주도했다. 명과의 비공식적 외교관계가 발각되어 1643년 청나라에 끌려가 수감되기도 했다.

息波亭 次遲川韻
식파정에서 지천의 시에 차운하다

白雲深鎖處	흰 구름 깊게 감긴 곳에
高築逸民家	일민1)의 집 높다랗게 지어놓았네.
赤染今秋葉	올 해도 가을 단풍잎 붉게 물들고
薰開舊菊花	국화꽃은 옛 향기 그대로구나.
鏡中山影倒	맑은 물 위엔 산 그림자 거꾸로 서 있고
檐外柳絲斜	처마 끝엔 실버들 드리웠구나.
一曲歌樽酒	한 곡조 노래 가락 들으며 잔질하니
胸襟動太和	흉금은 태평 속에 일렁이네.

김득신(金得臣, 1604~1684) 『상산지(常山誌)』

---

1) 일민(逸民) : 벼슬하지 않고 은둔한 고사(高士)를 이른다.

息波亭
식파정

凭欄俯潚水	난간에 기대어 강물을 굽어보니
波息風定時	물결도 바람도 잔잔할 때라오.
定息個中理	잔잔한 가운데 그 이치 있음을
主人先得知	주인이 먼저 알고 있겠지.

송시열(宋時烈, 1607~1689) 『상산지(常山誌)』

息波亭
식파정에서

曾聞今始見	일찍이 들었으나 이제야 와서 보니
所見所聞同	본 바가 들은 바와 똑같구나.
風定波隨息	바람이 멈추니 물결도 따라서 잔잔해지니
淆淆都是風	어지러운 물결이란 모두가 바람 탓이로세.

채지홍(蔡之洪, 1683~1741)[1] 『상산지(常山誌)』

---

[1] 채지홍(蔡之洪, 1683~1741) : 호는 봉암(鳳巖)·삼환재(三患齋)·봉계(鳳溪), 본관은 인천(仁川)이다. 부친은 첨지중추부사 채영용(蔡領用)이며, 모친은 유승주(柳承胄)의 딸이다. 채지홍은 진천 문백 봉암리에서 출생했다. 권상하(權尙夏)의 문인으로, 1718년(숙종 44) 암행어사 황구하(黃龜河)가 학행으로 추천하여 왕자사부(王子師傅)에 임명되었으나 사직하였다. 민진원(閔鎭遠)의 요청으로 경연관에 임명되었으나 얼마 있다가 역시 사직하였다. 1740년 형조좌랑에 임명되고, 익위사사어(翊衛司司禦)를 거쳐 공홍도도사(公洪道都事)에 취임하였다가 사퇴하고 귀향하였다. 저서로는 『봉암집(鳳巖集)』 등이 있다.

息波亭
식파정

時惟三月屬佳辰	때는 삼월이라 아름다운 시절을 만났으니
桃李芳花澗水濱	복사꽃 오얏꽃은 산골 물가에 피어있네.
波上落花須盡掃	물 위로 떨어진 꽃을 다 쓸어버려야 하니
漁郎尋得武陵春	어랑(漁郞)들은 무릉도원의 봄을 찾을까 염려되네.

정재경(鄭在慶, 1781~1858)[1] 『상산지(常山誌)』

---

[1] 정재경(鄭在慶, 1781~1858) : 진천 출신의 문인으로 본관은 영일(迎日)이다. 부친은 정식(鄭寔)이고, 모친은 수원백씨이다. 홍석주(洪奭周) 같은 당대 명사들과 폭넓은 교유를 가졌다. 문집으로 『신와집(愼窩集)』이 있다.

息波亭 次遲川韻
식파정에서 지천의 시에 차운하다

風流賢相國	풍류스런 어진 상국(相國)께서
行到野人家	시골 사람 집에까지 행차하셨네.
紅染經霜葉	붉게 물든 것은 서리 맞은 나뭇잎이요
香傳泛酒花	향기를 전하는 것은 술잔에 떠있는 국화꽃이네.
息波歸海倦	물결이 잔잔하니 바다로 가는 것이 더디고
朝嶂入雲斜	아침의 산봉우리에는 구름이 비끼었네.
赤舃登臨後	적석(赤舃)1) 신고 정자에 오르셨으리니
溪山轉麗華	시내와 산 더욱 화려하였겠네.

채익선(蔡翊先, 미상)2) 『상산지(常山誌)』

---

1) 적석(赤舃) : 주(周)나라 성왕을 도와 정치를 대행한 주공에 대해 "붉은 신발이 점잖고 의젓하였다.[赤舃几几]"라고 찬미한 말이 『시경』〈빈풍(豳風) 낭발(狼跋)〉에 보인다. 여기서는 지천(遲川) 최명길(崔鳴吉)을 말한다.
2) 채익선(蔡翊先) : 『상산지』「연방(蓮榜)」조에 병오년에 입격한 인물로 소개되었다.

鎭川東軒 次韻示具都事忠淵
진천 동헌에서 차운하여 도사 구충연[1]에게 보이다

景物紛然惱眼前	경치 어지러워 눈앞이 번거로운데
昨來圓月已成弦	엊그제의 둥근 달이 이미 반달이 되었네.
彎彎細澗殘城外	허물어진 성 밖은 굽이굽이 가는 계곡이고
簇簇奇巒大野邊	큰 들 옆에는 삐쭉삐쭉 기이한 봉우리라네.
好雨芙蕖千朶玉	연꽃에 단비 내려 일천 송이 옥이 맺혔고
和風楊柳萬條煙	버들에 봄바람 불어 일만 가지에 안개 피네.
與君俱是思歸客	그대와 함께 돌아가길 생각한 나그네인데
鏡裏頻驚白髮年	거울 속 백발의 나이에 자주 놀란다네.

구봉령(具鳳齡, 1526~1586) 『백담집(栢潭集)』

---

1) 구충연(具忠淵) : 본관은 능성(綾城), 자는 서백(恕伯)이다. 첨정을 지냈다. 1564년 별시 문과에 급제하였다.

常山館
상산관에서

羣峯環拱接層空	둘러싸여 있는 봉우리 창공에 맞닿고
原野平開流水通	넓은 들은 평평하여 흐르는 물이 통하네.
天設勝區人自得	하늘이 경치 좋은 곳을 만들어 사람들이 얻으니
九秋風月屬詩翁	구월의 바람과 달을 시인에게 주었구려.

이행민(李行敏, 1680~?)1) 『상산지(常山誌)』

---

1) 이행민(李行敏, 1680~?) : 본관은 경주(慶州)이다. 부친은 이창경(李昌慶)으로 경기도 과천(果川)에서 태어났다. 1718년(숙종 44)에 문과에 급제하여 벼슬에 올랐다. 관직으로 사헌부장령·승지를 역임하였다.

杏隱亭
행은정[1]

新樓臺鎭舊山川	새로 지은 누대 옛 산천을 압도하니
川更滔滔山更連	냇물은 다시 도도히 흐르고 산 다시 잇닿았네.
曠野千年閒有地	빈 들녘 천 년이나 한가로웠던 이 땅에
名區一日別開天	하루아침에 이름난 별천지를 이루었네.
心勞結構經營際	이 정자 지으려고 얼마나 애썼는가
眼快登臨楫顧邊	올라보니 탁 트인 시야에 노 젓는 사람 보이네.
聞道西湖林處士	듣자하니 서호의 임 처사[2]는
此間煙月作神仙	이렇게 아름다운 경관 속에서 신선이 되었다오.

정일용(鄭鎰溶, 1862~1932) 『상산지(常山誌)』

---

1) 행은정 : 진천군 읍지인 『상산지』 「정사(亭榭)」 조 기록에 의하면 행은정은 군의 북쪽으로 수백 무(武)가 되는 곳으로 삼수원(三秀園)에 있었다고 전한다.
2) 서호(西湖)의 임 처사(林處士) : 서호는 중국 전당호(錢塘湖)의 별칭으로, 전당호는 빼어난 경관으로 유명하다. 임 처사는 임포(林逋)를 가리킨 것으로 이곳의 고산(孤山)에 은거하면서 학을 기르고 매화나무를 많이 심어 매처학자(梅妻鶴子)로 유명하다.

杏隱亭
행은정

背負層巒面大川	뒤에는 층층의 멧부리 앞에는 큰 내가 흐르니
郡城以北境相連	군(郡)의 성곽 북쪽과 경계가 잇닿았네.
常山霧罷千峯月	안개 걷힌 상산(常山)엔 일천의 봉우리 위에 달 떠 있고
錦水秋晴一色天	맑은 가을날 금강물은 파아란 하늘빛 똑같구나.
下界浮埃歸檻外	속세의 뜬 티끌은 난간 밖의 일이요
靈區活畫映樽邊	신령스런 이곳 아름다운 경치는 술잔에 비치네.
杏翁頤養淸閒趣	행옹(杏翁)은 보양하며 청한(淸閒)한 취미를 즐기니
滿地煙霞便做仙	땅에 가득한 안개와 노을 속에 신선이 될 걸세.

이윤종(李允鍾, 미상) 『상산지(常山誌)』

杏隱亭
행은정

上有弩山下錦川	위로는 만노산(萬弩山) 아래는 금강이 있어
川光山色畫中連	물빛과 산빛 그림과 같구나.
稻田萬頃涵平野	일만 이랑의 논에는 벼가 가득하고
巖壁千層峙半天	일천 층의 암벽은 중천으로 치솟았네.
樽酒相逢明月裏	밝은 달빛 속에서 서로 만나 술잔 나누고
漁樵混跡白雲邊	어부와 나무꾼은 흰 구름 가에서 노니네.
試看太守扁亭額	태수가 이곳에 정자 이름 지어주니
知有杏林大隱仙	알겠네 살구나무 숲은 신선이 사는 곳임을.

이호성(李鎬成, 미상)『상산지(常山誌)』

通山林氏別業 次壁上八景韻 中 沙村漁火
통산임씨 별업에서 이곳의 경치 여덟 가지를 읊은 시에 차운한 것 중 '사촌[1]의 물고기 잡는 등불'

日沈沙岸素煙生	달은 모래 언덕에 잠기고 하얀 안개 피어
隔水漁燈一點明	물 건너 저 고기잡이 등불 외로이 반짝이네.
乍近虛簷還更遠	가까워지는 듯 다시 멀어지니
錯疑雲漢渡波星	별들이 은하의 파도를 건너는가 의심하네.

한원진(韓元震, 1682~1751)[2] 『남당집(南塘集)』

---

1) 사촌(沙村) : 진천군 문백면 평산리를 가리킨다.
2) 한원진(韓元震, 1682~1751) : 본관은 청주(淸州), 호는 남당(南塘)이다. 권상하(權尙夏)의 문인이다. 1717년(숙종 43) 학행(學行)으로 천거되어 영릉참봉으로 관직에 나갔다가 경종 때에 노론(老論)이 축출될 때 사직하였다. 1725년(영조 1) 경연관으로 출사하였으나 영조에게 소론을 배척하다가 삭직되었다. 같은 문인인 이간(李柬) 등과 호락논쟁(湖洛論爭)을 일으켜, 호서지역 학자들의 학설인 호론(湖論)을 이끌었다. 문집으로 『남당집(南塘集)』이 있다.

漁隱八景 中 漁隱草堂
어은팔경[1] 중 '어은초당'

何年渭叟返營丘	어느 해에 위수의 강태공은 고향으로 돌아갔는가
漁隱新齋簇勝遊	어은동에 새로 지은 집 명승지로세.
吾輩元非忘世者	우리들은 본시 세상을 잊은 자가 아니요
此翁眞是取魚不	이 어옹 역시 고기 낚으려는 것이 아니로다.
倚筇認得濠中樂	대지팡이 의지하여 물고기들의 즐거움 알고
挽轡行尋潁上流	말고삐 매어 놓고 영수의 흐르는 모습 찾노라.
聞說要津風浪定	나루터에 풍랑이 진정했다는 말 들었는데
眼前興沒一泡漚	눈앞에는 물거품만이 일어났다 없어졌다하네.

채지홍(蔡之洪, 1683~1741)『봉암집(鳳巖集)』

---

[1] 어은팔경(漁隱八景) : 진천군 문백면 봉죽리 어은동 일원으로, 팔경은 어은초당(漁隱草堂), 심곡계석(深谷溪石), 전산송추(前山松楸), 후록재궁(後麓齋宮), 상가암천(上家岩泉), 하정연당(下庭蓮塘), 향사소금(鄉射小琴)이다. 팔경 중의 하나인 어은초당은 채지홍이 세운 것이다.

平沙感懷
평사[1] 감회

白石巉巖湖水淸	백석(白石)의 높은 바위와 맑은 호수에
古人遺躅一虛亭	고인들이 밟았던 빈 정자가 남아있네.
風標思像庭松翠	그들의 풍격은 뜰의 푸른 솔과 같고
顔色依俙屋月明	얼굴빛은 집을 비추는 밝은 달빛이었으리.
往事堪傷詩獨在	애상타, 지난 일 옛 시만이 남았으니
今來何忍酒頻傾	이제 와서 어찌 차마 술잔을 기울이랴.
溪魚沙鳥同悲咽	물고기와 새들도 슬픔을 같이 하는 듯
隣笛斜陽不耐情	해질녘 젓대소리 참을 수 없는 감정일레.

채지홍(蔡之洪, 1683~1741) 『봉암집』

---

1) 평사(平沙) : 진천군 문백면 평산리 평사마을을 가리킨다.

平沙
평사

倦馬斜陽入洞門	석양에 느릿느릿 말 타고 동문(洞門)에 들어서니
江廻山轉別乾坤	강물은 굽어 흐르고 산을 감고 돌아 별천지가 열렸네.
村開龍尾居民少	용미동에 사는 백성들 적은데
潭靜牛頭水族繁	우두산(牛頭山)의 고요한 못에는 물고기가 떼를 짓네.
勝槪斯鄕從古說	이 고장 좋은 경치는 옛날부터 일컬었고
名賢遺躅至今存	명현들의 남긴 자취 지금에도 남아있네.
知君不欲三公換	그대는 이를 삼공(三公)¹⁾과 바꾸지 않음 아노니
採釣閑情爲我言	약초 캐고 낚시하는 한가로운 심정 나에게 말해주오.

이인양(李寅陽, 미상) 『상산지(常山誌)』

---

1) 삼공(三公) : 당시(唐詩)에 "萬事無心一竿竹, 三公不換此江山"이란 시구가 있다.

常山八景 中 平沙落雁
상산팔경[1] 중 '평사낙안'

噯噯鳴過曉天開	새벽하늘 열리자 끼룩끼룩 기러기 울며 지나가고
十里沙平水碧回	십리의 평평한 백사장은 물이 푸르게 감도네.
關山明月瀟湘雨	관산의 명월에 소상강의 비가 내리는데
消息年年雁帶來	소식은 해마다 기러기가 가지고 오네.

남동희(南東熙, 미상)『상산지(常山誌)』

---

1) 상산팔경(常山八景) : 진천군 일원으로 팔경은 평사낙안(平沙落雁), 우담제월(牛潭霽月), 금계완사(錦溪浣紗), 두타모종(頭陀暮鐘), 상산모운(常山暮雲), 농암모설(籠岩暮雪), 어은계석(漁隱溪石), 적대청람(笛臺晴嵐)이다.

常山八景 中 平沙落雁
상산팔경 중 '평사낙안'

平沙十里花中開	십 리의 평평한 모래밭 꽃 가운데 열렸는데
飛下空洲印碧苔	빈 모래톱에 내려와 앉으니 푸른 이끼를 찍어놓았네.
水紋蕩漾千群起	물결 찰랑이는데 수많은 기러기 떼 일어나니
天紙蒼茫一字來	하늘의 종이에 아득히 일자(一字)로 썼구나.
載歸故國孤臣夢	외로운 신하의 꿈 고국으로 싣고 돌아가니
叫送扁舟遠客盃	쪽배에 멀리 와 있는 나그네 술잔 들고 보내네.
莫厭瀟湘彈夜月	소상강에서 달밤에 거문고 퉁기는 것 싫어하지 말라
繁華烟雨幾樓臺	번화한 안개와 비는 누대를 몇 번이나 감쌌는가.

김진환(金璡煥, 미상) 『상산지(常山誌)』

東湖
동호[1]

東湖十里綵舫浮	십리 동호(東湖)에 단청 입힌 배 떠있고
萬朶蓮花七月秋	칠월의 가을 하늘 연꽃 만발하였네.
不惜遊人多少費	유객(遊客)들 많은 재물 허비함 아까워하지 말라
酒旗高出大堤頭	주막의 깃발은 언덕머리에서 펄럭이네.

조공희(趙公熙, 미상)『상산지(常山誌)』

---

1) 동호(東湖) : 진천군 진천읍 삼덕리에 있었던 연못이다.

向頭陀 馬上有得
두타산¹⁾을 향해 가다가

行行路不盡	가고 가도 길은 끝이 없고
萬水更千峰	일만 물줄기에 일천의 산봉우리라.
忽覺招提近	홀연히 가까이에 절이 있음을 알겠으니
林端有暮鐘	숲 저편에서 저녁 종소리 들린다.

김득신(金得臣, 1604~1684) 『백곡집(栢谷集)』

---

1) 두타산(頭陀山) : 진천평야와 증평평야를 내려다보며 진천과 증평의 경계를 이루고 있는 산. 『산해경』 「해외동경편」에 의하면, "4300년 전 단군 성조 때에 오랫동안 장마로 물난리를 겪었다."고 하는데, 이곳도 평해로 변하자, 주민들은 가장 높은 산으로 모여들어 수난을 피했다고 한다. 그 후 무명인 이 산은 홍수 때 산봉우리가 섬같이 보였다고 하여 머리 두(頭), 섬 타(陀) 자를 따서 두타산이라 부르게 됐고, 또 생명의 도움을 준 산이라 하여 일명 가리도(加利島)라 부르기도 한다. 당시 배가 넘어 다니던 고개를 '배넘어 고개'라 하여 오늘날까지 부르고 있다.

詠懷
회포를 읊다

辛巳十月一日 以領相上三箚被嚴旨 有中道付處之命 謫鎭川 十月初五日 始到配 僑寓草坪面崔■夏隣舍 其明年春正月初五日夜 下特敎放送 仍留至癸未春

신사 10월 1일. 영상으로서 세 차례 차자를 올렸다가 중도부처의 명을 받고, 10월 5일 진천으로 유배되어 초평면 최○하 이웃집에 우거(寓居)하였다. 그 이듬해 정월 초닷새 밤에 또다시 특지를 받아 풀려났으나 여전히 계미년 봄까지 남아 있었다.

自古謫居人	예로부터 귀양살이는
心事不同量	그 마음이 각기 달라.
柳子太悲愁	유자[1]는 너무 비수에 젖고
蘇翁偏放曠	소옹[2]은 방광한 편이었네.
縱然見通局	비록 통국[3]이 보이거늘
於道未爲諒	도에는 신실(信實)함이 되지 못하네.
伊余承恩譴	나는 은혜로운 견책을 받아
去國心養養	국도를 떠나니 마음 심란하구나.
湖西惟中道	호서[4]에는 중도를 지키고
地偏近煙瘴	땅이 외지니 연장[5]에 가깝구나.
荒村少人居	황폐한 마을에는 거주하는 사람이 적고
長川紆疊嶂	기나긴 하천 산을 둘러싸고 흐르누나.

---

1) 유자(柳子) : 유종원(柳宗元)을 가리킨다.
2) 소옹(蘇翁) : 소동파(蘇東坡)를 가리킨다.
3) 통국(通局) : 이치가 통함을 이른다.
4) 호서(湖西) : 충청남도와 충청북도를 이른다.
5) 연장(煙瘴) : 강가나 바닷가에 안개가 자주 끼어 발생하는 장독(瘴毒)을 이른다.

依得野翁隣	시골 노인의 집에 의탁하니
分作村夫樣	저마다 농부 모습 갖추었네.
磚床與草坐	바위와 풀을 집 삼아
一室堪偃仰	한 방에서 한가로이 노니노라.
玩心閱古書	옛글에 마음을 두어 읽고
舒悁引秋釀	근심 풀려 가을 술 마시노라.
潛深絶慍悶	깊이 숨어 사니 노여움과 근심 사라지고
守眞損苛恙	참됨을 지키니 묵은 병 절로 나아지네.
君子識行藏	군자는 행장6)을 알고
至人齊得喪	지인은 득실을 똑같이 여긴다오.
庶幾息黥劓	행여 형벌을 면하고
有旹戒無妄	무망7)을 경계하길 바라노라.

최석정(崔錫鼎, 1646~1715)8) 『명곡집(明谷集)』

---

6) 행장(行藏) : 좋은 세상이면 진출하여 도(道)를 행하고 어지러운 세상이면 물러나 은둔함을 이른다.
7) 무망(無妄) : 무망지재(無妄之災)의 준말로, 아무런 이유도 없이 재앙을 받는 것을 말한다. 『주역』〈무망괘(无妄卦) 육삼(六三)〉의 "뜻밖의 재앙이니, 설혹 소를 매어놓았다 하더라도 행인(行人)이 얻음은 읍인의 재앙이로다.[無妄之災, 或繫之牛, 行人之得, 邑人之災.]"라는 말에서 나온 것이다.
8) 최석정(崔錫鼎, 1646~1715) : 호는 존와(存窩)·명곡(明谷), 본관은 전주(全州)이다. 조부는 영의정 최명길(崔鳴吉)이고, 부친은 한성좌윤 최후량(崔後亮)이며, 모친은 안헌징(安獻徵)의 딸이다. 응교 최후상(崔後尙)에게 입양되었다. 소론의 영수 최석정은 1671년 문과에 급제하여 승문원으로 관직 생활을 시작하였다. 1699년 좌의정을 거쳐 1701년 영의정이 되었다. 이 해 8월에 장희빈에 의한 무고(巫蠱)의 변이 일어나자 왕세자 보호를 위해서는 생모인 장희빈을 사사(賜死)를 반대하다 유배의 명령이 내려졌다가 1702년 석방되어 진천으로 낙향하였다. 1703년 다시 영의정이 되었는데 1710년까지 모두 열 차례 입상(入相)하였다.

七夕 同朴老惟說 弄月前溪
칠석에 박유열 노인과 앞 시내에서 달을 노래하다

湖山雨初霽	호수와 산에 비가 걷히자
水木已新秋	물과 나무는 하마 가을이로고.
此夜月宜賞	이 밤은 달구경하기 좋아
小溪舟可遊	배 타고 시냇물 노니노라.
杯盤成雅集	풍아한 모임 가져
賓從亦詩流	나그네들 시를 주고받고.
朗詠蘇仙賦	소선[1]의 부를 읊조리며
悠然寬我愁	유유히 내 시름 달래노라.

최석정(崔錫鼎, 1646~1715)『명곡집』

---

1) 소선(蘇仙) : 소동파(蘇東坡)를 가리킨다.

七月旣望 泛舟玉川 李台季章及諸生同賦
칠월 기망에 배 타고 옥천으로 가 이계장¹⁾ 및 제생들과 부를 함께 짓다

秋天空闊秋水淸	가을하늘 드높고 가을 물 맑으니
泛舟來游玉屛下	배 타고 옥병 아래로 노니노라.
汀洲日夕風嫋嫋	정주²⁾의 저녁 바람 솔솔 불어오고
夾岸簾葭半披亞	두 언덕에는 갈대가 반쯤 쓰러져 있네.
頭陀山頭山月出	두타산 위에 달이 떠오르고
煙水微茫色相射	연기와 강물이 서로 어울리네.
灝氣先侵太極亭	대자연의 기운이 먼저 태극정을 감돌고
澄輝近接憑虛榭	맑은 빛이 빙허사³⁾를 가까이 하노라.
蓬窓瀟灑竹爲欄	봉창은 소탈하게 대나무로 난간하고
入夜金波翻動乍	밤이 되면 금색 파도 치오르네.
坐來魂骨覺森爽	앉아 있으면 뼛속까지 상쾌해지고
獨立飄然如羽化	홀로 서면 신선이 되어 하늘에 나부끼노라.
雙梧仙客自何來	두 오동 선객 어디서 오셨는지
靑眼尊前笑相迓	활짝 웃으며 반갑게 맞이하네.
隣翁步屧各聯翩	이웃집 노인네 분주히 오가고
野老杯盤頗狼藉	시골 늙은이 술상이 어지러우네.
諸生競誦古人詩	제생들 다투어 옛 시를 읊조리고

---

1) 계장(季章) : 이인엽(李寅燁, 1656~1710)을 가리킨다. 이인엽의 호는 회와(晦窩), 부친은 좌의정 이경억(李慶億)이다. 이조판서, 홍문관대제학 등을 역임한 문신이다.
2) 정주(汀洲) : 강·내·못·호수(湖水)·바다의 물이 얕고 흙·모래가 드러난 곳이다.
3) 빙허사(憑虛榭) : 빙허(憑虛)를 이름으로 한 정자로 추정된다. 위의 태극정과 대응이다.

李杜淸篇及陶賈	이백 두보와 도잠 가도의 깨끗한 시 논하네.
麟童歌響最淸絶	인동의 노랫가락 가장 청아한데
琤若明珠玉盤瀉	그 소리 옥구슬마냥 쏟아지누나.
遙吟俯暢逸興飛	멀리서도 그 소리에 흥이 솟구치고
酒酣意氣凌嵩華	술에 취하여 의기가 숭산과 화산 능멸하네.
中流鼓枻恣沿洄	중류에서 노 저어 오르내리면서
曠望山川足悲咤	산천을 둘러보니 참으로 슬프도다.
磻溪大釣憶呂望	반계에서 낚시하는 여망을 생각하고4)
商嶺高風追綺夏	상령 바람 맞으며 기하를 그리노라.5)
玉溪當日抱琴來	옥계는 그날 거문고를 안고 오거늘
臥龍何年春睡罷	와룡은 어느 해 봄에야 잠을 깰거나.
英賢往跡若雲煙	영현들의 발자취는 구름과도 같으니
顧名興懷君莫訝	그 이름 보고서 일어나는 감회 의심을 마소서.
人生一世貴適志	사람의 한평생 뜻 맞은 이 중요하니
軒冕浮榮由外假	관직과 명예 또한 겉모습뿐이라네.
朱公五湖早揚舲	주공은 오호에서 일찍도 배를 띄웠고6)
張翰秋風曾命駕	장한은 가을바람에 일부러 오셨네.7)

---

4) 반계(磻溪)에서 …… 생각하고 : 반계는 섬서성 보계현(陝西省寶溪縣)에 있는, 위수(渭水)로 흘러드는 냇물이다. 주(周)의 여상(呂尙, 강태공)이 여기서 낚시질 하다가 문왕(文王)을 만났다.
5) 상령(商嶺) …… 그리노라 : 상령은 상산(商山)으로 상안산(商顔山)의 준말이다. 진(秦)과 한(漢)의 교체기에, 상산사호(商山四皓) 즉 동원공(東園公), 하황공(夏黃公), 녹리선생(甪里先生), 기리계(綺里季)가 이 산에 은거하여 피세(避世)의 뜻을 담은 〈자지가(紫芝歌)〉를 부르면서 세상에 나오지 않았다 한다. 기하(綺夏)는 기리계(綺里季)와 하황공(夏黃公)을 가리킨다.
6) 주공(朱公)은 …… 띄웠고 : 주공은 도주공(陶朱公)으로 춘추(春秋) 시대 월(越)나라 대부 범려(范蠡)의 별칭이다. 범려가 월왕(越王) 구천(勾踐)을 도와 오(吳)나라를 멸망시킨 뒤에 월왕과 같이 안락을 누릴 수 없다는 것을 알고는 벼슬을 버리고 오호(五湖)에 배를 띄워 멀리 떠나 도(陶)에서 살면서 스스로 도공(陶公)이라 칭하였다. 오호는 양자강 하류에 있는 다섯 개의 호수이다.『사기(史記) 월왕구천세가(越王勾踐世家)』
7) 장한은 …… 오셨네 : 진(晉)나라 때 장한(張翰)은 가을바람이 불어오자 고향의 순챗국과 농어회 생각이 나서 곧장 벼슬을 그만두고 귀향을 하였다.(『世說新語 · 識鑑』)

此翁蹤跡異休退	이 늙은이 발자취는 물러남과 다르건만
暮境身心亦閑暇	노년에 몸과 마음 또한 한가하네.
忘機海客鷗可狎	기심을 잊으니 바닷가 나그네 갈매기와 친하고
避繳冥鴻鴟不嚇	주살 피한 기러기는 솔개도 두렵게 하지 못하네.
少風波處足生涯	풍파 적은 이 생활 만족스럽기만 하니
新傍雲沙結茅舍	구름 모래 곁에 새 오두막 짓노라.
靑山綠水長自在	청산녹수는 언제든지 있고
明月淸風本無價	명월청풍은 본디부터 값없이 귀하다오.
虛名自誤欲噬臍	헛된 명성 그르친 몸 후회하려 하고
晚味初回如啜蔗	늦어서 돌이키는 건 사탕수수 씹는 듯.
幽居嘿嘿似逃虛	그윽한 집에 침묵하니 세상 피함 흡사한데
此日淸遊天所借	오늘의 노님은 하늘이 하사하였다오.
江山佳處客又佳	강산이 아름다운 곳 손님 또한 아름다워
勝似蘇仙赤壁夜	소선의 적벽의 밤보다 나은 듯하여라.[8]

최석정(崔錫鼎, 1646~1715) 『명곡집』

---

8) 소동파(蘇東坡)의 〈적벽부(赤壁賦)〉에서 비롯되었다.

碧梧八景 中 舟頭曠野
벽오팔경[1] 중 '주두광야'

簇立羣山不敢幽	떼 지어 선 뭇 산은 그윽도 한데
等閑飛下去來鷗	무심한 갈매기만 오락가락 하네.
間間獨樹高如棹	노와 같은 나무들 드문드문 서 있는데
坐看依然泛渡頭	의연하게 앉아 떠가는 뱃머리 보누나.

유수응(柳秀應, 1780~?)[2] 『상산지(常山誌)』

---

1) 벽오팔경(碧梧八景) : 진천군 일원으로, 팔경 시 중 4경만 전해진다. 전해지는 4경은 상산모운(常山暮雲), 관촌석연(管村夕烟), 두타효무(頭陀曉霧), 주두광야(舟頭曠野)이다.
2) 유수응(柳秀應, 1780~?) : 본관은 문화(文化), 호는 물기재(勿欺齋)이다. 진천 출신으로 부친은 유심원(柳心源)이다. 1864년(고종 1) 진사시에 입격하였으며, 수직으로 동지(同知)에 올랐다. 유고(遺稿)가 있다고 전해진다.

牛潭
우담[1]

一泓澄碧穿雲山	깊고 맑은 못 구름 낀 산을 뚫고 지나가니
漁舠輕漾溯中間	작은 고깃배는 물을 거스르며 가볍게 일렁이네.
道人隨處得眞樂	도인(道人)은 곳마다 진정한 즐거움을 얻으니
半餉管來魚鳥閒	한나절 동안 물고기와 새들의 한가로움 보노라.

정해필(鄭海弼, 1831~1887)[2] 『상산지(常山誌)』

---

1) 우담(牛潭) : 진천군 초평면 연담리와 문백면 은단리 사이의 하천으로 '소두머니'로 불린다.
2) 정해필(鄭海弼, 1831~1887) : 호가 조암(照庵)으로 신와 정재경의 손자이고, 수종재(守宗齋) 송달수(宋達洙)의 문인이다. 효행이 있어 부친이 병이 들자 손가락을 잘라 피를 드렸다. 고종 때 송근수(宋近洙)가 천거하였으나 나가지 않았다.

頭陀山
두타산

日月東西互蔽虧	해와 달은 동쪽과 서쪽으로 서로 덮어 가리고
連峯遮截兩南逵	연이은 봉우리 두 남향길 가로 막았네.
村容遠近皆心嚮	종횡으로 멀고 가까운 곳 마을 모습 모두 마음이 가고
川勢縱橫自影隨	흐르는 내의 기세 그림자 절로 따르네.
一氣雲奔凌越橋	송이송이 구름은 다투어 돌다리를 건너고
半身石湧壓河砥	반신이나 되는 바위 강바닥 짓누르네.
山君憑仗彌陀力	산신령은 미타의 힘을 빌어
風雨年年護地皮	비바람 속 해마다 이 땅을 보우하네.

박문호(朴文鎬, 1846~1918) 『호산집(壺山集)』

草坪貯水池
초평저수지

踏靑隨柳渡溪流	답청¹⁾하면서 버들 찾아 시내를 건너
爲觀貯地暇此遊	저수지 길 보러 한가로이 이곳에 노니노라.
桑田作海頻開眼	뽕나무 밭 바다 됐나 빈번히 눈이 열리고
陸地行舟幾擧頭	육지에서 배를 탔나 몇 번이고 머리 돌리네.
四圍山影高低倒	높고 낮은 산 그림자 사방 주위에 드리우고
一碧天光上下浮	파아란 하늘빛 아래위로 비추노라.
左右村郊成水國	좌우의 마을 외곽 물천지로 변하네
詩人到此感悠悠	시인은 여기에 이르러 유유히 느끼노라.

김정원(金正元, 1887~1965)²⁾ 『석담유고(石潭遺稿)』

---

1) 답청(踏靑) : 봄철에 교외에서 새로 돋아난 파란 풀을 밟는다는 뜻으로, 음력 2월 2일 또는 3월 3일을 답청절(踏靑節)이라 한다.
2) 김정원(金正元, 1887~1965) : 호는 석담(石潭), 본관은 경주이다. 부친은 김교홍(金敎洪)이고, 모친은 전주 이씨로, 괴산 청안 출신이다. 20세가 되던 해에 괴산 연원동(淵源洞) 서당에 들어가 유교 경전을 공부하였다. 서당을 열어 후진을 양성하였다. 문집으로 『석담유고(石潭遺稿)』가 있다.

過草坪
초평을 지나며

山似芙蓉	산은 부용과 같고
水似鬱葱	물은 파 빛처럼 푸르네.
佳氣淡悠悠	좋은 기운이 유유히 감돌아
看來奇勝今如許	그 기이한 광경 지금과 똑같으니
可謂湖中第一區	가히 호수 중의 제일이라 하노라.

정규해(鄭糾海, 1890~1970)[1] 『명와집(明窩集)』

---

[1] 정규해(鄭糾海, 1890~1970) : 호는 명와(明窩), 본관은 경주(慶州), 부친은 정행건(鄭行健)이다. 윤응선(尹膺善)과 신현국(申鉉國)의 문인이다. 음성 유포서숙(柳浦書塾)과 진천 죽현서사(竹峴書社)를 열어 후학을 양성하였다.

雙梧亭
쌍오정[1]

二水三山大勢來	두 물줄기와 세 개의 산이 큰 기세로 와서는
雙梧亭下鳳凰臺	쌍오정이 되고 그 아래엔 봉황대로다.
此臺未必金陵有	이 봉황대가 꼭 금릉(金陵)[2]에만 있는 것 아니니
引興何如李白杯	흥에 끌리면 이태백의 술잔보다 못하랴.

박제형(朴齊珩, 미상)『상산지(常山誌)』

---

1) 쌍오정 : 진천군 읍지인 『상산지』「정사(亭榭)」조 기록에 의하면 쌍오정은 초평(草坪)면 양촌(陽村)리의 뒷산 기슭에 있던 정자로 회와(晦窩) 이인엽(李寅燁)이 벼슬살이를 그만두고 물러난 때에 세운 것이라고 전한다.
2) 금릉(金陵) : 이백이 지은 〈금릉봉황대(金陵鳳凰臺)〉라는 시에서 인용한 것이다.

청주지역
清州

淸安八景 中 磻灘捕魚
청안팔경[1] 중 '반탄[2]에서 고기잡이'

水闊魚吹浪	물이 넓으니 물고기 거품을 불고
風輕燕掠波	바람 가벼운데 제비는 물결을 스치네.
橫流擧網忽盈車	흐름을 가로질러 그물 드니 문득 수레에 가득해
得雋各矜誇	큰 놈 잡았다고 저마다 자랑하네.
斲膾傾杯數	잘게 회쳐서 자주 술잔 들고
烹鮮漑釜多	생선 삶느라 가마솥 많이 진열하였네.
沙頭盡日飮無何	모래 위에서 종일토록 한없이 마시니
也任帽欹斜	제멋대로 모자가 비스듬하네.

진의귀(陳義貴, ?~1424)[3] 『동국여지승람(東國輿地勝覽)』

---

[1] 청안팔경(淸安八景) : 괴산군 청안면 일원으로 팔경은 용문송객(龍門送客), 귀석심승(龜石尋僧), 난곡목마(亂谷牧馬), 반계포어(磻溪捕魚), 추성백우(杻城白雨), 초령청운(椒嶺晴雲), 청하계음(淸河禊飮), 황사한음(黌舍閑吟)이다.

[2] 반탄(磻灘) : 반탄천(磻灘川)·반계(磻溪)라고도 한다. 청안현(靑安縣) 서쪽에 흐르는 금강 지류이다. 그 근원이 셋이 있는데, 하나는 진천현(鎭川縣) 북쪽에서 나왔고, 하나는 음성현(陰城縣) 박이현(朴伊峴)에서 나왔으며, 하나는 좌구산에서 나와서, 청주 오근진(吳根津)으로 들어간다.

[3] 진의귀(陳義貴, ?~1424) : 고려 1390년(공양왕 2)에 우상시(右常侍)가 되었고, 조선 개국 후 1401년(태종 1)에 좌사간이 되었다. 1409년에 이조참의가 되고 세종 때에 공안부윤으로 죽었다.

清安八景 中 清河禊飮
청안팔경 중 '청하에서 계 모임하며 술 마심'

柳暗藏春色	버들은 어두워 봄빛 감추었고
松疎帶雨聲	소나무 성기니 빗소리 나는 듯.
山深白日子規鳴	산이 깊으니 대낮에도 자규새가 우는데
佳節是淸明	아름다운 절기는 청명이라오.
水送流觴急	물은 띄운 술잔 급히 보내고
風吹舞袖輕	바람은 춤추는 소매를 불어 가벼워라.
花枝滿挿接羅	꽃가지 가득 꽂으매 모자가 기우는데
傾扶醉畫中行	취한 몸 이끌고 그림 속을 거니네.

진의귀(陳義貴, ?~1424) 『동국여지승람』

磻灘捕魚
반탄에서 고기잡이

與一菴南遊 至淸安縣 板上 有府君陳義貴淸安八景 巫山一段雲八篇 詩語極高 果
愜素聞 因題八詠 借一菴名 書板掛壁

일암과 함께 남쪽으로 유람하다가 청안현에 이르니, 현판에 부군 진의귀의 청안팔경과 무산일단운 8편이 있었다. 시어가 매우 고상하여 과연 평소 듣던 바대로였다. 이에 팔경시를 짓고 일암의 이름을 빌어 현판에 써서 벽에 걸어놓았다.

磻灘水暖鱖魚肥	반계(磻溪) 물이 따뜻해 쏘가리 살쪘는데
傍岸茅茨掩竹扉	언덕의 초가집엔 대사립문 닫혀 있네.
打得霜鱗沽美酒	하얀 비늘 같은 생선 잡고 좋은 술 사오니
夕陽人語滿漁磯	석양에 사람 소리 기석(磯石)[1]에 가득하네.

강희맹(姜希孟, 1424~1483)[2] 『사숙재집(私淑齋集)』

---

[1] 기석(磯石) : 원래는 물가의 바위로, 여기서는 낚시질하는 이가 앉는 돌무더기다.
[2] 강희맹(姜希孟, 1424~1483) : 본관은 진주(晉州), 호는 사숙재(私淑齋)·운송거사(雲松居士)이다. 세종의 이질(姨姪)이다. 1447년(세종 29) 문과에 장원급제하여, 종부시주부로 벼슬을 시작하였다. 1450년 예조좌랑에 이어 돈령부판관을 역임하였다. 1455년(세조 1) 수양대군이 세조로 등극하자 원종공신 2등에 책봉되었다. 세조의 총애를 받아 세자빈객이 되었으며, 예조판서·형조판서를 지냈다. 1468년(예종 1) 남이(南怡)의 옥사사건을 해결한 공로로 익대공신(翊戴功臣) 3등으로 진산군(晉山君)에 책봉되었다. 문집으로는 『사숙재집(私淑齋集)』이 전한다.

至磻灘 下馬少憩 有懷元輔
반탄에 이르러 말에서 내려 잠시 쉬면서 원보를 그리며 읊다

立馬淸溪卧路歧	기로에 있는 맑은 냇가에 말을 세우니
數聲啼鳥夕陽時	두어 소리 새는 울고 벌써 석양 때라오.
莎郊漠漠烟如織	아득한 교외에는 연무가 짠 베처럼 빽빽하고
蒲岸依依柳鬖絲	아련한 부들 언덕에는 버들가지 휘늘어졌네.
北去南來身已老	북쪽과 남쪽으로 오가니 몸은 이미 늙었고
東塗西抹計偏遲	동도서말1)을 하다 보니 계획 유독 더디구나.
開懷擬待同心子	마음 맞는 이를 기다려 회포를 열고 싶으니
采采蘋花有所思	마름꽃을 따고 땀에 그리운 마음 일어나네.

이수언(李秀彦, 1636~1697) 『농계유고(聾溪遺稿)』

---

1) 동도서말(東塗西抹) : 동쪽에서 바르고 서쪽에서 지운다는 뜻으로, 이리저리 간신히 꾸며대어 맞춤을 이르는 말이다. 여기서는 힘겹게 벼슬살이한 것을 말한다.

梧根八景 中 鵲川歸帆
오근[1]팔경 중 '작천의 돌아오는 배'

一葉輕輕出沒帆	두둥실 일엽편주 보일 듯 말 듯 떠오더니
任波深淺下機巖	깊고 얕은 물결 따라 기암 아래 들어오네.
曉過鳳藪漁人網	새벽에 봉황의 늪[2]을 지나니 어부가 그물질하고
夜傍鵲橋織女衫	밤에 오작교를 곁에 두니 직녀의 옷자락 드리우네.
遇風不畏猶無恙	바람 만나도 두렵지 않아 아무런 근심 없고
經海遠來也識鹹	바다 거쳐 멀리서 오니 짠 맛도 알겠지.
自是江村多景色	여기부터 강촌에 좋은 풍경 많은데
蓼花影裏暮烟銜	여뀌 꽃 그림자 저녁연기 머금었네.

채상학(蔡相學, 1837~1926)[3] 『회재유고(悔齋遺稿)』

---

1) 오근(梧根) : 조선시대 오근창(梧根倉)이 있었던 청주시 상당구 오동동 일대를 가리킨다. 금강의 지류인 미호천에 접하여 오근진(梧根津)이라는 나루가 있었다.
2) 봉황의 늪 : 『예기(禮記)』에 "봉황과 기린은 모두 교외의 늪에서 노닐고, 거북과 용은 왕궁의 못에 있다.[鳳凰麒麟 皆在郊藪 龜龍在宮沼]"라고 하였다.
3) 채상학(蔡相學, 1837~1926) : 호는 회재(悔齋), 본관은 인천(仁川)이다. 부친은 채효원(蔡孝源)이고, 모친은 남양홍씨(南陽洪氏)로 홍응서(洪應瑞)의 딸이다. 청주 오근장 내곡(內谷)에서 태어났다. 13세에 이승태(李昇泰)에게 나아가 학문을 닦았다. 문집으로 『회재유고(悔齋遺稿)』가 있다.

梧根八景 中 磻灘漁人
오근팔경 중 '반탄의 어부'

人人一點夜宜漁	사람마다 한 점 불 밝혀 고기 잡기 좋은 밤
慣識山空野靜初	산 텅 비고 들도 본디 고요한 건 익히 안다오.
逈照依然烽燧擧	멀리서 비추는 빛 봉화는 의연히 올라가고
微明却似曉星踈	희미한 여명에 새벽별 도리어 성겨지네.
細鱗煮否煙生渚	잔고기 익히는지 물가에 연기 피어나고
數罟張時水濕裾	촘촘한 그물 펼치니 물이 옷자락 적시네.
羨爾江鄕滋味足	부러워라, 강촌에서 누리는 넉넉한 재미
觀魚身世白鷗如	물고기 바라보는 신세는 백구 같아라.

채상학(蔡相學, 1837~1926)『회재유고』

淸州 携全佐郞思敬 遊月老洞 全君醉倒溪上 爲之遲留
청주에서 전 좌랑사경과 함께 월로동을 유람하였는데, 전 군이 시냇가에서 취해 쓰러지는 바람에 체류하였다

不識月老洞	월로동이 어디인 줄 몰랐더니
今知南院樓	남원루 근처임을 이제 알았네.
搖鞭度平楚	채찍 휘두르며 너른 벌판 건너 와서
岸帽俯長流	사모 젖혀 쓰고 기나긴 물 굽어본다.
霞影晴沙晚	놀 빛 어린 저녁에 물가 모래 깨끗하고
烟光列岫秋	산안개 자욱한 가을날 봉우리 봉우리들.
於焉興不淺	이곳에 노니는 흥이 다하지를 않아서
故爲紫髥留	머무르고픈 마음에 수염 붉도록 취했네.
月老洞一作西原路	월로동이 서원로로 된 본도 있다.

정추(鄭樞, 1333~1382)[1] 『원재집(圓齋集)』

---

[1] 정추(鄭樞, 1333~1382) : 호는 원재(圓齋)·무형자(無形子), 본관은 청주(淸州)이다. 부친은 전리총랑 정포이고, 모친은 최춘헌(崔春軒)의 딸이다. 1353년(공민왕 2) 문과에 급제하였다. 1363년 청주에서 어가를 호종하였다. 1366년 이존오(李存吾)와 함께 신돈(辛旽)을 탄핵하다가 처형당할 위기에 처하였으나, 이색의 구원으로 동래현령으로 좌천되는 것으로 마무리되었고, 1371년 신돈이 제거된 뒤 좌간의대부로 다시 발탁되었다. 성균관대사성을 거쳐 우왕 즉위 후 첨서밀직사사가 되었고 정당문학을 제수받았다. 문집으로 『원재집(圓齋集)』이 있다.

過淸州
청주를 지나며

飄然一錫過淸州	표연하게 한 자루 석장 짚고 청주를 지나는데
葉落孤城萬樹秋	외로운 성에 낙엽 지니 온갖 나무 가을일세.
江岸草枯眠並鴨	강 언덕에 풀 마르니 쌍동 오리 잠이 들고
渚邊沙軟下群鷗	물가의 모래 고우니 갈매기 떼 내리네.
詩情老去偏枯淡	시정이 늙어가니 지나치게 고담한데
客恨侵來剩白頭	나그네의 한이 밀려오니 흰 머리만 남았구나.
何處嗷嗷數行雁	어디에서 기럭기럭 우는 몇 줄의 기러기 떼
拂雲隨我向南洲	구름 떨치고 나를 따라 남쪽으로 향하누나.

김시습(金時習, 1435~1493)[1] 『매월당집(梅月堂集)』

---

[1] 김시습(金時習, 1435~1493) : 본관은 강릉(江陵), 호는 매월당(梅月堂)·청한자(淸寒子)·동봉(東峰)·벽산청은(碧山淸隱)·췌세옹(贅世翁)이다. 생육신의 한 사람으로 1455년(세조 1) 수양대군(首陽大君, 세조)의 계유정난(癸酉靖難) 소식을 듣고, 스스로 머리를 깎고 승려가 되어 산사를 떠나 전국 각지를 유랑하였다. 사육신이 처형되던 날 밤 거리에서 거열형(車裂刑)에 처해진 사육신의 시신을 노량진 가에 임시 매장한 사람이 바로 김시습이었다고 전한다. 문집으로 『매월당집(梅月堂集)』이 있다.

次淸醼堂韻 在望仙樓西東軒北
청연당[1]에 차운하다 망선루 서쪽, 동헌 북쪽에 있다.

名州半刺昔何年	이름난 고장 관리 지낸 게 몇 해 전이던가
按節重來白滿顚	감사 되어 다시 오니 내 머리는 백발인데[2]
依舊蒼茫雙樹驛	쌍수역 푸른빛은 옛 모습 그대로요
至今嗚咽大橋川	대교천 우는 소리 지금도 이어지네.
誰家深幕新巢燕	어느 집 깊은 초막에 제비가 새집 짓고
遙夜空山又哭鵑	기나긴 밤 빈 산엔 두견새 또 우짖노라.
老吏不知遊子感	늙은 아전들은 나그네 마음 몰라주고
擁途爭賀續前緣	옛 인연 잇겠다고 길을 메워 축하하네.

양희지(楊熙止, 1439~1504)[3] 『대봉집(大峯集)』

---

1) 청연당(淸醼堂) : 조선시대 청주목 관아건물의 하나로, 현재는 없다.
2) 이름난 …… 백발인데 : 양희지는 1485년(성종 16) 47세에 청주판관을 지냈고, 1497년(연산군 3) 59세의 나이로 다시 충청감사가 되었다.
3) 양희지(楊熙止, 1439~1504) : 본관은 중화(中和), 호는 대봉(大峰)이다. 부친은 군수 양맹순(楊孟淳)이며, 모친은 정시교(鄭是僑)의 딸이다. 1474년(성종 5) 문과에 급제한 후 교리·예조좌랑·대사헌·한성부우윤 등의 관직을 거쳤다. 저서로는 『대봉집(大峯集)』이 있다.

發淸州 有感
청주를 떠나며 감회를 쓰다

古城臨長橋	옛 성이 긴 다리 굽어보니
川水流縈紆	시냇물 구비구비 흐르네.
衆趨利所轙	뭇사람들 이익이 모여드는 곳 좇고
路當南北衢	길은 남북의 길거리에 해당하네.
征人將逝水	나그네는 흐르는 물처럼
袞袞朝復晡	끊임없이 아침과 저녁으로 달려가네.
靜觀■■■	고요히 바라보니
華表鶴空吁	화표주 위의 학은 공연히 탄식하네.1)
逝者會當窮	흘러가는 것은 다하게 마련이고
靜者能獨餘	고요한 것은 홀로 남는다네.
有生俱物役	살아있는 건 모두 물건에 사역당하니
心滑況其軀	마음이 혼탁한데 하물며 이 몸이랴!
涉歲在湖西	일 년이 넘도록 호서에 있으니
跡窮西海隅	자취는 서해 가를 돌아다녔네.
淸文報德間	청주와 문의 보은과 덕산 사이에
我行知幾乎	나의 행차 몇 번인지 아는가.
請聞路傍童	길가의 아이에게 들으니

---

1) 화표주(華表柱) …… 탄식하네 : 요동(遼東) 사람 정영위(丁令威)가 신선이 되고 나서 천년 만에 학으로 변해 다시 고향을 찾아와서는 요동 성문의 화표주 위에 내려앉았는데, 소년 하나가 활을 쏘려 하자 허공으로 날아올라 배회하면서 "옛날 정영위가 한 마리 새가 되어, 집 떠난 지 천년 만에 이제 처음 돌아왔소. 성곽은 의구한데 사람은 모두 바뀌었나니, 신선술 왜 안 배우고 무덤만 이리도 즐비한고.[有鳥有鳥丁令威 去家千年今始歸 城郭如故人民非 何不學仙冢纍纍]"라고 탄식하고는 사라졌다는 전설이 전한다. 『搜神後記 卷1』

昔藏今可呼	예전에는 숨겼으나 지금은 부를 수 있다네.
馬倦蹄鐵盡	말은 지쳤는데 말굽이 다되어
望嶺愁踟躕	고갯마루 바라보며 머뭇거림 근심하네.
長纓誰足慕	긴 밧줄2) 누가 사모하나
風塵損肌膚	풍진에 살가죽이 많이 상하였네.
來日鷓鴣鳴	오던 날 두견새가 울더니
歸時雁北徂	돌아가는 때에는 기러기 북으로 가네.
蟾兔入圓缺	달은 둥글었다가 다시 이지러지고
草榮粘復蘇	풀은 무성하고 또 말랐다가 다시 소생하네.
生死寓大塊	생사를 조물주에게 맡기니
今古皆籧廬	예나 지금이나 나그네 생활이네.
馳騖塵中老	분주히 돌아다니다가 티끌 속에서 늙어가니
賢愚同此途	현우(賢愚)가 이 길에서는 똑같다네.
歸來從藥翁	약초 캐는 늙은이 좇아 돌아가니
乾坤逃一壺	하늘과 땅이 한 호리병 속에 숨어 있네.

김정(金淨, 1486~1521)3) 『충암집(冲菴集)』

---

2) 긴 밧줄[長纓] : 적을 사로잡아 묶는 긴 밧줄을 말한다. 한(漢)나라 간의대부 종군(終軍)이 긴 밧줄 하나만 주면 남월(南越)의 왕을 묶어서 궐하(闕下)에 바치겠다고 말했다는 고사가 있다. 《漢書 卷64下 終軍傳》
3) 김정(金淨, 1486~1521) : 호는 충암(冲菴)·고봉(孤峰), 본관은 경주이다. 부친은 호조정랑 김효정(金孝貞)이고, 모친은 김해허씨(金海許氏)이다. 1507년에 문과에 장원으로 합격하여 성균관전적·사간원정언·홍문관수찬·사간원헌납·대사헌·형조판서 등을 역임하였다. 기묘사화로 금산에 유배되고 다시 신사무옥에 연루되어 제주도로 유배 가서 사사되었다. 문집으로 『충암집(冲菴集)』이 있다.

次淸州客館韻
청주 객관에서 차운하다[1]

南來羈況惱春光	남쪽 객지살이에 봄빛도 괴롭더니
盤上新蔬覺野芳	소반 위 새 나물에 들 향기 물씬.
萬古河山曾割據	먼 옛날 산하를 할거할 적에
三韓土地是中央	삼한의 땅에서 여기가 중앙이었지.
雨深炎海雲霞膩	비가 염해에 쏟아져 구름 놀 윤택하고
城枕淸川襟帶長	성은 청주천을 베고 띠처럼 길게 둘렀네.
宇宙悠悠星紀變	우주는 한없이 넓고 세월은 변해가니
英雄陳迹托文章	영웅의 발자취는 문장에 담겼구나.

심언광(沈彦光, 1487~1540)[2] 『어촌집(漁村集)』

---

1) 청주 객관에서 차운하다 : 심언광이 1524년(중종 19) 충청도 도사를 지낼 때 지은 작품이다. 청주 객관에 차운한 작품은 여러 편이 남아 있다. 심언광 이전 및 동시대의 인물들로 이석형(李石亨, 1415~1577), 이승소(李承召, 1422~1484), 성현(成俔, 1439~1504), 김안국(金安國, 1470~1543), 김정(金淨, 1486~1521) 등의 동운(同韻) 작품이 남아 있다.
2) 심언광(沈彦光, 1487~1540) : 본관은 삼척(三陟), 호는 어촌(漁村)이다. 부친은 예조좌랑 심준(沈濬)이고, 모친은 김보연(金普淵)의 딸이다. 1513년 문과에 급제한 후 장령·홍문관교리·집의 등의 청요직을 두루 지냈다. 1536년 이조판서가 되고, 이어서 공조판서를 역임하면서 김안로의 비행을 비판하다가 이듬해 함경도관찰사로 좌천되었다. 그러나 곧 김안로와 그 일당이 축출되자, 우참찬에 올랐다. 인종이 즉위하여 대윤(大尹)일파가 집권하면서 탄핵받아 관직을 삭탈당하였다.

清州南石橋 玩月
청주 남석교¹⁾에서 달을 구경하며

炎月微雲銀漢外	은하수 밖엔 붉은 달 옅은 구름에 가려
淺斟低唱石橋西	석교 서쪽에서 술 마시며 나지막이 노래하네.
欲知鄕思撩人處	고향 소식 알려 사람 시름겹게 하는 곳에
野色蒼茫入夜迷	들판 풍경 아스라이 밤이 되어 사라지네.
秋宵共跨臥波龍	가을밤 물결에 누운 용 다리를 함께 건너니
蟾桂婆娑影欲空	달빛 일렁일렁 그림자 사라지려 하네.
莫怕世人輕指點	사람들이 가볍게 손가락질함 두려워 말게
是身已在廣寒宮	이 몸은 이미 광한궁²⁾에 있다네.

배용길(裵龍吉, 1556~1609)³⁾ 『금역당집(琴易堂集)』

---

1) 남석교(南石橋) : 청주목(淸州牧) 상당군(上黨郡)에 있었던 돌다리로서, '한선제오봉원년(漢宣帝五鳳元年)' 이라는 글씨가 새겨져 있다고 전하는데, 이는 신라 박혁거세 원년에 해당한다. 지금은 청주시 상당구 석교동(石橋洞) 육거리시장 내의 도로 지하에 매몰되었다.
2) 광한궁(廣寒宮) : 항아(姮娥)가 산다는 달나라의 궁전 이름이다.
3) 배용길(裵龍吉, 1556~1609) : 본관은 흥해(興海), 호는 금역당(琴易堂)이다. 부친은 관찰사 배삼익(裵三益) 이며, 모친은 영양남씨(英陽南氏) 남신신(南藎臣)의 딸이다. 1592년 임진왜란이 일어나자 안동에서 의병을 일으켜 김해(金垓)를 대장으로 추대하고 그의 부장으로 활약하였다. 1602년 문과에 급제한 후 사헌부감찰과 충청도도사 등을 지냈다. 저서로는 『금역당집(琴易堂集)』이 있다.

題淸州東軒
청주 동헌에 쓰다

湖西一道四都會	호서 일도(一道)는 사도(四都)가 만나는 곳
淸在中央州最雄	청주는 호서 한 가운데에 가장 뛰어난 고을.
朱崖嶺擎九峯起	주애의 고개 높아 구봉이 여기서 일어나고
赤峴川吞三派通	적현의 내가 삼켜 세 물줄기 이곳에 통하네.1)
城池已變亂離日	성과 못은 난리 때와 달리 다 변했는데
邑里猶存豪俠風	읍과 리엔 여전히 호협의 유풍이 있네.2)
白頭杖節獨懷古	흰 머리 지팡이 짚고 홀로 회고하노니
繞郭桃花春自紅	성곽 두른 복숭아꽃만 봄 맞아 붉도다.

이안눌(李安訥, 1571~1637) 『동악집(東岳集)』

---

1) 주애의 …… 통하네 : 주애(朱崖)는 주안향(周岸鄕), 구봉(九峯)은 속리산의 옛 이름이다. 적현(赤峴)은 대교천(大橋川)의 발원지이다.
2) 읍과 …… 있네 : 임진왜란 당시 청주를 중심으로 활약한 조헌 등의 의병장을 가리키는 것으로 보인다.

過南石橋 與本牧及諸將官 設宴張樂
남석교를 지나다가 본주 목사 및 여러 장관들과 함께 잔치를 열고 풍악을 울리다

南石橋頭聳起樓	남석교 가에 누대 높이 솟아 있고
美人輕漾木蘭舟	미인이 탄 목란주가 가벼이 떠있네.
嬌歌急管聲相和	고운 노래와 경쾌한 피리 소리 어우러지니
此日繁華亂客眸	오늘의 번화함에 나그네 눈이 현란하네.

이홍유(李弘有, 1588~1671)[1] 『둔헌집(遯軒集)』

---

[1] 이홍유(李弘有, 1588~1671) : 호는 둔헌(遯軒), 본관은 경주(慶州)이다. 부친은 이득윤(李得胤)이고, 모친은 옥구장씨(沃溝張氏) 장징(張徵)의 딸이다. 청주 출신으로 1615년 진사시에 합격한 후 성현찰방(省峴察訪)에 제수되었다. 1653년(효종 4) 사대부들이 산장(山長)으로 추천하였다. 문집으로 『둔헌집(遯軒集)』이 있다.

遮川八景 中 沙浦秋雨
차천팔경[1] 중 '사포의 가을비'

葦花渾雪應團沙	하얀 갈대꽃 날리고 기러기 백사장을 둘러 있고
澤國微茫雨脚斜	못은 아득한데 빗줄기는 비꼈어라.
安得小船橫浦口	어이하면 작은 배 얻어 포구를 가로질러가나
釣魚法醉臥烟莎	고기 낚고 얼큰히 취해 안개 낀 잔디밭에 누워있네.

이홍유(李弘有, 1588~1671) 『둔헌집』

---

1) 차천팔경(遮川八景) : 청주시 사천동 일원으로 팔경은 태극대월(太極待月), 사상심춘(四象尋春), 상당채약(上黨採藥), 월굴조어(月窟釣魚), 주성조연(酒城朝烟), 사포추우(沙浦秋雨), 동암모종(東庵暮鍾)이다.

次淸州東軒韻
청주 동헌의 시에 차운하다

西原雲物弄暗光	서원의 구름은 어두운 빛을 희롱하는데1)
板上騷葩競鬪芳	판상의 소파는 화려함을 다투누나.2)
流水逶迤城一面	흐르는 물은 성 한쪽으로 구불구불 흐르고
高樓偃蹇路中央	높은 누대는 길 한가운데에 우뚝 서 있네.
紫桐花謝靑春晚	자동화 시드니 봄은 이미 저물었고
綠綺琴閒白日長	녹기금3)은 한가로우니 해는 한창 길어졌네.
我非淸狂詩酒客	나는 본래 청광한 시주객이 아닌데도
傍人錯比賀知章	옆 사람들은 잘못 하지장에 견주누나.4)

명조(明照, 1593~1661)5) 『허백당시집(虛白堂詩集)』

---

1) 서원(西原)의 …… 희롱하는데 : 서원은 청주(淸州)의 고호이고, 어두운 빛이란 곧 늦봄과 초여름에 한창 우거져 가는 녹엽(綠葉)의 그늘을 가리켜 한 말이다.
2) 판상(板上)의 …… 다투누나 : 소파(騷葩)는 굴원(屈原)의 〈이소(離騷)〉와 한유(韓愈)의 〈진학해(進學解)〉에서 "시는 바르고도 화려하다.[詩正而葩]"라고 하여 파경(葩經)이란 별칭이 생긴 『시경』을 합칭한 말로, 전하여 여기서는 동헌(東軒)의 벽 위에 걸린 시(詩)들을 비유한 말이다.
3) 녹기금(綠綺琴) : 한대(漢代)의 문장가인 사마상여(司馬相如)가 일찍이 〈옥여의부(玉如意賦)〉를 지어 양왕(梁王)에게 바치자, 양왕이 기뻐하여 그에게 하사했다는 명금(名琴)의 이름인데, 전하여 흔히 거문고의 뜻으로 쓰인다.
4) 나는 …… 견주누나 : 청광(淸狂)은 욕심이 없고 호방(豪放)하여 예법(禮法)에 얽매이지 않음을 말하고, 하지장(賀知章)은 당 현종(唐玄宗) 때 비서감(祕書監)을 지낸 풍류 시인이었다. 두보(杜甫)의 〈견흥(遣興)〉 시에 "하공은 평소 남방의 사투리를 쓰고, 벼슬할 때에도 항상 청광하였네.[賀公雅吳語 在位常淸狂]"라고 하였는데, 하공은 바로 하지장을 가리킨다. 『杜少陵詩集 卷7』
5) 명조(明照, 1593년~1661) : 조선의 승려로 이름은 희국(希國), 속성은 이(李), 호는 허백(虛白)이다. 홍주(洪州) 출생으로 사명당(泗溟堂) 밑에서 승려가 되었고, 1626년(인조 4)에는 팔도의승대장(八道義僧大將)이 되어 승군 4천 명을 거느리고 안주(安州)를 수비, 1636년 병자호란 때에도 의병장이 되어 활약하였다.

次淸州東軒韻
청주 동헌의 시에 차운하다

繞郭流川衮衮忙	성곽을 두른 물은 콸콸 바삐도 흘러가고
二年于此鬢蒼浪	이곳에서 두 해만에 흰 머리만 늘어가네.
倦隨蘆鴈曾投館	갈대 속 기러기나 좇다가 일찍 관사에 들었는데
驚看槐龍又陰堂	꿈틀대는 용에 놀라니 당에 비친 홰나무 그림자.1)
山擁漢都高北極	산은 한도를 에워싸 북극까지 높고
地分商嶺近南鄕	땅은 상령으로 나뉘어 남향에 가깝네.2)
亦知行樂須春事	행락은 역시 봄에 해야 하는 것이었군
無奈窮愁競日長	하루 종일 이어지는 이 시름을 어이할꼬.

황호(黃㦿, 1604~1656)3) 『만랑집(漫浪集)』

---

1) 꿈틀대는 …… 그림자 : 괴룡(槐龍)은 늙어서 구불구불한 홰나무를 용의 형상에 비유한 표현이다. 소식(蘇軾)의 〈구월십오일이영강논어종편(九月十五日邇英講論語終篇)〉에 "바람이 괴룡을 흔드니 푸른빛이 서로 춤춘다.[風動槐龍舞交翠]"라는 시구가 보인다.
2) 산은 …… 가깝네 : 한도(漢都)는 한양을 가리키고, 상령(商嶺)은 상산(商山)으로서 상주(尙州)의 옛 이름이다.
3) 황호(黃㦿, 1604~1656) : 본관은 창원(昌原), 호는 만랑(漫浪)이다. 약관에 대과(大科)에 등제하여 주서가 되었다. 1637년 통신사의 종사관으로 일본에 다녀왔고, 같은 해 장령이 되었다. 1640년 부수찬, 1641년 교리, 1645년 2월 영남어사로 영남지방을 시찰하였고, 4월에 장령, 5월에 사간이 되었으며, 1648년 대사성이 되고 곧 대사간이 되었다. 1649년(효종 즉위년) 김자점(金自點)과 연루되었다 하여 참소를 입고 1650년 파출되었으나 다시 대사성이 되었다. 1660년(현종 1)에 신원(伸寃)되었다. 저서로는 『만랑집(漫浪集)』이 있다.

與西原使君 遊壽樂亭
서원의 원님과 함께 수락정¹⁾에서 놀다

昨日來州府	어제 청주 고을에 와서
今成爛熳遊	오늘 화려한 놀이를 하네.
雖云溪路險	시내의 길이 험하다고 하나
最喜野亭幽	들 가의 정자 아늑함이 좋구나.
松籟喧蒼壁	솔바람 소리는 푸른 언덕에서 나고
山光蘸碧流	산 빛은 푸른 물속에 잠겨있네.
可憐前度客	가련타 지난 번 놀던 나그네
霜雪已盈頭	하얀 서리가 머리에 가득하구나.
幸隨賢府主	다행히 어진 사또 따라와
今日出城遊	오늘 성을 나와 놀았네.
馬怯層厓險	말은 험한 벼랑 길 겁내고
人探細路幽	사람은 가는 길 깊숙한 곳 찾았네.
山高留雨氣	산 높아 비 올 기운이 서렸고
地坼走川流	땅이 갈라지니 흐르는 물 달려가네.
歲月空催老	세월은 부질없이 늙음을 재촉하니
誰憐白盡頭	뉘라서 흰머리 다 된 것을 가엾어 할까.

김득신(金得臣, 1604~1684) 『백곡집(栢谷集)』

---

1) 수락정(壽樂亭) : 신영식(申永植)이 청주 남쪽 25리쯤에 지었다고 하나 지금은 전하지 않고 있다. 송시열의 기문이 전한다.

至墨村庄舍 疊前韻 寄元輔
묵촌 시골집에 이르러 앞의 시운을 거듭하여 원보에게 부치다

斜川西畔憶分歧	사천 서쪽 가에서 헤어지던 일 생각하니
手挽征衫脈脈時	가는 사람 옷을 당기며 바라볼 뿐이었지.
數朶山花紅滴滴	두어 송이 산꽃은 붉은 빛 뚝뚝 떨어졌고
一羣溪鷺白絲絲	한 무리 시내의 백로는 흰 빛이 길게 이어지네.
夔州別後詩工進	기주에서 작별하니 시 공부가 진전되고[1]
漳水春來病起遲	장수 가에 봄이 오니 병든 몸 더디 일어나네.[2]
孤舘夕曛門獨掩	외로운 객관에 해가 저물어 문을 홀로 닫자니
可能相就慰相思	찾아가 서로 그리운 마음 위로할 수 있을까.

이수언(李秀彦, 1636~1697) 『농계유고(聾溪遺稿)』

---

1) 기주(夔州)에서 …… 진전되고 : 당나라 현종(玄宗)이 파천(播遷)할 당시 두보(杜甫)가 기주에 간 뒤에 시가 더욱 공교해졌다는 일화를 두고 한 말이다.
2) 장수(漳水) 가에 …… 일어나네 : 장수는 산서성(山西省) 동쪽에 있는 물 이름으로, 한(漢)나라 때 유정(劉楨)이 병들어 장수 가에 누워 있었던 고사가 있으므로, 후세에는 병들어 누워있는 자들이 흔히 인용하는 말이다.

早發清州
아침 일찍 청주를 떠나며

煙開日暖發淸州	안개 걷히고 햇살 따뜻한데 청주를 떠나니
塘水洋洋遶郭流	못물은 넘실넘실 성곽 둘러 흐르는구나.
鐵柱不傾傳古迹	기울지 않은 당간 철주 옛 사적을 전하고
朱樓忽起壓平疇	우뚝 선 붉은 누대가 너른 들판 압도하네.
靑抽宿麥纖纖潤	겨울 넘긴 푸른 보리 살랑살랑 윤기 나고
黃入村楊宛宛柔	시골 마을 누런 버들 나긋나긋 부드럽다.
催却倦驂還向峽	지친 말 재촉하여 협곡 향해 돌아가니
物華隨處觸鄕愁	눈에 뵈는 풍경마다 고향 생각 일으키네.

임상원(任相元, 1638~1697)[1] 『염헌집(恬軒集)』

---

[1] 임상원(任相元, 1638~1697) : 본관은 풍천(豊川), 호는 염헌(恬軒)이다. 부친은 임중(任重)이며, 모친은 전주이씨이다. 1665년 문과에 장원급제하여 평안도도사를 지냈으며, 1671년 정언을 거쳐 용강현령이 되었다가 1673년 교리로 승진되었다. 1676년(숙종 2) 청풍부사로 있을 때 문과에 급제한 뒤 1680년 동부승지가 되었다. 이듬해에 공조참판을 지냈으며, 1684년 대사간에 이어 이듬해 대사성이 되었다. 1686년 대사헌을 지내고, 1687년 도승지를 역임하였으며, 사은부사가 되어 청나라에 다녀왔다. 공조판서와 우참찬·한성부판윤 등을 지냈다. 저서로 『염헌집(恬軒集)』이 있다.

壯巖川
장암천[1]에서

石立障川意	돌이 우뚝 선 것은 냇물을 막으려는 뜻이겠고
水奔宗海心	물이 내닫는 것은 바다로 모이려는 마음이라네.
盍觀斯物理	어이 이와 같은 사물의 이치를 살펴
要作自家任	자신의 소임을 행하려 아니할 손가.

조장하(趙章夏, 1848~1910)[2] 『이재유고(履齋遺稿)』

---

1) 장암천(壯巖川) : 청주시 장암동을 흐르는 하천 이름으로 무심천을 거쳐 미호천으로 흘러들어 간다.
2) 조장하(趙章夏, 1848~1910) : 호는 이재(履齋)이고, 본관은 풍양(豊壤)이다. 부친은 조병구(趙秉球)이고, 모친은 전주이씨(全州李氏)로 이문형(李文亨)의 딸이다. 문의 상장리(上場里)에서 생장하여 일찍이 전재(全齋) 임헌회(任憲晦)의 제자가 되어 성리학을 공부하였다. 1910년 경술국치에 분노하여 식음을 전폐하고 솔잎으로만 연명하다가 그해 10월 27일 세상을 떠났다. 1977년 정부에서 건국포장을 추서하였다.

南石橋
남석교

三南大路有名橋　　　삼남(三南)의 대로에 유명한 다리가 있으니
人馬行聲嘉暮朝　　　사람과 수레 지나는 소리 아침저녁으로 떠들썩하네.
五鳳元年流水去　　　오봉 원년[1] 홍수에 떠내려갔는데
空留石狗守遙遙　　　헛되이 돌개만 남아 오랫동안 지키고 있다.

　橋頭兩邊 有石一雙坐犬形
　다리 어구 양쪽에 한 쌍의 돌이 있는데 앉은 개 형상이다.

박노중(朴魯重, 1863~1945)[2] 『창암집(滄菴集)』

---

[1] 오봉 원년(五鳳 元年) : 오봉은 한나라 효선제(孝宣帝)의 연호로, 오봉 원년은 기원전 57년이다.
[2] 박노중(朴魯重, 1863~1945) : 호는 창암(滄菴), 본관은 순천(順天)이다. 청주 출신으로 인근 가문의 자제들을 가르쳤다. 1920년에 계화도(繼華島)에 들어가 간재(艮齋) 전우(田愚)를 스승으로 모셨다. 그와 함께 교유했던 춘계(春溪) 송의섭(宋毅燮), 석농(石農) 오진영(吳震泳) 등은 모두 예학과 문행(文行)이 뛰어났다. 문집으로 『창암집(滄菴集)』이 있다.

無心川
무심천[1]

一派源從文義來	한 줄기 물 문의에서 흘러와
無心名處有心回	무심이란 이름으로 유심히 돌고 있네.
回如功字誅歌在	도는 모습 공(功) 자 같음을 도선이 말하였고
麟閣丹靑不乏才	인각에 화상 모시니[2] 재사(才士)가 끊이지 않는구나.

박노중(朴魯重, 1863~1945) 『창암집(滄菴集)』

---

1) 무심천(無心川) : 금강의 제2지류로서, 청주시 상당구 낭성면 추정리 부근에서 발원하여 청주 시내를 서북방으로 관통하여 미호천과 합류하는 국가하천. 「대동여지도」와 「여지승람지도」에는 '대교천(大橋川)'으로 기록되어 있다.
2) 인각(麟閣)에 …… 모시니 : 인각은 기린각(麒麟閣)의 준말이고, 단청(丹靑)은 공신의 화상을 가리킨다. 한(漢)나라 때 28명 공신의 초상화를 기린각에 걸어서 길이 기념토록 한 고사가 전한다.

沁溪邊小會
무심천 가에서 몇 사람이 모이다

柳絮輕輕點硯池	버들개지 가벼이 날라 벼루에 떨어지니
詩筵眞率野雲垂	진솔한 시 자리에 들 구름이 드리웠네.
鷗眠永日人同靜	갈매기 조는 긴 해에 사람도 함께 고요하고
魚樂澄波我自知	물고기 맑은 물에 즐기는 것 나 스스로 알겠네.
芳艸多情留客地	향기로운 풀 나그네 머무는 곳에 다정하고
靑山生色對樽時	청산은 술을 대할 때 생색이 나네.
和光欲逐漁樵伴	온화한 날씨는 고기 잡고 나무하는 사람 따라 찾아와
亂舞狂歌任所宜	어지럽게 춤추고 노래함이 마땅하네.

민영필(閔泳弼, 1873~1953)[1] 『문암사고(汶庵私稿)』

---

[1] 민영필(閔泳弼, 1873~1953) : 호는 문암(汶菴), 본관은 여흥(驪興)이다. 청주 북일면 출신으로 부친은 민영호(閔英鎬)이다. 1891년 진사시에 입격 한 후 1899년에 성균관 교관을 지냈다.

馬巖八景辭 中 沁川細雨
마암팔경사[1] 중 '심천[2]의 가랑비'

兩岸明沙水如鏡兮	양 언덕의 맑은 모래 물은 거울처럼 깨끗한데
澄無芥而心淸	티 없이 맑아 마음도 맑아지네.
猗彼蘭芝都且淸兮	아름다운 저 난초와 지초 향기롭고 청아한데
罪罪春雨細無聲	부슬부슬 봄비 가늘어 소리도 들리지 않네.
前村深還路緣溪兮	앞마을 깊이 돌아가고 길은 시내와 이어져
恐有綠臨之豪客	녹림(綠臨)의 호객(豪客)이 있을까 두렵네.

유해주(柳海珠, 1873~1956)

---

1) 마암팔경사(馬巖八景辭) : 청주시 가덕면 삼항리·국전리, 남일면 화당리·가산리, 문의면 남계리 일원이다.
2) 심천(沁川) : 무심천(無心川)을 가리킨다.

北里金東嚴莊契會
북리[1]의 김동암 집에서 계 모임을 갖다

契會年年次第開	계 모임 해마다 차례로 열리니
山南水北踏相來	산의 남쪽 물의 북쪽에서 서로 찾아왔네.
蒼松聽雨臨溪路	푸른 소나무에 빗소리 들으면서 시냇길 임했고
紅葉酣霜照酒杯	붉은 잎은 서리에 취하여 술잔에 비추네.
儒子衣冠三省地	선비의 의관으로 삼성(三省)을 하는 곳에
主人風月一高臺	주인의 풍월은 한 높은 누대라오.
錦江東畔秋光暮	금강의 동쪽에 가을 빛 늦어 가는데
唱罷詩歌遠遠回	시와 노래 파한 뒤에 멀리 돌아가네.

박종술(朴鍾述, 1898~1970)[2] 『호운일고(湖雲逸稿)』

---

1) 북리(北里) : 청주 외북동을 가리킨다. 외북동은 본래 청주군 서강내 일상면 외송리 지역으로서 산 북쪽이 되므로 북리라 하였는데, 1914년 행정구역 폐합에 따라 남촌과 왕암리 일부를 병합하여 외북리라 해서 서면에 편입된 후 1983년 2월에 청주시로 편입되어 흥덕구 강서 2동으로 소속되었다.
2) 박종술(朴鍾述, 1898~1970) : 호는 호운(湖雲), 본관은 순천(順天)이다. 부친은 박종규(朴宗圭), 모친은 보성오씨(寶城吳氏)이다. 족조(族祖)가 되는 박노중(朴魯重)에게 수학하였다.

過南石橋
남석교를 지나며

南石橋頭飮一盃	남석교 들머리서 술 한 잔 마시고
無心川邊踏靑來	무심천 가에 와서 답청을 하노라니.
白鷗不識興亡事	인간사 흥망을 알 리 없는 백구들이
落日翩翩下釣臺	석양에 너울너울 낚시터로 내려앉네.

나상헌(羅相憲, 1900~?)1) 『관가시집(觀稼詩集)』

---

1) 나상헌(羅相憲, 1900~?) : 호는 관가재(觀稼齋), 본관은 안정(安定)이다. 부친은 나약용(羅若用)이며 모친은 풍산홍씨이다. 나상헌은 1900년 청주 비홍에서 태어났으며 평생 향촌에서 선비로서 지내다가 세상을 떠났다. 문집으로 『관가시집(觀稼詩集)』이 있다.

遊無沁川
무심천에 놀다

沁川源自儉岩川	무심천은 검암천에서부터 흘러오는데
曲曲流頭起市煙	굽이굽이 내려오다 청주시를 안고 도네.
北有鵲江澄澈水	북쪽에 있는 까치내는 깨끗한 물빛이요
南開龍野沃肥田	남쪽에 열린 용개들은 비옥한 토지로다.
繁華大路人肩接	번화한 큰 길에는 사람 어깨 부딪치고
精潔晴沙鷺夢圓	깨끗한 모래밭에 해오라기 꿈이 깊구나.
今我來游了所樂	지금 내가 여기 와서 무엇을 즐기는가
煮魚沽酒夕陽邊	물고기 굽고 술 마시며 해 지는 줄 모른다네.

노장우(盧章愚, 1906~1992)[1] 『금사문집(錦史文集)』

---

[1] 노장우(盧章愚, 1906~1992) : 호는 금사(錦史), 본관은 교하(交河)이다. 부친은 궁내부주사(宮內部主事) 노병옥(盧秉玉)이고, 모친은 경주김씨(慶州金氏)이다. 15세에 선고(先考)의 교훈에 "일본 학교에 가지 말고 일본의 녹을 먹지 말라."는 말을 따라 신창모(申昌模)의 문하에서 학문을 닦았다. 69세에 청주향교 장의(掌議)가 되었고, 72세에 묵정서원(墨井書院) 원장(院長)이 되었고, 79세에 기암서원(機岩書院) 원장이 되었다.

竹關八景 中 輞川漁火
죽관팔경[1] 중 '망천의 고깃배 불빛'

漁事爭同一局棋	고기 잡는 일은 장기 두는 일과 같은데
初疑鬼火正堪悲	처음엔 도깨비불인가 의심하여 몹시 두려웠네.
明光忽射蒼波外	밝은 빛 홀연히 푸른 파도 너머 비추자
散影紛馳落月時	흩어지는 그림자 어지러이 달리니 달이 지는 때이네.
細數魚鱗歌棹遠	가늘고 촘촘한 고기비늘 멀리 뱃노래 들리고
頻驚鷗夢喚灘遲	조는 갈매기는 꿈꾸다 자주 놀라 여울에 제 모습 비쳐보네.
主翁蟹舍燈何在	게 잡는 노인의 집 등불 어디에 있나
回首松江倍有思	송강으로 머리 돌리니 생각이 많아지네.

박익동(朴翼東, 1827~1895) 『소근재집(小近齋集)』

---

1) 죽관팔경(竹關八景) : 청주시 일원으로 팔경은 상당제월(上黨霽月), 목암효종(牧菴曉鍾), 팔봉귀운(八峰歸雲), 동림청풍(東林淸風), 양산낙조(孃山落照), 독산고송(獨山孤松), 노평모우(蘆坪暮雨), 망천어화(輞川漁火)이다.

無沁川
무심천

勝區日日客登樓	경치 좋은 곳 날마다 길손이 누각에 이르고
汀草汀蘭古渡頭	옛 나루터 물가에는 풀이며 난초가 있네.
一帶長川中地去	길고긴 내 한 줄기 한복판을 흘러가고
千層嶽勢際天收	산악의 형세 천 층으로 하늘가에 이어졌네.
光陰如彼令人老	가는 세월은 저와 같이 사람을 늙게 하고
風月無窮使我遊	바람과 달은 끝없이 펼쳐져 나를 노닐게 하네.
無沁此名能解意	무심이란 이름 뜻을 풀이할 수 있으니
浮榮不必盡情求	헛된 영화를 구하려 애쓸 필요 없어라.

김상렬(金相烈, 1883~1955) 『소유집(小遊集)』

牛山雅會
우산[1]의 고상한 모임[2]

兩江地盡此牛山	두 강과 땅이 우산 앞에서 끝나니
滿目風光俯仰間	우러르고 굽어보는 사이에 눈에 가득한 풍광.
麥浪連天秋色近	하늘에 맞닿은 보리 물결 가을이 가깝고
棹歌落浦世情閑	뱃노래 물가에 떨어지니 세정은 한가하네.
野明白水千年鑑	들에 밝은 흰 물은 천 년의 거울이요
座共黃鸝一日顔	자리 함께한 꾀꼬리는 하루 동안 만나는 얼굴일세.
又喜雲林絃誦繼	또 구름과 숲 속에서 시 읊조리는 소리 이어지니
歷論今古却忘還	역력히 고금을 논하면서 돌아갈 길 잊었네.

박종구(朴鍾九, 1901~1980) 『우당집(愚堂集)』

---

1) 우산(牛山) : 우산(牛山)은 청주시 상당구 우암동 일대에 위치한 우암산(牛巖山)의 또 다른 이름이다.
2) 고상한 모임 : 원문의 '아회(雅會)'는 글짓기를 위한 모임이다. 시회(詩會).

沙汀十詠 中 沙汀水村
사정¹⁾십영 중 '사정의 물가 마을'

沙繞長汀水繞村	모래는 긴 물가 감싸고 강물은 마을 감쌌는데
數株疎柳傍柴門	성긴 버들 몇 그루가 사립문 곁에 서 있네.
鷗尋舊約思吾久	갈매기는 옛 약속 지켜²⁾ 나를 그린 지 오래고
燕賀新成賴汝存	제비는 새 집 축하하여³⁾ 그대 믿고 남아있네.
雨落簷花山杏晩	빗물이 처마 밑 꽃에 떨구니 산살구꽃 늦게 피겠고
風飛床葉井梧繁	바람이 상에 잎 날리니 우물가 오동나무 무성하겠네.
坡翁遠起田園興	동파옹이 먼 곳에서 전원의 흥취 일으켜
賦和歸來夢有樽	귀거래 화답하니⁴⁾ 꿈속의 한 동이 술이라네.

유활(柳活, 1576~1641)⁵⁾ 『태우집(泰宇集)』

---

1) 사정(沙汀) : 청주 옥산 사정리를 가리킨다.
2) 갈매기는 옛 약속 지켜 : 전원에 돌아가 은거하겠다는 뜻을 '구로약(鷗鷺約)', 즉 갈매기·백로와 어울려 지내기로 한 약속이라고 표현한다.
3) 제비는 새 집 축하하여 : 새 집을 지으면 제비가 거기 깃들고자 지저귄다는 데에서 새집 지음을 축하한다는 뜻으로 쓰인다. 『회남자(淮南子) 설림훈(說林訓)』에 "큰 집이 이루어지면 제비와 참새들이 축하한다.[大廈成而燕雀相賀]"라고 했다.
4) 동파옹이 …… 화답하니 : 도잠(陶潛, 淵明)이 지은 〈귀거래사(歸去來辭)〉에 소식(蘇軾, 東坡)이 화운하여 〈화귀거래혜사(和歸去來兮辭)〉를 지어서 전원에 돌아가고자 하는 흥취를 담았다.
5) 유활(柳活, 1576~1641) : 호는 태우(泰宇), 본관은 흥양(興陽)이다. 부친은 동몽교관 유몽표(柳夢彪)이며, 모친은 이택(李澤)의 딸이다. 1606년 문과에 급제한 후 홍문관교리·이조정랑 등을 역임하였다. 1623년(인조 1)에 유응경(柳應洞)의 무고사건에 연좌되어 함경북도 경성(鏡城)에 유배되었고, 1628년에 유효립(柳孝立)의 모반에 관여한 혐의로 경흥(慶興)에 정배되었다. 1637년에 사면된 후 청주 옥산 사정리(沙汀里)로 퇴거하였다. 문집으로 『태우집(泰宇集)』이 있다.

沙汀十詠 中 長川斷橋
사정십영 중 '긴 내의 끊어진 다리'

袞袞長川徹底淸	끝없이 흐르는 긴 내가 바닥까지 맑은데
奔流到此爲回縈	여기까지 세차게 흘러 여울을 이루었네.
蛟龍窟宅千尋邃	교룡이 똬리 튼 소굴은 천 길이나 깊고
鷗鷺汀洲十里平	백구 노니는 모래톱 십 리에 평평하네.
橋斷筰連人獨涉	끊어진 다리에 이은 밧줄로 사람 홀로 건너고
石橫灘急馬頻驚	가로지른 바위 급한 여울에 말이 자주 놀라네.
題詩遙和滄浪曲	시를 지어 창랑의 노래에 화답하노니
欲伴漁翁更濯纓	어부 노인과 짝하여 갓끈 다시 씻고 싶어라.[1]

유활(柳活, 1576~1641) 『태우집』

---

[1] 시를 …… 싶어라 : 창랑의 노래는 『초사(楚辭)』의 "창랑의 물이 맑거든 나의 갓끈을 씻고, 창랑의 물이 흐리거든 나의 발을 씻으리라[滄浪之水淸兮 可以濯我纓 滄浪之水濁兮 可以濯我足]."를 말한다. 이는 군주에게 버림받은 굴원(屈原)에게 어부(漁父)가 권면한 내용으로서, 세상이 태평하면 벼슬을 하고 세상이 어지러우면 은둔해야 한다는 뜻을 담고 있다.

沙汀十詠 中 釣渚層磯
사정십영 중 '낚시터의 층진 석대'

步自龍頭下釣磯	용두에서 걸어 내려와 낚시터에 이르니
綠簑靑蒻雨霏霏	초록 도롱이 푸른 삿갓에 비는 주룩주룩.
苔荒石古層臺竝	오래된 바위에 이끼 거친데 층진 석대 나란하고
綸細竿修巨口肥	다듬은 낚싯대에 낚싯줄 가는데 농어는 살쪘네.
雪客已能頻赴約	이미 백로와는 약속대로 자주 만날 수 있고
白鷗元與共忘機	원래 흰 갈매기와 노닐며 기심을 잊었다오.[1]
明時若問羊裘子	밝은 날 양가죽 옷 입은 이를 묻는다면[2]
莫說江天有少微	강 하늘에 소미성 떠있다 말하지 마시게.[3]

유활(柳活, 1576~1641) 『태우집』

---

1) 이미 …… 잊었다오 : 원문의 설객(雪客)은 눈처럼 흰 백로(白鷺)를 말한다. 위 주석의 '구로약(鷗鷺約)' 참조. 기심(機心)은 사적인 목적을 이루려는 마음을 말한다. 바닷가에 사는 아이가 매일 수백 마리의 갈매기·백로와 어울려 놀았는데, 한 마리 잡아오라는 부친의 말을 듣고 나가자 기심이 생겨서 한 마리도 내려와 앉지 않았다는 이야기에서 유래한 말이다. 『열자(列子)』
2) 양가죽 옷 입은 이 : 한(漢)의 엄광(嚴光)을 말한다. 엄광은 함께 공부한 벗이었던 무제(武帝)가 제위에 오르자 이름을 바꾸고 세상에 숨어 양가죽으로 옷을 해 입고 여울 가에서 물고기 낚으며 일생을 마쳤다. 『한서(漢書) 엄광전(嚴光傳)』
3) 강 하늘에 …… 마시게 : 소미성(少微星)은 처사성(處士星)으로 알려져 있다. 이곳 강가에 자신이 은거하고 있음을 알리지 말라는 뜻으로 말한 것이다. 진(晉)나라 사부(謝敷)는 성품이 맑고 욕심이 없어 벼슬길에 나아가지 않고 은거하였다. 하루는 달이 소미성을 침범한 것을 보고 점치는 사람이 "처사(處士)가 죽을 것이다." 하자, 모두들 당시 명망이 높았던 대규(戴逵)가 죽을 것이라고 생각했으나 예상과 달리 은거하던 사부가 죽었다고 한다. 『진서(晉書) 사부전(謝敷傳)』

沙汀十詠 中 筌灘石逕
사정십영 중 '통발 친 여울의 돌길'

每隨莊惠集觀濠	장자 혜시 따라서 늘 함께 호수를 보니[1]
石逕前頭興日挑	앞에 이어진 돌길에 흥이 날로 더하네.
夜爇灘薪擒郭索	밤엔 여울에서 섶을 불살라 게를 잡고[2]
晝圍淵網打琴高	낮이면 연못에 그물 둘러 잉어를 잡지.[3]
移蒲更着尋花屐	자리 옮겨 앉았다가 다시 꽃 찾아 나막신 신고
罷酌仍拈詠月毫	술자리 파하고는 이내 달 노래하려 붓을 잡네.
誰道白鷗閑似我	내가 백구처럼 한가하다고 누가 말했나.
此身多事又多勞	이 내 몸은 일도 많고 이렇게나 고달픈데.

유활(柳活, 1576~1641) 『태우집』

---

[1] 장자 …… 보는데 : 호수(濠水)는 안휘성(安徽省) 봉양현(鳳陽縣) 동북에 있는 물 이름이다. 장자(莊子)가 혜시(惠施)와 함께 호수를 보며 조용히 노니는 물고기가 즐거움을 아는지 모르는지에 대해 변론하였다. 『장자(莊子) 추수(秋水)』
[2] 게를 잡고 : 게의 원문은 곽삭(郭索)으로, 발이 많은 모양, 혹은 기어 다니는 소리를 본뜬 별칭이다. 『태현경(太玄經) 예(銳)』
[3] 잉어를 잡지 : 잉어의 원문은 금고(琴高)로, 거문고 연주에 능하고 잉어를 타고 다녔다는 선인(仙人)의 이름이다. 『열선전(列仙傳) 금고(琴高)』

過鵲川
작천¹⁾을 지나며

大野寬閑五十里	큰 들판은 널찍하게 오십 리에 펼쳐졌는데
長川屈注貫其中	긴 강이 그 가운데를 관통하며 굽이쳐 흐르네
洲沙遠近鳴鷗集	모래사장 이곳저곳 갈매기 울며 모여들고
原隰紆廻宿霧籠	넓은 평원 주위는 간밤 안개에 뒤덮였네
橋斷行人愁厲揭	다리 끊어져 나그네 물 건널 일 걱정하는데
飽歌田父樂和豐	배부른 농부는 노래하며 풍년을 즐거워하네
仰天大笑吾何事	하늘 우러러 크게 웃으니 나는 무얼 하는 걸까
馬上連年已老翁	말 위에서 여러 해 보낸 이미 늙은 노인네라오

조경(趙絅, 1586~1669) 『용주유고(龍洲遺稿)』

---

1) 작천 : 금강(錦江)의 지류인 미호천(渼湖川)의 일부이다. 까치내라고도 한다. 청주시 문암동과 오창면 각리 사이를 흐르는 내. 청주시를 관류하는 무심천과 청원군 오창면 쪽에서 흘러오는 팔계천(八溪川)과 합쳐지는 곳을 이름.

四事堂八景 中 前溪漁火
사사당팔경[1] 중 '앞 시내의 고기잡이 불'

溪水逐柴門	시냇물 사립문 근처에 흐르는데
晴沙明漁火	맑은 모래 가에 고기잡이 불빛이 환하네.
川淸無大魚	시내가 깨끗해 큰 물고기 없는데
彼釣何爲者	낚시하는 저 이는 대체 누구이뇨.

변시환(卞時煥, 1590~1666)[2] 『일공집(一笻集)』

---

[1] 사사당팔경(四事堂八景) : 청주시 지동동 일원으로 팔경은 상당조운(上黨朝雲), 동림모우(桐林暮雨), 춘산척촉(春山躑躅), 추안풍림(秋岸楓林), 전계어화(前溪漁火), 후사한종(後寺寒鍾), 원수청람(遠岫靑嵐), 근야황운(近野黃雲)이다.
[2] 변시환(卞時煥, 1590~1666) : 호는 일공(一笻), 본관은 초계(草溪)이다. 부친은 통정대부 변유명(卞有明)이고 모친은 나주박씨(羅州朴氏)로, 청주출신이다. 1635년(인조 13) 증광시에 급제한 후 성균관박사, 사헌부감찰, 홍덕현감 등을 지냈다. 문집으로 『일공집(一笻集)』이 있다.

過淸州眞木灘
청주 진목탄[1]을 지나며

津頭遙望亂峯遮	나룻가서 멀리 바라보니 봉우리 가려 있고
上黨城邊驛路斜	상당산성 주변으로 역 가는 길 비껴 있네.
野店多依楓樹岸	시골 주막은 대개 단풍나무 언덕에 있고
山田皆種木綿花	산골 밭에는 다들 목화 꽃을 심었구나.
群鴉日暮啼荒壟	저물 녘 까마귀 떼 거친 언덕에 울어대고
一雁秋晴下遠沙	가을 하늘 외기러기 먼 모래톱에 내려앉네.
因憶故園何處是	고향 생각하노라니 그곳은 어디인지
白雲回首隔天涯	흰 구름 돌아보니 하늘 끝 아득하여라.

김홍욱(金弘郁, 1602~1654)[2] 『학주집(鶴洲集)』

---

1) 진목탄 : 『신증동국여지승람』 충청도 청주목 산천 조에 의하면 진목탄은 고을 서쪽 35리에 있는데, 오근진의 하류이다. 연기현(燕岐縣)의 동진(東津)을 거쳐 공주(公州)에 이르러 금강으로 들어간다.
2) 김홍욱(金弘郁, 1602~1654) : 본관은 경주(慶州), 호는 학주(鶴洲)이다. 부친은 찰방 김적(金積), 모친은 화순최씨(和順崔氏)이다. 1635년(인조 13) 문과에 급제해 검열이 된 뒤 설서(說書)를 겸했다. 이듬해 병자호란이 일어나자 남한산성에 호종, 강경론을 주장했다. 1650년(효종 1) 사인(舍人)이 된 뒤 집의·승지를 거쳐 홍충도관찰사가 되어 대동법(大同法)을 처음 실시했다. 1654년 황해도관찰사 재임시 8년 전 사사된 민회빈강씨(愍懷嬪姜氏: 昭顯世子의 嬪)의 억울함을 풀어줄 것을 상소했다. 이 사건으로 친국을 받던 중 장살되었다. 저서로는 『학주집(鶴洲集)』이 전한다.

鵲江
까치내

沙步立騎馬	모랫가 나루에 말 타고 서 있는데
扁舟其奈無	조각배 없으니 어이 물을 건너랴.
僮人愁渡水	종아이는 물 건널 걱정하고
客子歎窮途	나그네는 길 막혀 탄식하네.
雪盡春初動	눈 녹자 봄기운 비로소 움직이고
烏棲日欲晡	까마귀 깃들자 날이 저물어가네.
今宵何處宿	오늘밤은 어디에서 잠자야 할까
孤舘古城隅	고적한 객관(客館)이 고성(古城) 모퉁이에 있네.

김득신(金得臣, 1604~1684) 『백곡집(栢谷集)』

宿鵲川主人
작천 주인에 묵으며

嶽色小樓前	작은 누대 앞으론 온통 산 빛깔
溪聲深夜後	깊은 밤 다 가도록 시냇물 소리.
偶來海上客	바닷가 나그네 우연히 왔다가
一醉山中酒	산 속의 술에 한껏 취했다오.

유계(兪棨, 1607~1664)[1] 『시남집(市南集)』

---

[1] 유계(兪棨, 1607~1664) : 본관은 기계(杞溪), 호는 시남(市南)이다. 1633년 문과에 급제하였다. 1636년 설서(說書) 때 병자호란이 일어나자 척화를 주장했다가 화의가 성립되자 임천(林川)에 유배되었고 1639년 풀려나 금산(錦山)에서 학문을 닦았다. 1658년 송시열(宋時烈) 등의 천거로 문학(文學)에 등용되었다. 1662년(현종 3) 예문관제학(藝文館提學)을 거쳐 대사헌·이조참판을 지내다가 신병으로 사직했다. 저서에 『시남집(市南集)』 등이 있다.

送學舍諸子 遊鵲川
작천으로 놀러 가는 학사의 학생들을 보내다

河流隙駟不饒吾	강하처럼 흐르는 세월 나를 용서치 않으니
返老爭如北海超	늙음을 돌리는 일은 북해를 뛰어 넘는 것과 같네.1)
到了輸他童丱隊	도저히 저 어린 아이들처럼
折花臨水賞春嬌	꽃을 꺾고 물가에서 예쁜 봄을 감상하지 못하노라.

이수언(李秀彦, 1636~1697)2) 『농계유고(聾溪遺稿)』

---

1) 북해를 …… 같네 : 태산(泰山)을 끼고 북해(北海)를 뛰어 넘는 것은 사람의 능력으로 도저히 할 수 없음을 비유하는 말이다. 『孟子 梁惠王上』
2) 이수언(李秀彦, 1636~1697) : 호는 농계(聾溪)·취몽헌(醉夢軒), 본관은 한산(韓山)이다. 부친은 관찰사 이동직(李東稷)이며, 모친은 밀양박씨(密陽朴氏)로 박안행(朴安行)의 딸이다. 1649년 에 송시열(宋時烈)의 문하에 들어가 수학하고, 1669년 문과에 급제한 후 대사간·대사헌 등을 지냈다. 1689년 기사환국 때 초산(楚山)에 유배되었다가 1694년 갑술옥사로 풀려나 형조판서에 올랐다. 1695년 대사헌으로 소론인 오도일(吳道一)을 탄핵하다가 전라도관찰사로 좌천되었다. 문집으로 『농계유고(聾溪遺稿)』가 있다.

鵲川無梁
까치내에 다리가 없다

我過淸州境	청주 경내를 지나다
觀風一喟然	풍속을 살피니 한숨이 나는구나.
誰爲懶明府	누가 명부1)를 게으르다 말하겠는가
民病涉寒川	백성들 고통스레 차가운 냇물을 건너네.
斫脛傷仁酷	정강이를 찍음2)은 인을 손상함이 혹독하였고
乘輿用惠偏	수레로 건네줌3)은 은덕이 한쪽으로 치우쳤다네.
行人能殿最	행인들 능히 목사의 치적을 가릴 줄 알테니
可畏豈非天	두려운 것은 어찌 하늘이 아니겠는가.

김창흡(金昌翕, 1653~1722)『삼연집(三淵集)』

---

1) 명부(明府) : 지방 장관의 별칭이다.
2) 정강이를 찍음 :『서경』〈태서 하(泰誓下)〉에 "아침에 건너는 정강이를 자르며[斮朝涉之脛]"라고 한 데서 온 말이다. 주(紂)의 학정(虐政)을 나타내는 말로서 추운 겨울에 정강이를 걷어 올리고 냇물을 건너는 것을 보고, 정강이가 어떻게 하여 그렇게 추위를 참을 수 있는가 보려고 정강이를 자른 것을 말한다.
3) 수레로 건네줌 :『맹자』〈이루 하〉에 "자산(子産)이 정(鄭)나라의 정사를 다스릴 적에 자기가 타는 수레를 가지고 진수(溱水)와 유수(洧水)에서 사람들을 건네주었다. 맹자가 말씀하기를 '은혜로우나 정치를 하는 법을 알지 못하였다. 11월에 작은 교량이 이루어지며 12월에 수레가 다니는 큰 교량이 이루어지면 백성들이 물 건너는 것을 괴롭게 여기지 않는다. 군자가 정사를 공평히 한다면 출행할 때에 사람들을 벽제(辟除) 하는 것도 가하니, 어찌 사람마다 모두 건네줄 수 있겠는가.'라고 하셨다.[子産聽鄭國之政, 以其乘輿, 濟人於溱洧, 孟子曰: '惠而不知爲政. 歲十一月, 徒杠成, 十二月, 輿梁成, 民未病涉也. 君子平其政, 行辟人可也, 焉得人人而濟之?']"라고 보인다.

鵲川
작천

流下烏公倉下灘	오공창1) 아래 여울로 흘러내리는 물
素沙川鉅弟兄難	방대함이 소사(素沙)2)와 난형난제로다.
關防此作雄州託	이곳을 요새 삼아 큰 고을을 맡기고
鋪敍先爲大野盤	쟁반처럼 펼쳐내어 넓은 들을 이루었네.
千桶灌田膏雨認	천 통의 물을 밭에 대니 이야말로 단비이고
一橋當賊鐵城看	하나뿐인 다리로 대적하니 철옹성이 따로 없네.
未聞營邑陳方署	마을 다스릴 방략 들어보지 못했는데
使客空敎驛路殘	역으로 가는 나그네 길 공연히 쇠잔케 하네.

박준원(朴準源, 1739~1807)3) 『금석집(錦石集)』

---

1) 오공창(烏公倉) : 『신증동국여지승람』의 「청주목」 조에 의하면 오근창(梧根倉)을 잘못 부른 명칭이라고 한다. 청주시 상당구 오동동에 있었던 조선시대 저장미를 보관하던 창고이다. 같은 곳에 오근진교(梧根津橋)와 작천교(鵲川橋)를 청주의 대표적인 교량으로 언급하였다.
2) 소사(素沙) : 경기도 양성현(陽城縣) 직산(稷山)에 흐르는 소사천(素沙川)을 말한다. 현재 경기도 평택시 소사동이다.
3) 박준원(朴準源, 1739~1807) : 본관은 반남(潘南), 호는 금석(錦石)이다. 부친은 공구관관 박사석(朴師錫)이며, 모친은 기계유씨(杞溪兪氏)이다. 김양행(金亮行)의 문인이다. 1786년(정조 10) 사마시에 입격하고, 그 이듬해 그의 제3녀가 수빈(綏嬪)으로 뽑히자, 건원릉참봉을 거쳐 사복시주부・공조좌랑・보은현감이 되었다. 1790년에 수빈이 원자(元子 : 후일의 純祖)를 낳자 그는 통정대부에 올라 호조참의에 임명되었고, 항상 대궐 안에 머물면서 원자를 보호하고 보도(輔導)하였다. 1800년에 순조가 즉위하자 수렴청정하던 정순왕후(貞純王后)에 의하여 호조・형조・공조의 판서와 금위대장 등 삼영(三營)의 병권(兵權)을 8년 동안 잡았다. 저서로는 『금석집(錦石集)』이 있다.

鵲川漁事
까치내에서 고기잡다

步步川原短策輕	냇가를 거니노니 짧은 지팡이 가볍고
綠陰深處晚風生	녹음 짙은 곳에 저녁 바람 불어오네.
平藤漲望烟霞色	잡초 우거진 평평한 들에서 저녁노을 바라보니
遠笛頻兼鷄鎭聲	먼 곳의 피리소리와 뻐꾸기 소리 자주자주 들려오네.
眠鷺垂絲雙趾穩	조는 백로는 실 같은 다리를 안온히 드리우고
游魚吹沫數鱗明	물고기는 입에서 거품을 내뿜고 촘촘한 비늘 선명하구나.
此身便似僧隨俗	이 몸은 문득 세속을 따르는 중인 듯
酒到先盃詩後成	술이 오면 술잔 먼저 들고 시는 늦게 짓는다네.

박익동(朴翼東, 1827~1895)[1] 『소근재집(小近齋集)』

---

[1] 박익동(朴翼東, 1827~1895) : 호는 소근재(小近齋)이며, 본관은 순천(順天)이다. 부친은 박해홍(朴海洪)이고, 모친은 안동김씨 김형구(金亨九)의 딸이다. 1876년(고종 13) 흉년으로 청주 강서 일대 주민 과반수가 떠돌게 되자 고을의 부호들을 설득하여 곤경에 빠진 주민들을 도와 유민들을 업에 종사하게 하였다. 박익동은 이상수(李象秀)와 교유하며 100여 명에 이르는 청주 지역 여러 가문의 자제들을 가르치며 지역민들의 교육에 힘을 기울였다.

望鵲江
작강을 바라보며

山盡天低野勢寬	산이 다하고 하늘은 낮아 들판이 널찍하고
沙明雲淡水光寒	모래 깨끗하고 구름 옅어 물빛이 서늘하네.
瓜皮小艇長橋上	긴 다리 곁에 오이 껍질처럼 작은 배 한 척
驢背人如鏡面看	나귀 등에 실려 바라보니 강은 거울 같아라.

박문호(朴文鎬, 1846~1918) 『호산집(壺山集)』

鵲川途中 與錦浦共賦
작천의 도중에 금포와 함께 읊다

白鴻過潔動漬波	흰 기러기 깨끗하여 푸른 물결 진동하는데
楊柳愁鞭遠客多	버드나무에 시름겨운 먼 나그네 말채찍 잦구나.
烟霞成癖詩難廢	연기와 노을에 버릇되니 시는 그만두기 어렵고
草木生輝雨乍過	비 살짝 지나가니 초목은 빛을 띠는구나.
碧樹濃陰藏野戶	푸른 나무와 짙은 그늘은 들집을 감추고
靑山落照掛漁簾	푸른 산의 석양빛은 고기잡이 배 주렴에 걸려 있네.
男兒出世非無意	남아가 세상에 나와 뜻이 없지 않으나
于劍於書一未何	검술이든 글이든 한 가지도 못하니 어쩌겠나.

신상렬(申相烈, 1852~1911)[1] 『만헌유고(晚軒遺稿)』

---

[1] 신상렬(申相烈, 1852~1911) : 호는 만헌(晚軒)이며, 본관은 아주(鵝洲)이다. 부친은 신만근(申萬根)이고, 모친은 경주이씨(慶州李氏)로 이집대(李集大)의 딸이다. 문집으로 『만헌유고(晚軒遺稿)』가 있다.

夜渡鵲川
밤에 작천을 건너다

還鄕信宿復南爲	환향한지 이틀 묵고 다시 남쪽으로 가는 길
行李關心少適宜	행장도 걱정되고 뜻대로 되는 일 별로 없네.
萬樹鳴冬風瑟瑟	수많은 나무가 겨울을 우니 바람은 쓸쓸하고
遠山欲雨路遲遲	먼 산에 비 올 듯하니 길은 더디기만 하네.
古渡蒼烟人斷後	옛 나루 푸른 안개에 인적은 끊어졌고
一帆明月鴈來時	한 척 배 밝은 달에 기러기 날아오네.
無誰與償良宵景	이 좋은 밤경치 함께 즐길 이 하나 없어
江渚難聞賈客詩	강가의 장돌뱅이 노래[1] 들어보기 어려워라.

신홍우(申興雨, 1860~1953)[2] 『호운시집(湖雲詩集)』

---

1) 장돌뱅이 노래 : 원문은 고객시(賈客詩)로, 떠돌이 장사치의 삶과 애환을 주제로 삼아 창작되어온 고객사(賈客詞)를 가리키는 것으로 보인다.
2) 신홍우(申興雨, 1860~1953) : 호는 호운(湖雲), 본관이 고령(高靈)이다. 부친은 신익휴(申翼休)이고, 모친은 문화유씨(文化柳氏)로 유기항(柳基恒)의 딸이다. 유집으로 『호운시집(湖雲詩集)』이 있다.

鵲川
작천

一道虹橋架大川	한 줄기 무지개다리 큰 내를 가로지르니
月星何夜向南天	어느 밤에 달과 별이 남쪽 하늘 향할까.
分明又報明朝信	내일 아침이면 또 소식 알릴 것 분명하니
大喜如今孰在前	오늘처럼 크게 기쁜 날이 예전에 있었을까.

정일용(鄭鎰溶, 1862~1932) 『소호시집(素湖詩集)』

鵲江晚獵
작강의 늦은 천렵

春後芳菲極目生	봄 지나 향그런 화초 눈에 가득 피어나니
隨陰匝坐愛林晴	그늘 따라 둘러앉아 맑은 숲을 사랑하네.
山出堆藍常欲雨	산은 푸르게 솟아올라 비라도 올 듯하고
水回巴字繞如城	물은 굽이굽이 돌아서 성처럼 휘감았네.
閒鷗與我同參約	한가한 갈매기 나와 함께할 것 약속했고[1]
勝地留人假以鳴	멋진 풍경은 빌려서 울게 하려[2] 사람 붙드네.
午飡適至兼魚酒	점심 찬이 마침 와서 생선과 술을 겸하니
寒士風流此日成	빈한한 선비의 풍류가 오늘 이루어졌구나.

김상범(金商範, 1864~?)[3] 『금남시집(錦南詩集)』

---

1) 한가한 …… 약속하네 : 갈매기와 어울려 지내기로 한 약속이라는 말로 전원에 돌아가 은거하겠다는 뜻을 표현하였다.
2) 빌려서 울게 하려 : 자연의 아름다움을 시(詩)로 표현하는 것을 이른다. 한유(韓愈)가 〈송맹동야서(送孟東野序)〉에서 소리가 없는 초목이나 물을 바람이 흔들어서 울게 하는 것처럼 맹교처럼 뛰어난 시인의 입을 빌려서 울게 하였다고 한 데서 온 말이다.
3) 김상범(金商範, 1864~?) : 호는 금남(錦南), 본관은 경주(慶州)이다. 부친은 김재희(金在喜), 모친은 인동장씨(仁同張氏)로 청주 외북동(外北洞)에서 살았다. 이희면(李喜冕)을 사사(師事)하였다. 문집으로 『금남시집(錦南詩集)』이 있다.

川內遊赴作
천내[1]로 놀러가서 짓다

山路行行步屨輕	산길 따라 가노라니 발걸음 가볍고
暖風淡靄此時情	따스한 바람 옅은 아지랑이 이때의 정경이네.
淸川不息魚鱗細	깨끗한 냇물 쉼 없으니 작은 물고기 노닐고
芳草連空鷰語晴	향긋한 초원 하늘까지 닿아 제비들 지저귀네.
勝遊每向詩中得	멋진 놀이 매번 시 속에서 얻고
豪氣常從醉後生	호방한 기운 항상 취한 뒤에 생기네.
多謝主人優待意	주인의 우대하는 뜻에 크게 감사하니
暮春三月聽禽聲	저무는 봄 삼월에 새소리 들노라.

정두현(鄭斗鉉, 1869~1940)[2] 『석재집(石齋集)』

---

1) 천내(川內) : 청주 옥산 환희1리 내안마을이다.
2) 정두현(鄭斗鉉, 1869~1940) : 청주시 옥산면 덕촌리 출신의 한학 교육자이다. 호는 석재(石齋)·석무(石霧)이며, 본관은 하동(河東)이다. 부친은 정재호(鄭在浩)이다. 간재(艮齋) 전우(田愚)의 문인으로 춘계(春溪) 송의섭(宋毅燮) 등과 교유하였다. 1906년 덕신학교 설립을 주도하였고, 1907년 덕신학교 건립에 힘썼으며, 교육에도 참여하였다. 또 1919년 옥산 덕촌리 서촌마을에 애오정(愛吾亭)을 건립하여 강학활동을 하였다. 문집으로 『석재집(石齋集)』이 있다.

登江外樂建亭
강외 낙건정[1]에 오르다

織織鶯梭萬柳纖	꾀꼬리 베를 날듯 만 가지 버들은 가는데
春容大地畫新添	봄날 대지에 새로 그림을 더 한 듯하네.
山圍四面群龍起	산이 사방에서 에워싸 많은 용이 일어선 듯
湖闢千年明鏡占	호수 생긴 지 천 년인데 밝은 거울 펴놓은 듯하네.
前代人文還寂寂	전대의 인물 문장은 도리어 적적하고
當時亭榭獨巖巖	이때의 정자는 홀로 높게 서있네.
滿汀風月要余到	강에 가득한 바람과 달은 내가 오기를 바라며
愛詠乾坤雨露霑	천지의 비와 이슬에 젖은 경물 사랑하여 읊었네.

박종구(朴鍾九, 1901~1980)[2] 『우당집(愚堂集)』

---

1) 낙건정(樂建亭) : 청주시 흥덕구 오송읍 연제리(蓮堤里)에 있는 정자이다. 1926년 박준학(朴準學), 박영래(朴泳來) 등 45인이 조선 후기의 약정(約亭)을 계승하여 다시 세웠다고 한다.
2) 박종구(朴鍾九, 1901~1980) : 본관은 순천(順天), 호는 우당(愚堂)이다. 청주 출신으로 박형규(朴亨圭)의 장남이다. 창암(滄庵) 박노중(朴魯重)의 문인이다. 문집으로 『우당집(愚堂集)』을 남겼다.

仁山智水亭
인산지수정[1]에서

契員合志度幾秋	계원들이 뜻을 모은 지 몇 해가 지났던가
仁智作名一小樓	인산지수정이라 작은 누정의 이름 지었네.
亭上時時詩調滑	정자 위에는 때때로 시조가 매끄럽고
川中日日漁船浮	시내 가운데는 날마다 고깃배 떠 있네.
天長野闊豊諸穀	긴 하늘 너른 들판에 오곡이 풍성하고
水碧沙明睡白鷗	푸른 물 밝은 모래밭에 백구가 졸고 있네.
複雜不關會集裏	복잡한 세상일 우리 모임과 관계없어
相爲親睦團圓遊	서로 친목하며 단란한 놀이 위해서지.

정해백(鄭海珀, 1909~2000)[2] 『덕재해백시집(德齋海珀詩集)』

---

1) 인산지수정 : 청주시 흥덕구 강내면 석화리에 있는 정자로 1959년에 세웠다. 본래 이름은 '인산지수정(仁山智水亭)'이었으나 1962년에 현재 이름으로 바꾸었다. 현재 남아 있는 건물은 1989년에 보수한 것으로 안에는 1959년 김진세(金鎭世)가 쓴 인산지수정기(仁山智水亭記)가 걸려 있으며, 밖에는 1962년 김규성(金奎成)이 쓴 인지정(仁智亭)이라는 현판이 걸려 있다.
2) 정해백(鄭海珀, 1909~2000) : 청주시 옥산면 덕촌 출신의 한학자로 정두현의 아들이다. 문집으로 『덕재해백시집(德齋海珀詩集)』이 있다.

문의지역
文義

病後 自懷仁赴文義
병을 앓고 난 뒤에 회인에서 문의로 가면서

强扶羸病傍溪行	수척한 몸 일으켜서 시냇가의 길을 가니
兩眼昏花怕日明	두 눈에는 혼화1) 피어 해 밝은 게 겁나네.
水面漸肥魚極樂	물은 점점 불어나서 물고기들 몹시 좋아하고
山容如洗雨初晴	산 모습은 씻은 듯하니 비가 처음 개었구나.
侵衣碧色穿瑤草	옷에 스민 푸른빛은 풀숲 지나와서이며
撲馬淸香拂玉英	말에 맑은 향기 꽃 스쳐와서이네.
景物雖佳情興薄	경물 비록 고우나 정과 흥은 얕으니
歸來愁醉若狂醒	돌아오매 수심에 취해 마음 미칠 것만 같네.

이승소(李承召, 1422~1484)2) 『삼탄집(三灘集)』

---

1) 혼화(昏花) : 정신이 어질어질하여 눈앞이 흐려지는 것을 말한다.
2) 이승소(李承召, 1422~1484) : 호는 삼탄(三灘), 본관은 양성(陽城)이다. 부친은 이온(李蒕)이다. 1447년(세종 29)에 문과에 장원급제하여 집현전부수찬에 임명되었다. 세조가 즉위한 뒤 원종공신 2등에 책록되었으며, 1459년에 사은사의 부사로 명나라에 다녀온 뒤 이조참의·예문관제학·충청도관찰사 등을 지냈다. 1471년에 좌리공신 4등에 책록되고, 양성군(陽城君)에 봉해졌다. 그 뒤 우참찬을 거쳐 정헌대부에 올라 이조·형조판서를 지냈다. 문집으로 『삼탄집(三灘集)』이 있다.

文義懸寺
문의 현사[1]에서

挿漢撑孤峽	은하수에 꽂혀 우뚝한 골짝 버티는데
臨流掛小庵	물가에 작은 암자 걸려 있네.
魚遊松下石	물고기 소나무 아래 바위에 노닐고
僧臥水中龕	스님은 물 가운데 감실에 누워있네.
壑氣長成雨	골짜기 기운은 늘 비를 이루고
江霏自作嵐	강가의 안개는 절로 남기를 만드네.
金山疑舊境	금산의 옛 경치인 듯하여
覓句興難堪	시 읊자니 흥 견디기 어렵네.

구봉령(具鳳齡, 1526~1586) 『백담집(栢潭集)』

---

[1] 현사(懸寺) : 청주 현도 하석리에 있는 현암사(懸岩寺)이다. 『신증동국여지승람(新增東國輿地勝覽)』・『여지도서(輿地圖書)』・『충청도읍지(忠淸道邑誌)』에는 견불사(見佛寺)로, 『호서읍지(湖西邑誌)』・『문의읍지(文義邑誌)』 등에는 '현사(懸寺)'라는 이름으로 나타나고 있다.

荊江津 文義懷德界
형강진에서 문의와 회덕 경계이다.

中原名勝偶相侔	중원의 명승지와 우연히 서로 비슷한데
萬頃粼粼潑綠油	만경창파 맑고 맑아 푸른 기름 뿌린 듯하네.
樊口雲山圍鄂渚	번구의 구름 낀 산은 악주 물가를 둘러쌌고
荊門煙樹擁吳洲	형문의 안개 낀 나무는 오주를 안았네.
落霞孤鶩長天外	저녁노을 외로운 오리 멀리 하늘 밖에 있고
垂柳和風大野頭	수양버들 온화한 바람에 너른 들머리에 늘어졌네.
憂樂范公今不見	근심하고 즐거워한 범공은 이제 보이지 않으니
此間誰着岳陽樓	이 사이에 누가 악양루에 오르겠는가.1)

구봉령(具鳳齡, 1526~1586) 『백담집』

---

1) 근심하고 …… 오르겠는가 : 범공(范公)은 북송(北宋)의 명재상인 범중엄(范仲淹)을 가리키며, 악양루(岳陽樓)는 중국의 호남성(湖南省) 악양시(岳陽市) 서문(西門)에 있는 옛 성루(城樓)인데 앞에 동정호(洞庭湖)가 있어 풍광이 아름답기로 유명하다. 북송 경력(慶曆) 5년(1045) 등종량(滕宗諒)이 파릉(巴陵)을 맡으면서 중수하였는데, 이때 범중엄이 기문(記文)을 지으면서 "선비는 높이 조정에 있게 되면 그 백성을 근심하고 강호(江湖)에 멀리 있으면 그 군주를 근심하니, 이는 나아가도 근심이요 물러나도 근심하는 것이다. 그렇다면 어느 때에나 즐거워할 수 있는가. 그 반드시 천하의 근심을 먼저 근심하고 천하의 즐거움을 뒤에 즐거워할 것이다."라고 하였으므로 이러한 정승을 볼 수 없다고 말한 것이다. 『古文眞寶 後集 권5』

荊江上流 獵魚
형강[1] 상류에서 천렵을 하다

阿誰邀我到滄洲	누가 나를 숨어 있는 창주[2]로 불러 주었나
秘境風烟豁病眸	비경의 풍광이 나의 찌든 눈[3]을 시원하게 해 주네.
湖舫野橋明活畫	호수의 배, 들의 다리 분명 살아있는 그림이요
水風松靄當淸秋	물에 바람, 소나무에 아지랑이 응당 맑은 가을이로고!
盈盤錦鯽跳銀尺	소반 가득 비단 붕어는 은빛으로 펄떡대고
潑綠流霞瀉玉舟	푸른 안개[4], 흐르는 노을 배로 쏟아져 들어온다.
歸去莫愁山路黑	돌아갈 제 산길 어두울까 근심 말지니
天衢雲散桂光流	광활한 하늘, 구름 걷히면 달빛[5] 흐를지니!

송남수(宋柟壽, 1537~1626) 『송담집(松潭集)』

---

1) 형강(荊江) : 지금의 청원군 문의면 일대를 흐르는 금강(錦江)의 다른 이름이다.
2) 창주(滄洲) : 은자가 살 것 같은 깊은 곳에 있는 물가를 말한다. 아래 구절의 비경(祕境)과 호응한다.
3) 찌든 눈 : 원문의 "病眸(병모)"는 눈 혹은 병든 눈을 지칭한다. 여기에서는 내용상 세속에 찌든 눈을 말하는 듯하다.
4) 푸른 안개 : 원문의 "潑綠(발록)"은 푸른 먹물을 뿌려 놓은 듯한 풍광이니 푸른 산과 안개가 어우러져 이루어진 엷은 녹색 안개를 말한다. 여기에서는 그냥 '푸른 안개'라 번역하였다.
5) 달빛: 원문의 "桂光(계광)"은 '섬계광(蟾桂光)'의 약칭이다. 원래 '섬계(蟾桂)'는 달의 어두운 부분을 말한다. 옛날 사람들은 이 부분은 달의 땅 지역이고 밝은 지역은 물 혹은 비어있는 지역이라 생각하였다. 우리의 토끼 정도의 의미일 것이다. 후일 일반적으로 달을 지칭한다. 여기의 계(桂)도 마찬가지이다. 그렇다면 '계광(桂光)'은 '달빛'을 의미한다.

十月一日 過荊江
시월 초하루 형강을 건너며

荊江十月不成杠	형강(荊江) 시월에도 다리를 완성 못해
寒僕朝來病渡江	추운 종놈 아침 올 제 다리 건널 것 걱정한다.
北客歸南何草草	북쪽 손님 남으로 가는데 어찌 그리 황급하오
白鷗浮綠自雙雙	백구는 푸른 물에 쌍쌍이 떠 있구려.
前山訪景詩多興	앞산 경치 들어가 보니 여기저기 시흥(詩興)
遠岫看雲思滿腔	먼 봉우리에 구름 보니 생각이 뭉게뭉게 가슴에 찬다.
路入沃川雙孝在	옥천 길로 접어들매 쌍효자가 있다하니
此鄕風俗驗淳厖	이 고을 풍속 순후한가 봐야지!

하수일(河受一, 1553~1612)[1] 『송정속집(松亭續集)』

---

[1] 하수일(河受一, 1553~1612) : 본관은 진주(晋州), 호는 송정(松亭)이다. 호조정랑을 지낸 하면(河沔)의 아들이다. 숙부인 하항(河沆)에게 학문을 배우고, 진주의 학자 최영경(崔永慶)의 문인이 되었다. 1589년 생원시에 합격하고, 1591년(선조 24) 문과에 급제하였다. 경상도도사·형조정랑·이조정랑 등을 역임하였다. 문집으로 『송정문집(松亭文集)』이 있다.

渡荊江
형강을 건너며

霜後澄江碧玉流	상강 지나 맑은 강 푸른 물 흐르고
殘楓衰草峽中秋	앙상한 단풍, 마른 풀 계곡 속은 가을이구나.
十年未遂歸田計	전원에 돌아갈 계획 십 년 동안 이루지 못하고
千里空懷去國愁	천 리 밖에서 부질없이 도성 떠난 근심만 품고 있네.
海鳥豈知鍾鼓饗	바다 물새가 어찌 종고향1)을 알겠는가?
冥鴻各有稻粱謀	높이 나는 기러기도 먹이 찾아 날아다닌다네.
人生可是長無謂	인생은 정말 오래도록 이렇다 할 게 없으면서
岐路棲遑白盡頭	온 머리 백발 되도록 여러 갈림길에서 이리저리 헤매누나!

이춘영(李春英, 1563~1606)2) 『체소집(體素集)』

---

1) 종고향(鍾鼓饗) : 종고는 쇠북과 가죽북으로, 풍악을 울리며 호사한 생활을 누리는 것을 말한다.
2) 이춘영(李春英, 1563~1606) : 본관은 전주(全州), 호는 체소재(體素齋)이다. 부친은 이윤조(李胤祖)이며, 모친은 백인걸(白仁傑)의 딸이다. 성혼(成渾)의 문인이다. 1590년(선조 23) 문과에 급제, 이듬해 검열이 제수되었으나 정철(鄭澈)이 파직때 연루되어 삼수(三水)로 유배되었다. 1592년에 풀려나 다시 검열과 호조좌랑을 거쳐 임진왜란이 격심하여지자 소모관(召募官)으로 충청·전라도를 순행하였다. 문집으로 『체소집(體素集)』이 있다.

荊江道上
형강 가는 길에서

澄江如練蘸晴虛	맑은 강 비단 같은 데 투명한 하늘에 닿은 듯하고
紅樹靑山畫不如	붉은 나무 푸른 산, 그림인들 이럴 손가!
願化白鷗遊物外	백구(白鷗)가 되어 세상 밖 놀며
飛來飛去水雲墟	물과 구름 만나는 자리에서 이리저리 날고 싶소.

신민일(申敏一, 1576~1650)[1] 『화당집(化堂集)』

---

[1] 신민일(申敏一, 1576~1650) : 본관은 평산(平山), 호는 화당(化堂)이다. 부친은 사재감첨정 신암(申黯)이며, 모친은 김지(金墀)의 딸이다. 1615년(광해군 7) 사마시를 거쳐 문과에 급제한 뒤 1624년(인조 2) 예조정랑을 지냈다. 1627년 정묘호란 때에는 왕을 호종, 강화도로 피난하였고 청나라와의 화의에 반대하였다. 1636년 병자호란 때에는 왕을 호종하여 남한산성에 들어갔다. 1650년 대사성에 이르렀다. 문집으로 『화당집(化堂集)』이 전한다.

渡荊江 次重峯韻
형강을 건너며 중봉 선생의 시에 차운하다

重峯趙子是吾師	중봉 조 선생1)은 나의 스승이시니
獨抱奇才未濟危	홀로 우뚝한 재주 가지셨으나 위태로움 건너니 못하셨네.2)
一帶澄潭山下綠	맑은 물에 산의 녹색 내려 앉아 있을 제
秋風忽憶渡江時	가을바람에 홀연히 이 강 건널 때3)를 회상해 본다.

김육(金堉, 1580~1658) 『잠곡유고(潛谷遺稿)』

---

1) 중봉(重峯) 조(趙) 선생 : 중봉(重峯) 조헌(趙憲, 1544~1592)을 가리킨다.
2) 위태로울 …… 못하셨네 : 원문의 "미제위(未濟危)"는 위기를 극복하지 못하였다는 의미이다. 약간 중의적인 듯하다. 물론 700의사의 전몰로도 국가 위기를 극복하지 못하였다는 것이 기본적인 의미이다. 아울러 선생의 전사도 은연중 말하고 있다고 보여진다. 비분함과 함께 애석함도 묻어난다.
3) 강 건널 때 : 형강을 건널 때란 의미이다. 조헌이 700의사를 거느리고 금산을 향해 가기 위해 형강을 건널 때를 지칭할 것이다.

望文義懸寺
문의 현사를 바라보며

江水吞山足	강물은 산발치를 삼키고
蒼崖古寺懸	푸른 벼랑엔 오래된 절이 매달려 있네.
魚龍疑梵語	어룡은 불경 소리를 듣고 있는 듯
鷗鷺掠花筵	갈매기와 해오라기는 꽃자리를 스쳐가네.
境絶行人少	깊은 산중이라 행인이 적은데
煙生法火傳	연기 피어오르니 법화가 전해지네.
嗟余迫長道	아! 내 긴 여정이 급박하여
禪榻却無緣	이 절과는 인연이 없는 것이.

조경(趙絅, 1586~1669) 『용주유고(龍洲遺稿)』

荊江
형강

三渡荊江一歲中	한 해에 형강을 세 번 건너니
沙鷗應識此衰翁	백사장의 갈매기도 이 늙은이 알아보겠지.
光陰學水波瀾逝	세월은 물을 닮아 물결처럼 흘러가고
名勝賞心來去同	명승지 감상하는 즐거움은 오나가나 똑같네.
岸上漁村含落照	언덕 위 어촌은 지는 해를 머금고
津頭舟子倚秋風	나루터 뱃사공은 가을바람에 의지하네.
驅馳道路吾何恨	말 몰아 길 달리니 내 무슨 한이 있으리오
贏得新詩句法工	구법 공교로운 새 시를 잔뜩 얻었노라.

조경(趙絅, 1586~1669) 『용주유고』

過荊江
형강을 지나며

客遊多病甚摧頹	나그네로 떠도니 병이 많아 매우 쇠약한데
路入荊江眼忽開	길이 형강에 접어드니 눈이 갑자기 트이네.
雪浪一條雷自吼	새하얀 한 줄기 물결에 우렛소리 절로 들리는데
蒼崖千丈削爲臺	천 길 푸른 벼랑을 깎아 대를 만들었네.
橋憐再渡吟詩熟	다리 다시 건너자니 예전에 읊는 시 익숙하고
山憶重看傍馬來	산 거듭 바라보니 말 타고 지난 일 생각나네.
借問沙鷗知我否	묻노니 모래톱 갈매기야 너는 나를 아느냐
老翁依舊此心灰	늙은이는 옛날과 같은데 이 마음은 재 되었구나.

조경(趙絅, 1586~1669)『용주유고』

曉行文義途中
새벽에 문의로 가는 도중에

落落踈星沒	성긴 별빛 희미하게 사라져 가고
蒼蒼宿霧迷	앞길은 안개가 자욱하여 보이지 않네.
聽鷄發古縣	첫닭 울음소리에 옛 고을을 출발하여
策馬渡前溪	채찍질하면서 앞 개울을 건너가네.
醜石危臨岸	높은 바윗돌 고개 밑을 굽어보고
霜花冷壓蹊	서리꽃 싸늘하게 오솔길에 피어 있네.
昏昏續殘夢	아직도 간밤의 꿈 계속되는지
不覺帽簷低	나도 몰래 자꾸만 머리를 꾸벅이네.

장유(張維, 1587~1638)[1] 『계곡집(谿谷集)』

---

[1] 장유(張維, 1587~1638) : 본관은 덕수(德水), 호는 계곡(谿谷)이다. 부친은 형조판서를 지낸 장운익(張雲翼)이다. 김장생(金長生)의 문인으로 1609년(광해군 1) 문과에 급제하였다. 1623년 인조반정에 가담하여 2등공신에 녹훈되었고, 1636년 병자호란 때는 공조판서로 남한산성에 임금을 호종하였다. 병자호란 때는 최명길과 더불어 화의를 주도하였다. 문집 『계곡집(谿谷集)』이 있다.

荊江之遊 次孤翁韻
형강을 유람하며 고옹의 시에 차운하다

簫鼓哀鳴浪打舟	퉁소 소리 북소리 슬픈 울음, 물결은 배를 때리는데
白鷗何事近人浮	백구는 무슨 일로 사람 가까이 떠 있나?
江城此會應難再	강성(江城)[1] 이 모임 응당 다시 오긴 어렵겠지
須向中洲盡意留	풍광을 모조리 눈 여겨 보리라!

심동구(沈東龜, 1594~1660)[2]『청봉집(晴峯集)』

原韻	원운[3]
江門淸曉候仙舟	강어귀 새벽부터 신선의 배를 기다렸지
蓬島微茫天際浮	봉래산은 아득히 저 하늘 끝에 떠 있으리니.
靑鳥不來山日午	기별은 오지 않는데 산에 떠 있는 해는 중천이로고
海棠花下更淹留	해당화 아래에서 다시 기다려야지!
孤翁	고옹이 짓다.

---

1) 강성(江城) : 강변 성읍을 말하니 이번 여행지인 형강 근처의 어떤 번화한 지역을 말한다.
2) 심동구(沈東龜, 1594~1660) : 본관 청송(靑松), 호 청봉(晴峰)이다. 1641년 교리에 등용되어 종부시정, 웅교 등을 역임, 서장관으로 선양에 다녀와서 1644년 사간에 올랐다. 그 후 심기원(沈器遠)의 옥사 때 인척으로서 연좌되어 장흥(長興)에 유배되었다가 효종 초 석방되었다. 문집으로『청봉집(晴峰集)』이 있다.
3) 원운(原韻) : 앞의 시는 차운시이다. 차운을 한 원시를 말한다.

詠荊江龍穴
형강의 용혈[1]을 읊다

有穴深難測	헤아릴 수 없이 깊은 굴혈 있으니
重重幾萬重	겹겹에 또 겹이어서 몇 만 겹인가.
齊諧志怪者	제해는 괴이한 것을 기록하는 자이니[2]
言此宅神龍	이곳이 바로 신룡 사는 곳이라 하였네.
地水通滄海	땅의 물은 푸른 바다 통하고
天雲接岱宗	하늘의 구름은 태산과 접하여 있네.
何時能變化	어느 때에나 능히 변화 일으켜
霹靂破前峯	벼락 쳐서 앞 봉우리 깨뜨리려나.

정두경(鄭斗卿, 1597~1673)[3] 『동명집(東溟集)』

---

1) 형강(荊江)의 용혈(龍穴) : 충청도 문의(文義)에 있는 굴을 가리키는 듯하다. 형강은 금강(錦江)을 가리키는데, 특히 충청도 문의 일대의 강을 형강이라고 한다. 용혈은 문의현에서 동쪽으로 3리쯤 되는 곳에 있는데, 굴이 아주 깊어서 끝이 없으며, 아래에는 큰 물이 있어 불을 던지면 불꽃이 반딧불같이 되어서 꺼진다고 한다. 『국역 신증동국여지승람 제15권 충청도 문의현』
2) 제해는 …… 자이니[齊諧志怪者] : 제해(齊諧)는 옛날 사람이라 하기도 하고 옛 책이라고도 하는 바, 『장자(莊子)』 소요유(逍遙遊) 편에 "제해는 괴기(怪奇)한 것을 기록한 자이다.[齊諧志怪者也]"라고 하였다.
3) 정두경(鄭斗卿, 1597~1673) : 본관은 온양(溫陽), 호는 동명(東溟)이다. 부친은 호조좌랑을 지낸 정회(鄭晦)이며, 모친은 광주정씨(光州鄭氏)로 사헌부장령 정이주(鄭以周)의 딸이다. 이항복(李恒福)의 문인이다. 1629년 문과에 장원으로 급제한 뒤, 부수찬·정언 등을 역임하였다. 저서로는 『동명집(東溟集)』이 있다.

到荊江 次鄭上舍韻
형강에 이르러 정 상사의 시에 차운하다

荊江江水去滔滔	형강의 강물은 도도히 흐르는데
霧捲中天日色高	안개 걷히니 해는 하늘 가운데 높도다.
却憶客中今夜夢	집 떠난 이 오늘 밤 꿈을 기억하노니
五雲深處拜黃袍	오색구름[1] 깊은 곳에서 천자를 배알하였지.

하진(河溍, 1597~1658)[2] 『태계집(台溪集)』

---

1) 오색구름 : 오색찬란한 구름을 말한다. 동시에 제왕가(帝王家) 즉 궁궐을 의미한다.
2) 하진(河溍, 1597~1658) : 본관은 진주(晉州), 호는 태계(台溪)이다. 1624년(인조 2) 진사에 급제하였고, 1633년 문과에 급제하였다. 정언·헌납·지평 등 청직을 두루 거쳤다. 효종 즉위년인 1649년에 다시 지평 벼슬에 올라 김자점의 전형을 논박하고 물러났다. 문집으로 『태계집(台溪集)』이 있다.

荊江 次重峯先生韻
형강에서 중봉 선생의 시에 차운하다

吾趙重峯百世師	우리 조중봉 선생은 백세의 스승이시다.
後生還復値邦危	후생들이 다시 국가 위기 만난다면
秋風擊楫人何在	가을바람에 노 저을 사람들은 어디 있을까?
唯有江山似昔時	단지 강산만 옛 모습 같구려!

윤선거(尹宣擧, 1610~1669) 『노서유고(魯西遺稿)』

文義途中
문의로 가는 도중에서

夜渡荊江口	한밤중에 형강 어귀 건너가서
輕舟近岸依	조각배 강가 언덕 가까이 대었지.
逢人沙際語	사람 만나 모래 가에서 얘기하고
策馬月中歸	말 몰아 달빛 받으며 돌아왔네.
野郭遙聞角	들 성곽 멀리서 고각소리 들리고
山村半掩扉	산촌은 사립문이 반쯤 닫혔구나.
孤吟問前路	외로이 읊조리며 앞길을 묻노니
霜露入寒衣	서리와 이슬이 찬 옷에 스며드네.

김수항(金壽恒, 1629~1689)[1] 『문곡집(文谷集)』

---

[1] 김수항(金壽恒, 1629~1689) : 본관은 안동(安東), 호는 문곡(文谷)이다. 부친은 동지중추부사 김광찬(金光燦)이며, 모친은 목사 김내(金琜)의 딸이다. 1651년(효종 2) 문과에 장원으로 급제후 병조좌랑·사서·경기도사·지평(持平)·형조참의·승지·예조참판·이조참판 등을 거쳐, 좌의정과 영의정에 이르렀다. 1689년 기사환국이 일어나 남인이 집권하자, 사사되었다. 저서로는 『문곡집(文谷集)』이 전한다.

佐湖幕 過文義荊江 有感
충청부사를 보좌하여 문의 형강을 지나며 느낀 감회

湖外羸驂數往還	호수 밖 파리한 말로 자주 오갔으니
一尊江上且歡顔	강가에서 술 한잔 그리고 즐거운 얼굴.
天邊暮色帆歸浦	하늘 끝 뉘엿뉘엿 돛단배 강어귀로 돌아가고
雨後寒聲葉下山	비온 뒤 나뭇잎은 산에서 추운 소리를 내며 떨어진다.
半世風塵堪自笑	반평생 풍진 속에 그저 실소할 뿐이고
百年天地有誰閑	천지간에 일생 백 년 뉘라서 한가하랴?
飄飄夢逐征鴻去	꿈은 하늘하늘 큰 기러기 따라 날아가노니
潁水吾廬政掩關	아늑한 강가 내 집 빗장을 채워두고서.

신후재(申厚載, 1636~1699)[1] 『규정집(葵亭集)』

---

[1] 신후재(申厚載, 1636~1699) : 호는 규정(葵亭)·서암(恕庵), 본관은 평산(平山)이다. 부친은 현감 신항구(申恒耈)이며, 모친은 허한(許)의 딸이다. 1660년(현종 1) 문과에 급제 후, 동부승지·강원도관찰사·개성유수·한성판윤 등을 역임하였다. 1694년 갑술옥사가 일어나 여주에 유배되었다. 1697년 석방된 후 충주(忠州) 오갑장(鰲甲庄)에 퇴거하였다. 문집으로 『규정집(葵亭集)』이 있다.

渡荊江
형강을 건너다

瀰瀰荊江水	창창한 형강의 강물
西下淸且淺	서쪽 아래 맑고도 얕구나!
孤舟侵曉渡	외로운 배 새벽을 부수며 건너니
點破靑銅面	청동 같던 물이 한 점 한 점 부서진다.
朝日漾空明	아침 햇빛 물결이 투명하게 밝으니
游魚皆可見	노니는 물고기 다 보인다.
驚湍激屢折	놀란 여울 여러 겹으로 물결 지고
蒼壁抱左轉	푸른 절벽 왼쪽을 안고 돈다.
漁村漸漠漠	어촌은 점점 흐려지고
煙氣積匹練	연기는 한 필 비단에 쌓인다.
羨彼釣魚翁	부럽도다 저 낚시옹
持竹無餘戀	대나무 잡고 아무 생각 없구나!

임상원(任相元, 1638~1697) 『염헌집(恬軒集)』

渡荊江 次杜律覽物韻
형강을 건너며 두보의 〈협중람물(峽中覽物)〉 시에 차운하다

夙駕南馳五百里	일찍 말을 몰아 남으로 오백 리 달리니
平郊漸盡亂山多	평야 점점 다하고 어지러운 산들이 무수하네.
蒼蒼野渡連荊楚	퍼런 들을 건너니 남방에 닿아 있고
杳杳鄕心憶華河	아득해진 고향 생각 화하(華河)를 떠올린다.
風急回崖頻住策	거센 바람에 언덕을 도니 자주 채찍을 멈추고
雲生危岫或攀蘿	구름 피는 가파른 봉우리 오르기도 하네.
沙頭命酒微成醉	강변에서 술을 불러 취기가 오르자
手挽漁翁和短歌	어옹(漁翁)의 손을 잡고 단가(短歌)를 화답한다.

이세구(李世龜, 1646~1700) 『양와집(養窩集)』

荊江
형강

燕縣十餘里	연기현(燕岐縣) 십여 리 되는 곳
荊江初下流	형강 이곳부터 물 따라 내려가기로 하였네.
依沙遙立馬	백사장 멀리 말을 세워두고
和雨急登舟	비 맞으며 급해 배에 오르네.
天地憐窮跡	천지는 곤궁한 행색을 가련하게 여기고
湖山笑白頭	호숫가 산들은 하얀 머리를 비웃는듯.
機心眞息否	기심(機心)[1]은 정녕 그쳤을까?
聊此驗羣鷗	애오라지 이곳 백구(白鷗)에게서 증험해보리.

김춘택(金春澤, 1670~1717)[2] 『북헌집(北軒集)』

---

1) 기심(機心) : 세상의 득실과 이해를 따지는 마음이다. 옛날에 바닷가에 사는 사람이 날마다 바닷가에 나가 갈매기와 놀았는데, 갈매기들이 그를 의심하지 않고 함께 놀았다. 하루는 그의 아버지가 그에게 갈매기 한 마리를 잡아오라고 하여 바닷가에 나갔더니 갈매기가 그에게 오지 않았다. 그에게 기심(機心)이 생겼기 때문에 갈매기가 멀리한 것이다. 『列子 黃帝』
2) 김춘택(金春澤, 1670~1717) : 본관은 광산(光山), 호는 북헌(北軒)이다. 부친은 호조판서 김진구(金鎭龜)이다. 종조부 김만중(金萬重)으로부터 문장을 배웠다. 1694년 재물로 궁중에 내통하여 폐비 민씨를 복위하게 하고, 정국을 뒤엎으려 한 혐의로 심문받았으나, 갑술환국으로 남인이 축출되면서 풀려났다. 1701년 소론의 탄핵을 받아 부안(扶安)에 유배되었다. 문집으로 『북헌집(北軒集)』이 있다.

荊江渡口 記感
형강 포구에서 감회를 적다

錦石秋花處處奇	비단 돌 가을 꽃 곳곳이 기이타
澄江落日放船遲	맑은 강 떨어지는 해 느리느리 배에 비추네.
山河擧目傷心地	눈에 가득한 산하는 마음을 아프게 하는 곳
長憶先生擊楫時	오래도록 선생1)이 노 젓던 때를 회상한다.

박필주(朴弼周, 1680~1748)2) 『여호집(黎湖集)』

---

1) 선생(先生) : 중봉 조헌을 지칭한 것이다.
2) 박필주(朴弼周, 1680~1748) : 본관은 반남(潘南), 호는 여호(黎湖)이다. 군수 박태두(朴泰斗)의 아들이다. 1717년(숙종 43) 재상 송상기(宋相琦)의 추천으로 시강원자의가 된 뒤 이조판서·우찬성 등을 역임하였다. 문집으로 『여호집(黎湖集)』이 있다.

自沃川向淸州 過荊江沿江棧路 宛與斗湄相似 感而有吟
옥천에서 청주를 가며 형강을 건너 강의 잔도를 따라가니 완연히 두미강[1]과 비슷하였다. 감회가 있어 읊다

幾里縈廻石棧連	몇 리를 돌고 돌아도 바윗돌 위 잔도는 이어져 있는데
馬頭初見釣魚船	말머리에서 처음 낚싯배를 보았다.
一笑悠然得佳想	길게 웃으며 아득히 재미있는 생각을 하였노니
眼前風物似牛川	눈 앞 풍물 우천(牛川)[2]을 닮았지.

신정하(申靖夏, 1680~1715)[3] 『서암집(恕菴集)』

---

1) 두미강 : 양수리부터 서울에 이르는 강을 말한다. 두미강(斗尾江) · 두미강(斗迷江) · 도미강(渡迷江) 등 여러 칭호가 있으며, 우리말로도 두미강 · 도미강 모두 사용된다.
2) 우천(牛川) : 우리나라에 우천은 매우 많다. 여기서는 두미강의 우천이므로 경기도 광주(廣州)에 있는 우천을 지칭할 것이다.
3) 신정하(申靖夏, 1680~1715) : 본관은 평산(平山), 호는 서암(恕菴)이다. 부친은 영의정 신완(申琓)이며, 모친은 조원기(趙遠期)의 딸이다. 신유(申瑜)에게 입양되었다. 김창협(金昌協)의 문인이다. 1705년(숙종 31) 문과에 급제, 1715년 헌납(獻納)으로 있을 적에 정호(鄭澔)가 윤증(尹拯)을 비난한 일 때문에 윤증 · 유계의 제자들 사이에 일어난 소송사건에 정호를 반박하였다가 파직당하였다. 문집으로『서암집(恕菴集)』이 있다.

近荊江
형강 가까이에서

北上歸鴻早	북쪽으로 돌아가는 기러기 일찍부터 움직이고
南來乳燕飛	남쪽으로 오는 어린 제비 날고 있다.
長程惟老馬	긴 여정 늙은 말에 의지하니
暖景尙秋衣	따뜻한 경치에 가을 옷을 걸쳤다.
只爲謀身拙	단지 살 궁리 치졸함이요
初非與世違	애초 세상과 다르고자 한 것이 아니다.
鷄山看更好	계산(鷄山)은 볼수록 더 좋으니
吾與爾相依	나와 네가 의지하자구나!

정래교(鄭來僑, 1681~1757)[1] 『완암집(浣巖集)』

---

[1] 정래교(鄭來僑, 1681~1759) : 조선 후기의 위항 시인이다. 호는 현와(玄窩)·완암(浣巖)·현옹(玄翁)이며, 본관은 창녕이다. 풍산 홍씨와 청풍 김씨가에서 묵으며 글 선생을 했다. 문집으로 『완암집(浣巖集)』이 있다.

李元靈仕期未滿 代者已出 計不日戒歸 馳書奉邀 期九月旬望 共泛荊江

이원령의 임기가 차지 않았는데 후임이 벌써 왔다. 며칠 내로 떠날 것을 계산하여 급히 편지를 보내 초청하여 9월 10일과 15일 사이에 형강에서 뱃놀이할 것을 기약하다

歸裝何路出	돌아가는 짐 꾸려 어느 길로 가실꼬
霜露正蕭然	서리와 이슬 내려 정히 쓸쓸하고야.
莫厭秋風惡	가을바람 거세다고 싫어 마시게
難逢江月圓	강위에서 둥근달 만나기 어렵다오.
石梁魚筍發	돌 사이에는 통발이 두어지고
雲壁佛樓懸	구름 위 절벽에는 절의 누각이 걸려있지.
無定人間事	정해진 것 없는 인간사
來遊恐有緣	어쩌면 유람하다 인연이 있을지.

송문흠(宋文欽, 1710~1752)[1] 『한정당집(閒靜堂集)』

---

[1] 송문흠(宋文欽, 1710~1752) : 본관은 은진(恩津), 자는 사행(士行), 호는 한정당(閒靜堂)이다. 동춘당(同春堂) 송준길(宋浚吉) 4세손으로 1733년(영조 9) 사마시에 합격, 1739년(영조 15)에 음직으로 장릉참봉이 되고, 이어 종부시주부·형조좌랑·문의현령 등을 지냈다. 예서를 잘 써서 전서의 이인상(李麟祥)과 함께 조선의 대표적인 서예가로 불린다. 문집으로 『한정당집(閒靜堂集)』이 있다.

荊江路上 與盧遂卿口呼
형강 가는 길에서 노수경과 함께 부르다

江帶新秋洞	강은 새롭게 오는 가을에 묻어 차갑고
山連古鎭圍	산은 옛 요새까지 에워쌌다.
白鷗閒坐處	백구 한가로이 앉아 있는 곳에서
遙憶舊漁磯	멀리 옛날 물고기 잡던 바위를 생각한다.

이문재(李文載, 1713~?)[1] 『석동유고(石洞遺稿)』

---

[1] 이문재(李文載, 1713~?) : 본관은 전주(全州), 호는 석동(石洞)이다. 부친은 홍문관수찬 이상형(李尙馨)으로 남원부 둔덕방에서 태어났다. 김집(金集)의 문인이다. 사마시를 거쳐 천거되어 참봉이 되었다가 바로 사퇴하여 학문에만 힘써 행함을 위주로 하였다. 문집으로 『석동유고(石洞遺稿)』가 있다.

以事往文義 至荊江作
일 보러 문의로 갈 적에 형강에 이르러 짓다

荊江名自古	형강은 그 이름 예로부터 전해지는데
斷岸千尋懸	그 절벽이 천 길이나 되네.
石老雲如舞	바위가 구름마냥 춤추며
灘奔洞欲遷	여울물이 급히 달리니 동네가 옮겨갈 듯.
寺知青嶂外	푸른 산 저 바깥에 절이 있는데
棹聽白鷗前	흰 갈매기 앞에서 배를 젓노라.
何處桃源是	어디가 도화원인가
臨風思渺然	바람결에 그리움이 묘연해지누나.

심정진(沈定鎭, 1725~1786)[1] 『제헌집(霽軒集)』

---

[1] 심정진(沈定鎭, 1725~1786) : 본관은 청송(靑松), 호는 제헌(霽軒)이다. 부친은 심사증(沈師曾)이며, 박필주(朴弼周)의 문인이다. 1753년(영조 29) 사마시에 합격하였으며, 1774년에 부수(副率)로서 세손인 정조를 보살폈다. 1776년(정조 즉위년)에 중부도사·호조좌랑을 거쳐, 회덕현감에 부임하였다. 1785년에는 사어(司禦)를 거쳐 동지중추부사로 오위장을 겸하였다. 저서로는 『제헌집(霽軒集)』 등이 있다.

渡荊水
형수를 건너며

林裏重茅屋	숲 속에는 초가집 겹쌓여 있고
沙頭一桁船	물가에는 배다리 하나 떴구나.
峽開歸雁直	골짝 트여 돌아가는 기러기 길 곧고
波暖浴鳧娟	물결 따뜻해 멱 감는 오리 곱구나.
上黨孤雲外	외론 구름 너머엔 상당[1]의 고을
華陽疊岫邊	첩첩 산중 언저리 화양동일세.
每從忙處誤	바쁜 곳엔 언제나 일을 그르쳐
那得領山川	어이하면 산천의 아름다운 경치 차지할꼬.

정약용(丁若鏞, 1762~1836)[2] 『여유당전서(與猶堂全書)』

---

1) 상당 : 청주(淸州)의 옛 이름이다.
2) 정약용(丁若鏞, 1762~1836) : 본관은 나주(羅州), 호는 다산(茶山)·삼미(三眉)·여유당(與猶堂)이다. 1789년 문과 급제 후 지평(持平), 승지, 병조참의 등을 거쳤다. 1801년(순조 1) 신유박해(辛酉迫害)이후 강진(康津)으로 유배되어 18년간 생활하면서 학문에 몰두했다. 저서에『여유당전서(與猶堂全書)』등이 있다.

荊江晚渡
저녁에 형강을 건너

落日荊江渡	해질녘에 형강을 건너는데
孤舟載篴行	외로운 배 피리소리 따라 가노라.
鷺心天共遠	해오라기 마음은 하늘과 같이 아득하고
魚樂水具淸	물고기 즐거우니 물 또한 맑구나.
地入高僧傳	땅에는 고승의 이야기 전하고
松留處士名	소나무는 처사의 이름 남아있네.
仰瞻雲際寺	머리 들어 구름 끝의 사찰 바라보니
乍覺有鍾聲	언뜻 종소리 들리네.

강준흠(姜浚欽, 1768~1833)[1] 『삼명시집(三溟詩集)』

---

[1] 강준흠(姜浚欽, 1768~1833) : 본관은 진주, 호는 삼명(三溟)이다. 1794년(정조 18) 문과에 급제하였고 규장각 초계문신으로 선발되었다. 1799년에 사간원 정언과 사헌부 지평에 임명되었다. 1807년(순조 7) 교리가 되었다. 이후 동부승지에 올라 당상관이 되었다. 저술에 『삼명시집(三溟詩集)』 등이 있다.

渡荊江
형강을 건너다

岸抱淸江江抱岸	언덕을 맑은 강 싸안고 강은 언덕을 품었다.
天光樹色鏡中看	하늘 빛 나무 색을 거울 같은 물속에서 본다.
渡頭風靜梢工睡	나루터 바람 잦아지니 뱃사공 조는데
惟見孤舟盡日閒	오직 외로운 나룻배 온종일 한가하네!

이재의(李載毅, 1772~1839)[1] 『문산집(文山集)』

---

[1] 이재의(李載毅, 1772~1839) : 본관은 전주(全州), 호는 문산(文山)이다. 진사 이응오(李應五)의 아들이며, 송계간(宋啓幹)의 문인이다. 1801년(순조 1) 성균관 생원시에 합격하였다. 홍직필(洪直弼)과는 동문수학으로서 막역한 사이였다. 문집으로 『문산집(文山集)』이 있다.

渡荊江 謹次重峯先生韻 己未
형강을 건너면서 중봉 선생[1]의 시에 삼가 차운하다 기미년

彈琴臺下沒王師	탄금대 아래 나라의 군대가 전몰하니
宗國誰扶一髮危	한 터럭처럼 위태로운 조국을 누가 붙들었나.
後栗軍聲明大義	후율[2]의 군대 대의를 밝히니
獨携七百渡江時	홀로 칠백 명을 거느리고 강을 건너갔네.
灑泣三山倡義師	삼산에서 눈물 뿌리고 의병을 창도하니
一身自許任安危	한 몸에 국가의 안위를 책임졌다오.
荊江江水流無盡	형강의 강물 끊임없이 흘러가니
尙記秋風擊楫時	아직도 가을바람 노를 칠 때 기억하노라.

홍직필(洪直弼, 1776~1852)[3] 『매산집(梅山集)』

---

1) 중봉(重峯) 선생 : 중봉은 조헌(趙憲, 1544~1592)의 호이다. 본관은 배천(白川), 호는 도원(陶原)·후율(後栗)이다. 부친은 조응지(趙應祉)이고, 모친은 차순달(車順達)의 딸이다. 이이(李珥)·성혼(成渾)의 문인이다. 1567년 식년문과에 급제한 후 사헌부 감찰·공조 좌랑·전라도 도사·종묘 서영(宗廟署令) 등을 역임하였다. 1592년 4월 임진왜란이 일어나자 옥천에서 문인 이우(李瑀)·김경백(金敬伯)·전승업(全承業) 등과 의병 1,600여 명을 모아, 영규(靈圭)의 승군(僧軍)과 함께 청주성을 수복하였다. 그러나 충청도 순찰사 윤국형(尹國馨)의 방해로 의병이 강제해산당하고 700명의 남은 병력을 이끌고 금산으로 행진, 영규의 승군과 합진해서, 전라도로 진격하려던 고바야가와[小早川隆景]의 왜군과 8월 18일 전투를 벌인 끝에 중과부적으로 모두 전사하였다. 1604년 선무원종공신(宣武原從功臣) 1등으로 책록되고, 1734년(영조 10) 영의정에 추증되었다.
2) 후율(後栗) : 조헌(趙憲)의 또 다른 호이다. 율곡(栗谷) 이이(李珥)의 문인이었으므로 율곡을 높여 율곡의 후생이란 뜻으로 후율이라 했다 한다.
3) 홍직필(洪直弼, 1776~1852) : 본관은 남양(南陽), 호는 매산(梅山)이다. 부친은 홍이간(洪履簡)이다. 1801년(순조 1) 사마시에 응시하였다가 낙방한 후 성리학에 전념하였다. 송환기(宋煥箕)·이직보(李直輔)·임로(任魯) 등과 교유하였다. 1814년 익위사세마로 제배되었다. 1838년(헌종 4)에 이조에 재학(才學)으로 천거되어, 이듬해 장악원주부·황해도도사에 임명되고, 1841년 경연관에 천거되고, 이어 지평을 거쳐 집의에 이르렀다. 문집으로 『매산집(梅山集)』 52권이 있다.

荊江
형강에서

未堪行犖确	험한 돌길 다닐 수 없어
聊復溯空虛	흥으로 공허한 마음 달래노라.
小水明於鏡	작은 물은 거울처럼 맑고
深航穩勝車	배는 깊은 물에 차보다 안온하도다
萬緣隨逆旅	온갖 인연 나그네로 사노니
餘事羨樵漁	여사로 나무꾼과 어부 부러워하네.
泛泛同萍梗	둥실 떠다니는 부평초마냥
安能恣所如	내 마음대로 가 볼 수 있으랴.

홍한주(洪翰周, 1798~1868)[1] 『해옹시문집』

---

1) 홍한주(洪翰周, 1798~1868) : 본관은 풍산(豊山), 호는 해옹(海翁)이며, 부친은 홍직모(洪稷謨)이다. 현감과 군수 등을 역임했다. 문집으로 『해옹시문집(海翁詩文集)』이 있다.

七月旣望 同趙晴蓑雲植與諸益 泛舟遊荊江
칠월 기망에 조청사운식 및 벗들과 함께 배타고 형강을 노닐다

壬戌之秋夕始波	임술년 가을 저녁에 처음 배 띄우니
髥蘇旣望幾回過	수염 많은 소식은 기망에 몇 번이나 왔다갔나.
一千年去江猶在	일천 년 지나가도 강은 그대로인데
二十人來月更多	다음 달에는 스무 명도 더 많이 오리라.
烏鵲共飛橫槊賦	까치들 함께 나는데 창을 비껴 시를 읊조리고
魚龍重聽倚簫歌	어룡은 퉁소 소리 다시 듣네.
古今俛仰皆陳跡	둘러보니 옛 자취일 뿐
老矣吾流不樂何	늙은 이 몸 즐기지 않고 어이하랴.

신좌모(申佐模, 1799~1877)[1] 『담인집(澹人集)』

---

[1] 신좌모(申佐模, 1799~1877) : 호는 담인(澹人), 본관은 고령(高靈)이다. 부친은 신헌록(申憲祿)이며, 모친은 안동김씨(安東金氏)로 김종후(金宗厚)의 딸이다. 신좌모는 문의 청룡리(靑龍里)에서 태어났으며, 흥선대원군(興宣大院君)·허전(許傳)·홍재혁(洪在赫) 등과 교유하였다. 1835년(헌종 1) 문과에 급제한 후 성균관전적·병조정랑·종부시정 등을 역임하였고, 춘추관편수관이 되어 실록 편찬에도 참여하였다. 1849년에는 사헌부집의를 거쳐 사간원사간 등을 지내고, 1855년(철종 6) 진위진향사(進慰進香使)의 서장관(書狀官)으로 청나라에 다녀왔다. 이후 1866년(고종 3) 형조참판을 거쳐 이조참판·대사성·공조참판을 역임하였다. 한편, 1862년 가족을 데리고 청주 문의(文義) 화산리(花山里)로 이주하였으며, 1877년 화산리에서 세상을 떠났다. 문집으로 『담인집(澹人集)』이 있다.

荊江訪李在山 峿堂李上舍來會
형강의 이재산을 방문하니 어당[1] 이 상사가 모임에 참석하여

客路秋凉日日生	나그네길 가을이라 나날이 추워지는데
吾廬應復小溪淸	나의 집 작은 냇가로 다시금 돌아가네.
山中幾積家人恨	산에는 몇 사람의 한이 쌓였는지
江上猶爲故舊情	강에는 유난히 옛정만 남아 있노라.
得食無方思絶粒	먹을 것 없어서 곡기를 끊고자 하고
爲儒到老且談兵	나이를 먹고도 병법만 담론하네.
肝腸鍊得剛多少	간장을 수도 없이 단련하였건만
驀地逢君一失聲	갑자기 그대 만나니 목놓아 우노라.
半生歷落似殘枰	반평생 떠돌이 빈 바둑판 같아
撒手歸來兩鬢明	손 씻고 돌아오니 귀밑머리 희었네.
剩借半籌無着處	대처할 계책 하나 없으니
全輸此局與誰爭	저버린 이 삶 누구와 비길거나.
他年車笠空留誓	그 해 차립[2]의 맹세 어디로 가고
此夜鉛槧宛復成	이 밤 글공부 완연히 다시 이루었네.
玉貌驚君還勝昔	옥같은 그대의 자태 예전보다 나아짐에 놀래는데

---

1) 어당(峿堂) : 이상수(李象秀, 1820~1882)의 호이다. 이상수의 본관은 전주(全州)로 이연주(李演周)의 아들이다. 한원진(韓元震)의 학통을 이은 호론(湖論)에 속하였다. 충청도 회인과 청주에 거주하며 박문호(朴文鎬)와 같은 제자들을 양성하였다. 저서로는 『어당집』이 있다.
2) 차립(車笠) : 빈부귀천에 마음이 변하지 않는 우정을 뜻한다. 월(越)나라 풍속에 처음 남과 사귈 때 토단(土壇)을 쌓고, 개·닭을 잡아 제사 지내면서 '거립(車笠)'이라는 말로 축원했다. 월나라 사람들은 소박하고 다정해서 친구를 잘 사귀었는데, 처음 사귈 때 축사(祝辭)를 하기를 "그대는 수레를 타고 나는 삿갓을 썼더라도, 나중에 만나면 수레를 내려 인사하고, 나는 걸어서 가고 그대는 말을 탔어도, 나중에 만나면 내려서 인사해야 하리."라고 했다 한다. 『太平御覽 卷406』

九華天末斷雲橫　　　구화산 하늘 끝엔 구름이 비껴 있네.

강위(姜瑋, 1820~1884)3) 『고환당수초시고(古懽堂收艸詩稿)』

---

3) 강위(姜瑋, 1820~1884) : 본관은 진양(晉陽), 호는 추금(秋琴)·고환당(古懽堂)이다. 제주도에 귀양 가 있던 김정희(金正喜)를 찾아가 5년 남짓 사사하였다. 1876년 한일 간에 강화도조약이 체결될 때 전권대신 신헌(申櫶)을 막후에서 보좌하였다. 1880년 조정에서 김홍집(金弘集)을 수신사로 일본에 파견할 때 김옥균(金玉均)의 추천으로 서기로 수행하였다. 문집으로 『강위전집(姜瑋全集)』이 있다.

謹步重峯先生荊江韻
중봉 선생의 〈형강〉 시에 삼가 차운하다

秋雨寒燈 取先生抗義新編讀之 至先生與高霽峰期討錦賊 爲洸嶸二人擁兵不救 以致霽峰先赴而亡 先生聞之驚愕 獨渡荊江擊楫而歌 眞千古無雙腔調 此非詩之感人 節義之感人

가을비 내리는 찬 등불 가에서 중봉 선생의 『항의신편』1)을 취하여 읽다가 선생이 고제봉2)과 함께 금산의 왜적을 토벌하기로 약속하였더니, 이광(李洸)과 곽영(郭嶸) 두 사람이 군사를 끼고서 구원하지 않게 되어 제봉이 먼저 달려 나갔다가 전사하였다. 선생께서 이 소식을 듣고서 경악하며 홀로 형강을 건널 때에 노를 두드리면서 노래한 데에 이르니, 참으로 천고에 둘도 없는 격조로, 이는 시가 사람을 감동시킨 것이 아니요, 절의가 사람을 감동시킨 것이다.

先生盡力勤王師	선생은 근왕의 군사3)로 사력을 다하셨나니
天柱將傾地軸危	하늘 기둥 장차 기울고 지축도 위태로웠네.
運何罔測錦山役	시운은 어이도 금산의 싸움을 헤아리지 못했는고
長使後生墮淚時	길이 후생들로 하여금 눈물짓게 하네.
殉義錦山七百師	의리에 몸 바친 금산의 칠백 군사여

---

1) 항의신편(抗義新編): 조선 선조 때의 문신이자 의병장인 조헌(趙憲)의 유문(遺文) 및 행록(行錄)을 안방준(安邦俊)이 수록하여 편찬한 책이다. 내용은 조헌의 봉사(封事)로 〈청절왜사봉사(請絶倭使封事)〉·〈청참왜사봉사(請斬倭使封事)〉 등 여러 가지 글을 실었으며, 책머리에 궁경양친도(躬耕養親圖) 이하 8도를 첨부하여 그 뜻이 있는 곳을 명백하게 하였음.
2) 고제봉(高霽峰): 고경명(高敬命, 1533~1592))의 호이다. 임진왜란이 일어나자 광주(光州)의 의병 6천여 명을 이끌고 금산(錦山)에서 싸우다 전사하였다.
3) 근왕의 군사(勤王師): 제왕의 통치가 위협을 받아 동요할 때에 구원하기 위하여 신하가 일으키는 군사를 말함. 근왕군(勤王軍)과 같다.

貞忠烈烈際艱危	곧은 충정 열렬할 손 위급한 때를 만났도다.
嗟余不及先生世	아, 선생의 시대에 직접 뵙지 못한 채
獨抱遺疏長嘆時	홀로 남기진 상소를 안고서 장탄식하노라.

송진봉(宋鎭鳳, 1840~1898)[4] 『사복재집(思復齋集)』

---

[4] 송진봉(宋鎭鳳, 1840~1898) : 본관은 여산(礪山), 호는 사복재(思復齋)이다. 부친은 송경옥(宋景玉)이며, 모친은 언양김씨(彦陽金氏)로 김상수(金尙修)의 딸이다. 김평묵(金平默)의 문하에서 수학하였다. 1895년에 을미사변이 일어나자 의병을 일으켜 능주향교(綾州鄕校)까지 달려갔다. 그러나 일이 실패로 돌아가자 향리로 돌아와 후진 양성에 전념하였다. 저서로는 『사복재집(思復齋集)』이 있다.

歸路 獨上懸寺唫
돌아오는 길에 홀로 현사에 들러 읊다

晚到尋訪古寺懸	뒤늦게 옛 현사를 찾아오니
蒼江之上白雲邊	푸른 강 위 흰 구름 가에 있도다.
山靈長護千年地	산신령이 천 년이나 잘 지켜주고
野客今來五月天	나그네 오월 오늘에야 방문하는구나.
絕頂飛雲生屐底	산 정상 나막신 밑으로 구름이 감돌고
半空疏雨落衿前	허공의 성근 비 옷자락에 떨어지네.
玄談法界渾忘累	법계를 담론하랴 세상일 완전히 잊으면서
偸得淸閒盡日緣	하루 종일 한가함을 마음껏 달래누나.

신철우(申轍雨, 1868~1948)[1] 『소미유고(蘇眉遺稿)』

---

[1] 신철우(申轍雨 1868~1948) : 호는 소미(蘇眉)이며, 본관은 고령(高靈)이다. 부친은 신경휴(申景休)이다. 청주 낭성 관정리 출신으로, 진사를 지낸 종조(從祖) 신수(申叟)에게서 수학하였다. 작시(作詩)에 뛰어나 이의국(李義國)·민영필(閔泳弼)·신경식(申經植) 등 당대의 풍류 석학들과 서원시사(西原詩社)를 조직하여 교유했다.

文義大淸湖詩會
문의 대청호 시회

堤障千尺兩山頭	천 자의 제방에 산봉우리 두 개이고
五碣湖成七面流	오갈호는 칠 면(面)으로 흘러가네.
預約名亭多士會	이름난 정자에 선비들 모여 시회를 여니
羨何赤壁百波遊	어찌 적벽강의 백파유가 부러울까.
貯藏浩浩連天水	호수 물 호호탕탕 하늘 물에 이어지고
泛彼洋洋雪海舟	넘실넘실 파도에 쪽배를 띄우노라.
風浴咏歸何處是	바람 쐬고 돌아갈 곳 어디인가
追模孔聖脫塵愁	공자를 추모하며 진세의 시름 벗어나네.

박윤섭(朴允燮, 1904~1998)[1] 『은암집(隱菴集)』

---

[1] 박윤섭(朴允燮, 1904~1998) : 호는 은암(隱菴)이며, 본관은 상주(尙州)이다. 부친은 박병규(朴秉圭)이며, 모친은 경주김씨(慶州金氏)로 김상해(金商海)의 딸이다. 박윤섭은 1904년 청주 남이(南二) 석실리(石室里)에서 태어났다. 31세(1934)에 전국 명산대천을 두루 살피며 10여 년을 다녔다. 그 후 고향으로 돌아와 사가(私家)에서 개숙(開塾)하여 후학을 가르치며 제자를 배출하였다.

止善亭
지선정[2]

少無怙恃難爲孝	어려서는 부모님 계시지 않아 효도하지 못했는데
老乏丹忠不得君	늙어서는 충정이 모자라 임금 뫼실 수 없었네.
忠孝一生都未信	충효는 일생토록 모두 미쁘지 않고
只甘孤臥此江濆	강가에 거함을 달갑게 여길 뿐이라네.

오명립(吳名立, 1563~1633)『지선정유고(止善亭遺稿)』

---

[2] 지선정 : 1610년(광해군 2)에 지선(止善) 오명립(吳名立)이 문의현 일도면 척정리, 지금의 청주 현도면 중척리 강정마을 뒷산에 세우고 자기 호를 붙여 지선정이라 이름한 정자이다.

馬浦歸帆
마포¹⁾에 돌아오는 배

前洲渺渺碧山暮	푸른 산에 해 저무니 앞 모래턱 아득하고
影落明湖斜日暉	호수에 해지니 노을은 빛나네
烟光掉我逸客與	물안개에 노 저으니 일객의 흥취 일어나고
片帆飄飄堤外歸	돛단배 흔들흔들 둑 너머 돌아오네
流連搖蕩木蘭舟	넘실대는 강물에 목란주 띄우니
白鷗不去相忘機	갈매기도 돌아갈 때를 잊은 듯
湖山景物此時倍	호산의 경치 이 즈음 더욱 아름다워
秀色歷歷增淸輝	빼어난 물빛은 더욱 맑게 빛나네
晴烟臭壩碧柳陰	안개 속 버들은 간드러지게 흔들리고
浪花不動江風微	강바람 잠잠하니 물결조차 일지 않네
靑莎白石野雲深	푸른 사초 흰 바위에 구름은 깊고
碧出芳嶋漁人稀	푸른 굴 방초 섬에 어부도 드문드문
湖西艇子歸來暮	호서의 배는 느즈막히 돌아오고
片鴶遙向江天飛	한 마리 백로는 멀리 강 하늘을 날아가네
風帆緩帶夕陽歸	배 돛도 늘어진 채 석양 속을 돌아오다
一片飄拂如飛絮	한 바탕 바람에 배 돛이 펄럭펄럭
蹁躚非是太乙眞	종남산은 아니건만 덩실덩실 춤을 추며
泛彼中流何所希	저 강물에 배 띄우니 무엇을 바라리오
誰知散人臥江雲	누가 알리요, 산인이 강가에 누워
葦床茶竈遊魚磯	갈대 상에 차 마시며 낚시터에 노니는 줄을

---

1) 마포 : 부강 노호리의 포구 이름이다.

其釣維何貫以柳	버드나무 묶어 낚싯대 만드니
流水桃花魚正肥	복숭아꽃 떠가는 물에 고기는 살쪘네
舟中滿載一江景	강 경치 배에 가득 싣고 오니
高興不與玄眞違	고아한 흥취는 현진과 어긋나지 않을 듯
高孤還哂渭江釣	외로이 돌아와 위강(渭江)에 낚시하니
不學淵明知昨非	연명(淵明)을 배우지 않아도 오늘이 옳은 줄 알겠네
低帆學帆固無時	시도 때도 없이 돛을 오르락내리락
焂去焂來風中旗	바람맞아 이리저리 왔다갔다
施罟活活江之中	괄괄거리는 강물에 그물을 쳐두니
玉鱗潑潑翻朝晞	펄떡이는 잉어는 아침 햇살에 반짝이네
遮江長網卷以歸	강에 쳐둔 그물 걷어
落帆烟渚還荊扉	돛 내리고 강둑 초가로 돌아오네
銀鮮雪膾自療饑	잡아온 물고기로 회를 쳐서 배 채우니
一棹幸救育年饑	가난한 시절 배 하나로 굶주림을 면하네
嚴陵如或在此世	엄광이 만약 이 시대에 있다면
七里應有時人譏	칠리탄은 사람들의 놀림을 받겠네
虛舟遙泛學海波	빈 배 멀리 띄워 물결을 배우고
舞雩春風浴乎沂	기수에서 목욕하고 춘풍에 춤추며 돌아오네
時時枕舷夢周孔	때때로 뱃전을 베고 공자와 주공을 꿈꾸며
杏壇琴磬頗樞衣	행단에서 경쇠 울리며 옷을 떨어내네
覺後舟中非闕里	잠에서 깨어나니 궐리 아닌 배 안이라
側身天地空依稀	몸을 뒤척이며 헛되이 머뭇머뭇
心無世上名促促	이름에 쫓기는 세상일은 마음에 없고
口道堯舜高巍巍	우뚝하니 높은 요순을 읊조리네
嚚嚚長慕古之人	효연히 옛 성현 그리워하니

古人不在今人非	옛 사람이 없었으면 지금 사람도 아닌 것을
生涯只寄檣木上	남은 여생 단지 노 위에 맡겨두고
數間茅屋山中圍	산속 몇 칸 초가에 머물며
乘舟如遇海上槎	배를 타고 바다 위 뗏목 만나
共泛銀河忻有依	은하수에 함께 띄워 마음껏 즐기리라

오유립(吳裕立, 1575~1658)[2] 『월송정유고(月松亭遺稿)』

---

[2] 오유립(吳裕立, 1575~1658) : 본관은 보성(寶城)이며, 호는 남산처사이다. 청주 부용 노호리(현 세종특별자치시 부강면) 출신으로 판관 오세양의 손자이자 오경인의 아들이다. 광해군 때 벼슬을 단념하고 향촌으로 돌아왔다. 이후 현도 시목리(柿木里)에 월송정(月松亭)을 지어 가락을 붙여 시를 읊는 것을 즐겼다. 또한 노봉서원(魯峰書院)을 창립하여 후학을 가르치고 향풍을 진작시켰다.

同春先生入對乞退 面辭而出 一時諸賢追送於南郭之外
小酌蓮池之上 南雲卿令公先作一詩 屬諸賢和之 余謝不
能 先生屢督不止 謹次其韻 時余得暇 亦以其日 泝漢向峽
庚戌

동춘 선생[1]이 입대하여 물러나기를 청하였는데, 임금을 직접 뵙고 사직하며 나오자, 일시의 제현들이 남쪽 성곽 밖으로 따라가 전송하였다. 연지 가의 조촐한 술자리에서 남 운경 영공께서 먼저 시 한 편을 짓고 제현들에게 답하기를 청하였다. 나는 짓지 못한다고 사양하다가, 선생께서 누차 독촉하기를 그치지 않기에 삼가 그 운에 화답하였다. 이때 나는 휴가를 얻어, 또한 그날로 한강을 거슬러 협곡으로 향하였다 경술년(1670)

郭外方塘楊柳邊	성곽 밖의 네모난 연못은 수양버들 곁에
停車臨水草成筵	수레를 멈추고 물가에서 풀 깔고 앉았네.
終南遠色情何忍	남산[2]의 먼 빛 차마 작별할 수 없지만
黔上新亭意浩然	검담 가의 새 정자[3]는 호연한 뜻이로세.
已識行藏唯義在	세상에 나가고 물러남 오직 의리에 있음을 아노니
欲將憂樂與誰先	근심과 즐거움을 뉘와 더불어 먼저 할꼬.[4]

1) 동춘 선생(同春先生) : 동춘은 송준길(宋浚吉, 1606~1672)의 호이다. 본관은 은진(恩津), 자는 명보(明甫)이다. 김장생(金長生)의 문인으로, 송시열(宋時烈)과 함께 양송(兩宋)으로 불리며 노론을 이끌었다.
2) 남산(南山) : 원문의 '종남(終南)'은 목멱산(木覓山), 즉 서울의 남산을 가리킨다.
3) 검담(黔潭) …… 정자 : 정자는 보만정(保晩亭)을 가리킨다. 『동춘당집 속집』 권11 〈검담서원 묘정비(黔潭書院廟庭碑)〉에 보면 "문의현(文義縣) 서쪽 형강(荊江) 하류에 검담이란 곳이 있는데, 우리 동춘(同春) 송 선생이 그 물과 산의 경치가 빼어나게 아름다운 것을 사랑하여 이곳에 작은 정자를 짓고서 임하여 보만(保晩)으로 명명하고, 때로 찾아가 놀고 쉬면서 도학(道學)을 강론하는 것을 낙으로 삼았다."라고 하였다.
4) 근심과 …… 할꼬 : 범중엄(范仲淹)의 〈악양루기(岳陽樓記)〉에 "묘당(廟堂)에 높이 있을 때는 그 백성을 근심하고 강호에 멀리 있을 때는 그 임금을 근심하니, 이는 나아가도 근심하고 물러나도 근심하는 것이다.

聖心虛佇由來久	임금께서 마음 비우고 기다린 지 오래되었기에
送別仍歌招隱篇	송별하며 초은5)편을 노래한다오.

민정중(閔鼎重, 1628~1692)6) 『노봉집(老峯集)』

   그렇다면 어느 때 즐거운가. 반드시 천하가 근심하기보다 먼저 근심하고 천하가 즐거워한 뒤에 즐거워할 것이다."라고 한 데서 온 표현이다. 『古文眞寶 後集 卷5』
5) 초은(招隱) : 한(漢)나라의 회남왕(淮南王) 유안(劉安)이 학문을 좋아하여 문하(門下)에 당대의 학자들을 불러 모아 『회남자』를 지었다. 이때 학자들이 대산(大山)·소산(小山)으로 나뉘었는데, 소산의 무리들이 〈초은사〉를 지었다. 〈초은사〉는 산중에 숨어 사는 선비들에게 세상으로 나오라고 부르는 내용이다.
6) 민정중(閔鼎重, 1628~1692) : 본관은 여흥(驪興), 호는 노봉(老峯)이다. 관찰사 민광훈(閔光勳)의 아들이다. 1649년(인조 27) 문과에 장원, 호남어사(湖南御史)를 지낸 뒤 대사헌을 거쳐 이조·공조·호조·형조 판서를 거쳐 1680년 좌의정이 되었다. 1689년 기사환국(己巳換局)으로 벽동(碧潼)에 유배되어 그곳에서 죽었다. 저서에 『노봉집(老峯集)』 등이 있다.

芙江
부강

峽拆滄波動	푸른 물결 터진 골짜기에서 요동치고
山明宿雨過	오랜 비 그친 뒤 산 빛 밝아오네.
行人自靑眼	지나는 이 모두 흐뭇한 눈길인데
佳節又黃花	좋은 시절이요 또 국화로다.
一艇中流晚	작은 배 한 척 느지막 물결 타는데
層巖側立多	층층 바위 여기저기 서있다.
沿江無數岸	강을 따라 무수한 언덕
此地可爲家	이곳은 정말 집짓고 살만한 곳!

채팽윤(蔡彭胤, 1669~1731) 『희암집(希菴集)』

芙江晩秋
부강의 늦가을 정취

鯉魚風起荻花秋	이어풍¹⁾이 일어나고 갈대꽃 피는 가을
曲港東西亂泊舟	굽은 항구 예제서 배들이 정박해 있네.
過客何須談市値	지나가는 나그네 시장의 물건 값 논하랴
笑持杯酒上江樓	웃으며 술잔 잡고 강루에 오르네.

이원화(李源華, 1832~1903)²⁾ 『관산유고(管山遺稿)』

---

1) 이어풍(鯉魚風) : 9월의 가을바람을 말한다.
2) 이원화(李源華, 1832~1903) : 호는 관산(管山)이며, 본관은 수안(遂安)이다. 부친은 문장과 그림에 능했던 이희팔(李羲八)이며, 모친은 안성이씨(安城李氏)이다. 이상수·박문호 등과 교유하였다. 문집으로『관산유고(管山遺稿)』가 있다.

保晚亭 謹次閒靜堂韻
보만정[1]에서 한정당[2]의 시에 삼가 차운하다

遺祠齊拜退	옛 사당 차례로 찾아뵈니
斜日滿空庭	석양이 텅 빈 마당 가득하네.
事業同吾祖	사업은 우리 조상과 같고
淵源接考亭	연원은 주자께 배웠노라.
淸冰留像想	맑은 얼음 상상을 남기고
霽月照心經	깨끗한 달빛 마음을 비추네.
景仰齋初志	초지(初志)를 안고 높이 우러르니
秖今不替零	지금에도 영락시키지 않으리라.

송병선(宋秉璿, 1836~1905)[3] 『연재집(淵齋集)』

---

1) 보만정(保晚亭) : 동춘당 송준길이 금강 줄기인 부강 가에 1669년(현종 10)에 세운 정자이다. 현재 세종시 부강면 금호리에 있다.
2) 한정당(閒靜堂) : 송문흠(宋文欽, 1710~1752)의 호이다. 본관은 은진(恩津). 동춘당(同春堂) 송준길(宋浚吉) 4세손으로, 조부는 의금부도사를 역임한 송병원(宋炳遠)이고, 부친은 송요좌(宋堯佐)이다. 생조는 원래 상주목사를 지낸 송병익(宋炳翼)인데, 금산군수를 지낸 묵옹(黙翁) 송병원(宋炳遠)에게 출계하였다. 어려서부터 총명하여 형 역천(櫟泉) 송명흠(宋明欽)과 더불어 송씨의 쌍벽이라 불리었다. 1733년(영조 9) 사마시에 합격하였으나, 관직보다 학문에 더 뜻을 두어, 형과 함께 회덕(懷德)의 비래암(飛來庵)에 선비를 모아 강론하기도 하였는데, 특별히 예학(禮學)에 조예가 깊었다. 1747년 종부시주부에 올랐다가 형조좌랑을 거쳐 문의현령을 지냈다. 문집으로는 『한정당집(閒靜堂集)』이 있다.
3) 송병선(宋秉璿, 1836~1905) : 본관은 은진(恩津), 호는 연재(淵齋)・동방일사(東方一士)이다. 부친은 송면수(宋勉洙)이다. 1905년 일제가 을사조약을 강제 체결하고 국권을 박탈하자 두 차례의 〈청토흉적소(請討凶賊疏)〉를 올렸다. 그 해 음력 12월 30일 국권을 강탈당한 데 대한 통분으로, 유서를 남겨 놓고 자결하였다. 1914년 영동에 문충사(文忠祠)를 지어 동생 병순과 함께 배향했다. 저서로는 『연재집(淵齋集)』 등이 있다.

楚江
초강[1]

遙遙楚江水	멀고 먼 초강 물
來自程朱川	정주천에서 흘러오네.
欲泝眞源去	참된 근원 거슬러 올라가려고
操舟卽向前	곧바로 배 저어 앞으로 향하네.

조장하(趙章夏, 1848~1910)『이재유고(履齋遺稿)』

---

1) 초강(楚江) : 1933년에 간행된 『연기지(燕歧誌)』에 의하면 부강(芙江) 하류를 칭한다고 기록되어 있다.

芙江江行
부강의 강을 따라 가다

亂石崩砂屐底鳴	어지러운 돌과 무너진 모래에 나막신 달달거리니
緣崖側路苦難平	벼랑 따라 비탈진 길 평탄치 않네.
汀空鷺下構舟立	못가에 해오라기 내려앉고 조각배 서 있는데
岸斷人尋別逕行	끊긴 벼랑에 사람들 샛길 찾아 걸어가네.
殘日飛穿斜柳背	석양은 버들가지 사이로 비껴 날아가고
孤村浮在大江聲	마을은 큰 강물 위에 떠있는 듯
林間巧點無名雀	숲속의 이름 모를 새 교활하여
見客啼過若有情	나그네 보면 정 있는 듯 울고 지나가네.

나헌용(羅獻容, 1851~1925)[1] 『혜전집(蕙田集)』

---

[1] 나헌용(羅獻容, 1851~1925) : 호는 혜전(蕙田), 본관은 안정(安定)이다. 부친은 나채익(羅采益)이고 모친은 영천이씨(永川李氏)이다. 청주 비홍리(飛鴻里)에서 출생하였다. 1891년에 사마시에 입격하고 1898년 장릉 참봉에 제수되었으나 곧 사양하고 이듬해 승훈랑에 올랐다. 나헌용은 평생 경사와 백가의 서적 오천여 권을 암송하고 탐독하였다. 중년에 서울에 있으면서 교유했던 인물들은 모두 한때의 저명한 현사들이었다. 말년에 청주로 낙향하여 일생을 마쳤다. 문집으로 『혜전집(蕙田集)』이 있다.

廣居亭八景 中 楚江晩帆
광거정1)팔경 중 '초강의 저녁 돛배'

楚水如天簇萬帆	하늘같이 드넓은 초강에 일만 돛배 모이는데
誰能及溺濟民巖	누가 능히 백성들의 험함2)을 구제할 것인가.
漁郞莫渡蘆中客	어부랑 갈대숲 나그넬 건네주지 말지니
舊國君臣淚滿衫	고국의 군신들 옷깃에 눈물 가득했다오.

이기찬(李起璨, 1853~1908)3) 『지산유고(止山遺稿)』

---

1) 광거정(廣居亭) : 문의 이달봉(理達峰) 남쪽, 초강의 위에 있는 정자로, 제생들이 강습하던 곳이다.
2) 백성들의 험함 : 원문의 '민암(民巖)'은 민정(民情)의 험난함을 이른 말이다. 『서경(書經)』에, "用顧畏于民嵒……"이라 하였다.
3) 이기찬(李起璨, 1853~1908) : 본관은 전주(全州), 호는 지산(止山)·금초(錦樵)이다. 부친은 이상의(李象儀)이다. 경상북도 청송에서 태어나 의흥·상주 등에 거주하였던 유생으로, 1896년 경상북도 김천에서 의병으로 창의하여 김산의진(金山義陣)의 창의장으로 활동하였다. 김산의진 해산 후 충청북도 영동군 문의(文義)에서 후진 양성에 전념하며 은거하였다. 문집으로 『지산유고(止山遺稿)』가 전한다.

與諸君 遊黔湖保晚亭
제군들과 함께 검호의 보만정에서 놀다

危欄高百尺	높은 난간 백 척이나 되는데
低俯萬家花	머리 숙여 수많은 집의 꽃 내려다보네.
陶寫有絲竹	풍악 소리 들으며 회포를 달래는데
留連到暮鴉	저녁 까마귀 울 때까지 노닐었네.

김재식(金在植, 1860~1928)[1] 『송암집(松菴集)』

---

[1] 김재식(金在植, 1860~1928) : 청주 오천(梧川)에서 태어났다. 호는 송암(松菴), 본관은 경주이다. 부친은 김정수(金正洙)이며, 모친 진주강씨는 강희근(姜熙槿)의 딸이다. 김재식은 창릉참봉(昌陵參奉)을 지냈으며, 1928년 문의 부강(芙江)에서 세상을 떠났다.

月松亭
월송정[1]

一笠飄然望接天	작은 한 정자 하늘에 닿았나 싶더니
到來却在大江邊	가까이 와 보니 큰 강가에 있구나.
高秋絶頂松聲落	늦가을 높은 정상에서는 솔바람 소리 떨어지고
斜日虛簷野色連	석양 아래 빈 처마에는 들 빛이 이어지네.
客子情遊逢暇日	나그네 즐겁게 휴일을 만끽하는데
主翁幽躅想當年	주인의 그윽한 자취 그 시절 떠올리네.
君家花樹千叢盛	그대 집안 꽃나무 천 떨기 만발하여
長保名亭立屹然	이름난 정자 길이길이 보전하리.

박순행(朴洵行, 1866~1916)[2] 『순암집(肫菴集)』

---

1) 월송정 : 1613년 월송 오유립이 금강 줄기인 마포 강변에 세운 정자이다. 청주시 현도면 시목리에 있다.
2) 박순행(朴洵行, 1866~1916) : 호는 순암(肫菴)이고, 본관은 영해(寧海)이다. 부친은 박문호(朴文鎬)이고, 모친은 진주유씨(晋州柳氏)로 유원규(柳遠奎)의 딸이다. 박성양(朴性陽)과 송근수(宋近洙)에게 사사하였다. 이상수(李象秀)·박문호·양주승(梁柱承)·양주학(梁柱學)·박용호(朴龍鎬)와 함께 보은 회남에 있는 추양정사(秋陽精舍)에 배향되었다.

過文義鳩坪
문의의 구평을 지나며

山下淸江江上家	산 아래 맑은 강 그 위에는 집이 있고
一行楊柳逐江斜	한줄기 버드나무는 강 따라 기울었네.
漁舟不動秋陽暖	고깃배는 움직이지 않고 가을 햇살 따뜻하거늘
兩兩鳧鷺占淺沙	쌍쌍의 물오리 백로가 모래사장 노니누나.

김우(金羽, 미상)1) 『강남예설(江南瘱說)』

---

1) 김우(金羽) : 조선 말기에 평양에서 태어난 것으로 전해진다. 호는 강남(江南)이며, 본관은 안동(安東)이다. 중년 이후에는 중국에 들어가 남경(南京)·소주(蘇州) 등지를 여행하면서 중국의 명사 우사덕(虞師德)에게 시를 배웠다. 이후 국내로 들어와 방랑생활을 할 때, 청주에 들어와 청주시사에서 활동하였으며, 청주에서 서당 훈장을 하기도 하였다. 6·25전쟁 직후 보은에서 사망한 것으로 전해진다.

解題

 충청북도 지역을 흐르는 강은 크게 북쪽의 남한강과 남쪽의 금강으로 나누어 볼 수 있다. 그 중에서 굽이굽이 흐르는 물결이 비단처럼 아름답다는 금강(錦江)은 유역면적 9,885km², 유로연장 401km로 남한에서는 한강(漢江)·낙동강(洛東江) 다음으로 큰 강이다.

 전북 장수군 장수읍 수분리에서 발원한 금강의 물줄기는 북쪽으로 흘러 충청북도 영동·옥천·보은의 초강(草江)·고당강(高唐江)·보청천(報靑川)과 합류한 뒤 북서쪽으로 물길을 바꾼다. 신탄진에서 갑천(甲川)과 합류하고 다시 부강(芙江)에 이르러 남서 방향으로 물길을 바꾸면서 미호천(美湖川)과 합류한다. 금강은 이곳 부강에서 물줄기를 서남쪽으로 틀어 공주와 부여를 지나 서해의 군산만(群山灣)으로 유입된다. 즉, 금강은 충청북도의 영동·옥천·보은을 지난 한 줄기와 진천·청주·문의를 거쳐서 흘러내려온 한 줄기가 부강에서 만나서 서해안으로 유입되는 것이다.

 『신증동국여지승람(新增東國輿地勝覽)』(1530년 간행) 제17권 충청도(忠淸道) 공주목(公州牧) 누정 조에 실린 서거정(徐居正)의 〈취원루기(聚遠樓記)〉에 금강에 대하여 기록되어 있는데, "물이 용담(龍潭)·무주(茂朱) 두 고을에서 발원하는데 금산(錦山)에서 합류하여 영동(永同)·옥천(沃川)·청주(淸州) 세 고을을 지나 공주에 이르러서는 금강(錦江)이 되고, 꺾여 사비강(泗沘江)이 되어서는 더욱 큰물을 이루어 길게 구불구불 바다로 들어가는 것을 웅진이라 한다"고 기록되어 있다.

 이렇듯 여러 지역을 흐르는 금강이다 보니, 『신증동국여지승람』에도 금강의 명칭은 여러 가지로 표현되고 있다. 즉, 상류는 적등진강(赤登津江)·차탄강(車灘江)·화인진강(化仁津江)·말흘탄강(末訖灘江)·형각진강(荊角津江) 등으로 되어 있으며, 공주에 이르러서는 웅진강(熊津江), 부여에서는 백마강(白馬江), 하류에서는 고성진강(古城津江)으로 되어 있다.

충청북도를 지나는 금강을 유역별로 좀 더 살펴보자면, 전라북도 장수군에서 발원한 금강은 북서 방향으로 흘러 충청북도 중 제일 먼저 영동과 옥천을 지난다. 초강(草江)·고당강(高唐江)·보청천(報靑川)이 그것으로 곳곳의 하천가에 경지를 형성시키고 있다. 이곳 영동·옥천의 금강 일대는 경치가 아름다워 양산팔경(陽山八景)·목담산수팔경(鶩潭山水八景)을 만들어 냈다.

이 금강은 계속 북서류하여 신탄진에서 갑천(甲川)과 합류하고 다시 부강에 이르러 남서방향으로 물길을 바꾸면서 미호천(美湖川)과 합류한다.

미호천은 충청북도 음성군 삼성면에서 발원하여 진천군, 청주시를 거치며 부강으로 합류한다. 지류 하천으로는 무심천(無心川)·천수천(天水川)·조천(鳥川) 등이 있다. 그 중에 무심천은 청주 중간을 가로질러 미호천으로 들어가는 지류이다.

이 선집에서는 바로 이 충청북도 지역을 흐르는 금강을 읊은 조선시대 선비들의 한시(漢詩)를 모아 번역하였다. 즉 물길의 흐름 별로 금강이 발원하는 상류의 영동 지역, 옥천·보은 지역의 시를 싣고, 충청북도 북쪽에서 흘러내려 오는 진천 지역과 청주 지역의 시를 싣고, 이 금강 물길이 만나는 부강(문의) 지역의 시를 실었다. 즉, 충청북도 지역을 흐르는 금강을 지류별로 나누어 강들을 읊은 조선시대 문인들의 시를 번역한 것이다.

충청의 금강을 읊은 시를 선별함에 있어, 먼저 2016년 본 연구소(유원대학교 호서문화연구소)에서 발간한 『충청북도 지역의 문집해제』를 참고하여 충청북도 문인들의 문집에 실린 금강 시를 선별하였다. 거기에 『한국문집총간(韓國文集叢刊)』과 『한국역대문집총서(韓國歷代文集叢書)』 등에 실린 문집들을 검토하여 충청북도의 금강을 읊은 조선시대 선비의 시를 추가하였다.

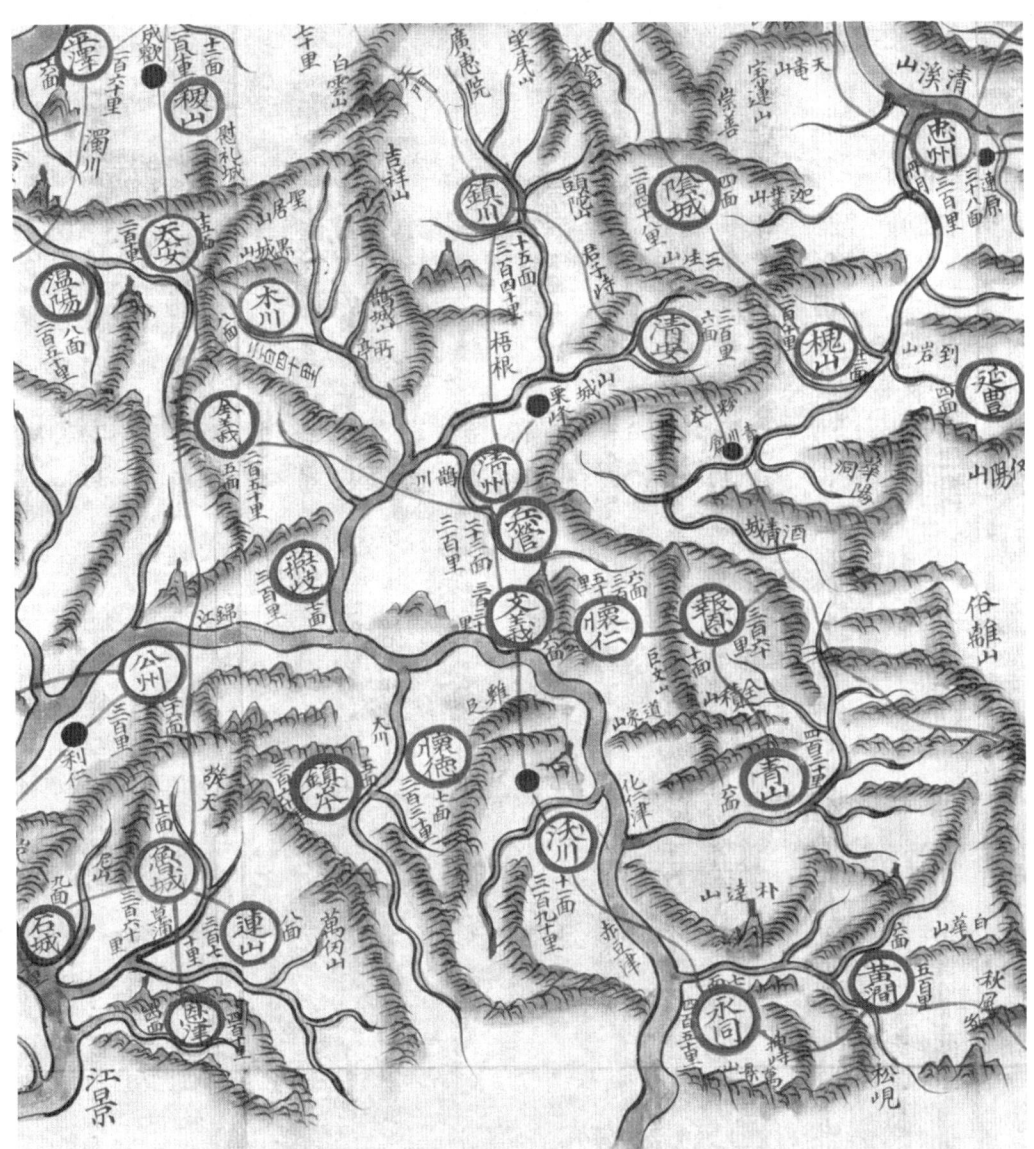

사진1 충청북도의 금강 유역(『해동지도(1750년대)』)

1. 영동 지역의 금강

　영동 지역은 조선시대 영동현(永同縣)·황간현(黃澗縣)·양산현(陽山縣) 일부로 구성되어 있었다. 1914년 행정구역 통폐합에 의하여 영동현과 황간현, 양산현 일부가 합하여 영동군으로 편제되었다.

　영동 지역을 흐르는 금강은 전라북도 장수에서 발원하여 갑천으로 흐르는 초강(草江)·영동천(永同川)·고당강(高唐江)·고당포(高唐浦) 등이다.

　먼저 초강은 영동군의 심천면과 황간면에 있는 하천으로, 상촌면 삼도봉 북사면에서 발원하여 고자천(高子川)·장교천(長橋川)·석천(石川)·송천(松川)으로 불리우며 흐르다가, 심천면 심천리와 초강리에서 심천과 초강이 되어 금강 본류인 고당강에 합류한다. 고당강은 고당포라고도 하는데 호탄(虎灘)과 적등진(赤登津) 사이에 있는 심천면 고당리

사진2 영동현 금강 유역의 적등진(赤登津)·고당포(高唐浦)(『해동지도(1750년대)』 영동현 부분)

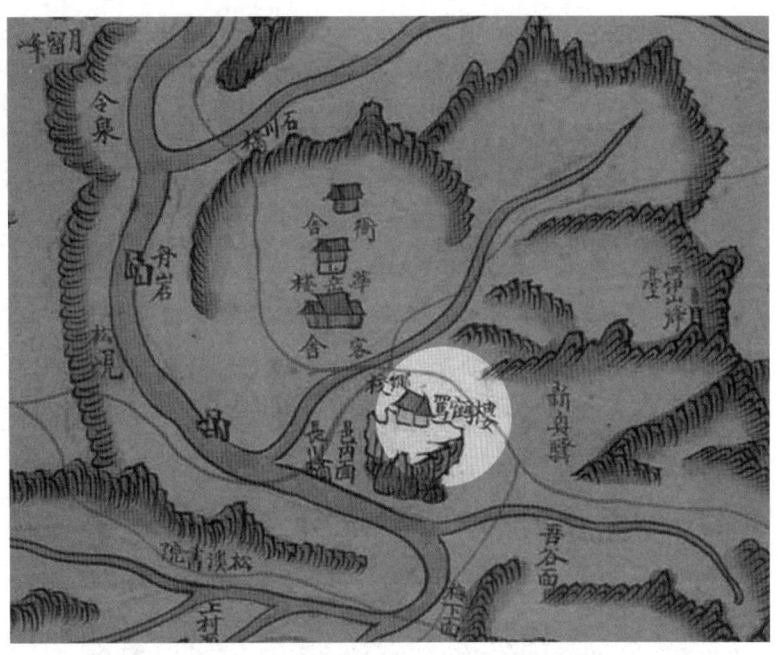

사진3 황간현 금강 주변의 가학루(駕鶴樓)(『해동지도(1750년대)』 황간현 부분)

일대의 금강 지류이다. 『여지도서』에는 "고당강(高塘江)은 현 서쪽 25리에 있다. 전라도 진안으로부터 흘러와 적상산 물과 합류하여 옥천 적등진에 들어간다."라고 기록되어 있다.

영동 지역 금강 유역에 위치한 호동팔경(湖東八景)·신안팔경(新安八景)·냉천팔영(冷泉八詠)·양산팔경(陽山八景)·환선루팔경(喚仙樓八景)을 시제로 활용하여 이를 읊은 시들이 다수 있다. 또한 영동 지역 금강 유역에 위치한 가학루(駕鶴樓)·냉천정(冷泉亭)·징청정(澄淸亭)·강선대(降仙臺)·환선루(喚仙樓) 등의 누정을 읊은 시도 많다. 금강 가에 위치한 반야사(般若寺)나 영국사(寧國寺)와 같은 사찰을 읊은 시도 전한다.

이러한 영동 지역의 금강을 읊은 문인을 정리하면 다음 표와 같다.

성명	생몰년	출전
권진(權軫)	1357~1435	『신증동국여지승람(新增東國輿地勝覽)』
이직(李稷)	1362~1431	『형재시집(亨齋詩集)』
이원(李原)	1368~1429	『신증동국여지승람(新增東國輿地勝覽)』
박흥생(朴興生)	1374~1446	『국당유고(菊堂遺稿)』
박연(朴堧)	1378~1458	『난계유고(蘭溪遺稿)』

김수온(金守溫)	1409~1581	『식우집(拭疣集)』
서거정(徐居正)	1420~1488	『신증동국여지승람(新增東國輿地勝覽)』
김종직(金宗直)	1431~1492	『점필재집(佔畢齋集)』
최숙생(崔淑生)	1457~1520	『신증동국여지승람(新增東國輿地勝覽)』
김안국(金安國)	1478~1543	『모재집(慕齋集)』
신광한(申光漢)	1484~1555	『기재집(企齋集)』
이황(李滉)	1501~1570	『퇴계집(退溪集)』
김충갑(金忠甲)	1515~1575	『구암집(龜巖集)』
황준량(黃俊良)	1517~1563	『금계집(錦溪集)』
이충범(李忠範)	1520~1598	『동천유고(東川遺稿)』
구봉령(具鳳齡)	1526~1586	『백담집(栢潭集)』
권문해(權文海)	1534~1591	『초간집(草澗集)』
송남수(宋柟壽)	1537~1626	『송담집(松潭集)』
임제(林悌)	1549~1587	『임백호집(林白湖集)』
이호민(李好閔)	1553~1634	『오봉집(五峯集)』
차천로(車天輅)	1556~1615	『오산집(五山集)』
성문준(成文濬)	1559~1626	『창랑집(滄浪集)』
이광윤(李光胤)	1564~1637	『양서집(瀼西集)』
송방조(宋邦祚)	1567~1618	『습정집(習靜集)』
이안눌(李安訥)	1571~1637	『동악집(東岳集)』
김육(金堉)	1580~1658	『잠곡유고(潛谷遺稿)』
최유연(崔有淵)	1587~1656	『현암유고(玄巖遺稿)』
김응조(金應祖)	1587~1667	『학사집(鶴沙集)』
박유동(朴惟棟)	1604~1688	『일석유고(一石遺稿)』
홍석기(洪錫箕)	1606~1680	『만주유집(晚洲遺集)』
송시열(宋時烈)	1607~1689	『송자대전(宋子大全)』
신득홍(申得洪)	1608~1653	『지담집(芷潭集)』
박장원(朴長遠)	1612~1671	『구당집(久堂集)』
홍여하(洪汝河)	1620~1674	『목재집(木齋集)』
심유(沈攸)	1620~1688	『오탄집(梧灘集)』
남용익(南龍翼)	1628~1692	『호곡집(壺谷集)』
송규렴(宋奎濂)	1630~1709	『제월당집(霽月堂集)』
이세구(李世龜)	1646~1700	『양와집(養窩集)』
최석항(崔錫恒)	1654~1724	『손와유고(損窩遺稿)』
채팽윤(蔡彭胤)	1669~1731	『희암집(希菴集)』
이하곤(李夏坤)	1677~1724	『두타초(頭陀草)』
이현익(李顯益)	1678~1717	『정암집(正菴集)』
조하망(曹夏望)	1682~1747	『서주집(西州集)』
이기진(李箕鎭)	1687~1755	『목곡집(牧谷集)』
윤봉오(尹鳳五)	1688~1769	『석문집(石門集)』
권렴(權濂)	1701~1781	『후암집(厚庵集)』
김원행(金元行)	1702~1772	『미호집(渼湖集)』
허휘(許彙)	1709~1762	『표은유집(豹隱遺集)』
김이곤(金履坤)	1712~1774	『봉록집(鳳麓集)』
황윤석(黃胤錫)	1729~1791	『이재유고(頤齋遺稿)』

이지수(李趾秀)	1779~1842	『중산재집(重山齋集)』
박건중(朴建中)	1766~1841	『선곡유고(仙谷遺稿)』
홍한주(洪翰周)	1798~1868	『해옹시문집(海翁詩文集)』
이규회(李奎會)	1800~1867	『무간집(無干集)』
송근수(宋近洙)	1818~1902	『입재집(立齋集)』
박치복(朴致馥)	1824~1894	『만성집(晩醒集)』
송병순(宋秉珣)	1839~1912	『심석재집(心石齋集)』
박문호(朴文鎬)	1846~1918	『호산집(壺山集)』
허온(許蘊)	1861~1941	『회곡집(晦谷集)』
안흠(安欽)	1863~1940	『청간유고(聽澗遺稿)』
송우용(宋友用)	1884~1968	〈남기서(南基瑞) 소장 병풍〉
이병연(李秉延)	미상	『호서문화』
이후근(李厚根)	미상	『호서문화』
박희고(朴羲古)	미상	『호서문화』
김동균(金東均)	미상	『김동균유고(金東均遺稿)』

영동 지역의 금강을 읊은 문인으로 주목되는 인물로는 우선 영동에 세거하던 조선 초기 문신 박흥생이 있다. 박흥생(朴興生, 1374~1446)은 1424년(세종 6) 부친상을 당해 영동으로 낙향하였다. 영동 금강 가인 고당포(高塘浦)에 이요당(二樂堂)과 쌍청루(雙淸樓)를 짓고 이후 20여 년간 경전을 탐구했다. 영동 지역에 머물면서 냉천(冷泉)·옥계폭포·징청정(澄淸亭) 등 영동 지역 금강을 읊은 시를 많이 지었으며, 이것이 그의 문집인 『국당유고(菊堂遺稿)』에 전한다.

영동에 은거하기도 했던 기호학파의 대표적인 인물 송시열(宋時烈, 1607~1689) 역시 영동 지역 금강 지류인 옥계폭포(玉溪瀑布)를 읊은 시가 있는데 이것이 『송자대전(宋子大全)』에 실려 있다. 송시열이 영동 지역에 머물 당시 황간에 작은 정사를 짓고 학문을 연구하였는데 월류봉 아래쪽에 있는 한천정사(寒泉精舍)가 그것이다. 이후 여러 문인들이 한천정사를 시제로 읊기도 하였다.

홍여하(洪汝河, 1620~1674)는 1658년 황간(黃澗)에 유배되었던 인물로 유배지인 황간의 냉천팔영(冷泉八詠)을 읊었다. 냉천팔영은 영동 황간면 원촌리에 있는 월류봉을 중심으로 그 주위의 뛰어난 여덟 곳을 말한다. 『신증동국여지승람』 제16권 충청도 황간현(黃澗縣) 불우 조에 '심묘사(深妙寺) 팔경(八景)'이라 기록되어 있는 곳이 바로 이곳이다.

2. 옥천·보은 지역의 금강

옥천 지역은 조선시대 옥천군과 청산현으로 구성되어 있었고, 1914년 행정구역 통폐합에 의하여 옥천군으로 편제되었다. 보은 지역은 조선시대 보은현과 회인현으로 구성되어 있었다. 역시 1914년에 두 현을 합쳐 보은군으로 편제하였다.

옥천과 보은 지역을 흐르는 금강은 보청천(報靑川)·이원천(伊院川)이다. 보청천은 보은군의 '보'와 옥천 청산면(과거 충청도 청산현)의 '청'을 따서 보청천이라고 이름 지었다. 보은군 내북면 상궁리에서 흐르기 시작하여 보은군 마로면과 옥천군 청산면의 경계를 지나 이후 옥천군 청성면에서 갑천으로 흘러든다.

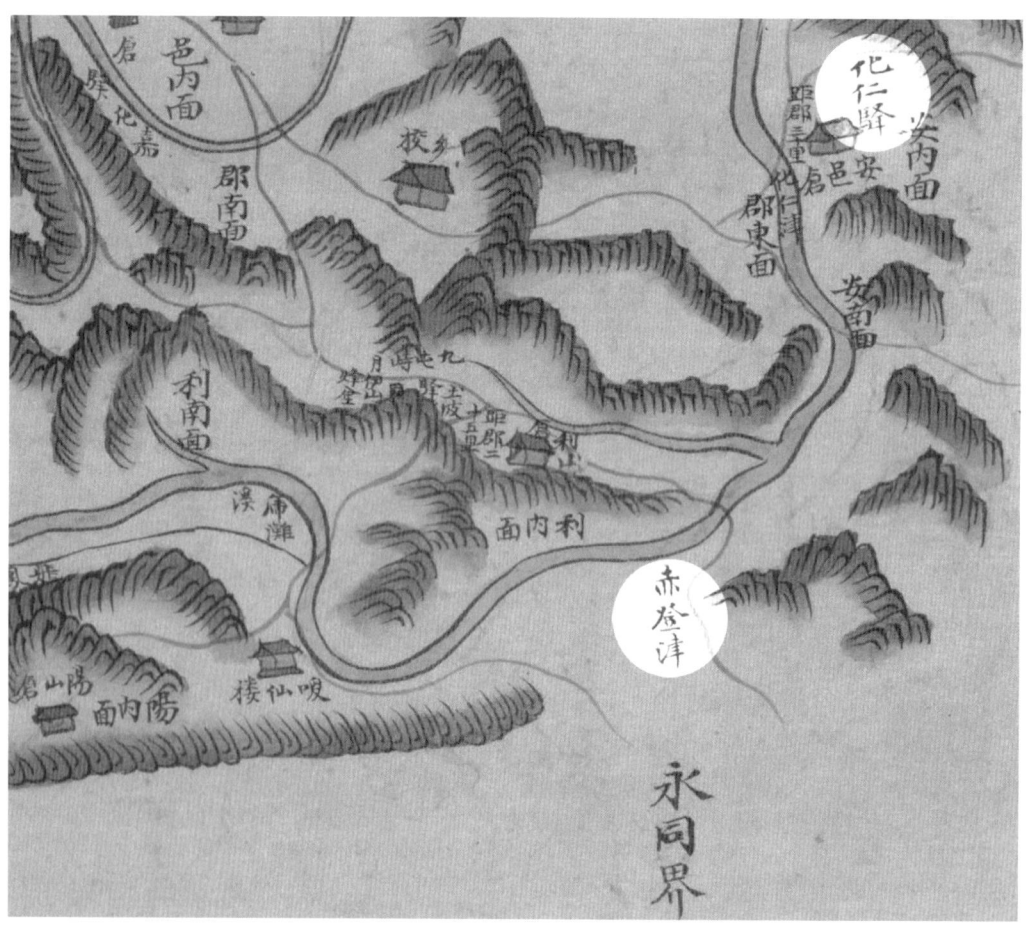

사진4 옥천군 금강 유역의 화인진(化仁津)·적등진(赤登津)(『해동지도(1750년대)』 옥천군 부분)

옥천 지역의 금강 유역을 가리키는 호탄(虎灘)·소강(疎江)·동강(東江)·적등진(赤登津)·목담(鶩潭)·화인진(化仁津) 등을 시제로 활용하여 이를 읊은 시들이 다수 있다. 또한 옥천 지역 금강 유역에 위치한 이지당(二止堂)·상현서원(象賢書院, 冲菴書院)·월악사(月嶽寺)·취원정(聚遠亭)·소강정(疎江亭) 등을 읊은 시가 많이 있다.

이러한 보은·옥천 지역의 금강을 읊은 문인을 정리하면 다음 표와 같다.

성명	생몰년	출전
조준(趙浚)	1346~1405	『동문선(東文選)』
이직(李稷)	1362~1431	『형재시집(亨齋詩集)』
김종직(金宗直)	1431~1492	『점필재집(佔畢齋集)』
성운(成運)	1497~1579	『대곡집(大谷集)』
구봉령(具鳳齡)	1526~1586	『백담집(栢潭集)』
윤두수(尹斗壽)	1533~1601	『오음유고(梧陰遺稿)』
정립(鄭雴)	1554~1640	『고암유고(顧菴遺稿)』
강주(姜籀)	1566~1650	『죽창집(竹窓集)』
송방조(宋邦祚)	1567~1618	『습정집(習靜集)』
조경(趙絅)	1586~1669	『용주유고(龍洲遺稿)』
김득신(金得臣)	1604~1684	『백곡집(柏谷集)』
홍석기(洪錫箕)	1606~1680	『만주유집(晩洲遺集)』
송시열(宋時烈)	1607~1689	『송자대전(宋子大全)』
신득홍(申得洪)	1608~1653	『지담집(芷潭集)』
윤선거(尹宣擧)	1610~1669	『노서유고(魯西遺稿)』
이태연(李泰淵)	1615~1669	『눌재고(訥齋稿)』
송규렴(宋奎濂)	1630~1709	『제월당집(霽月堂集)』
이재(李載)	1634~1708	『백치재유고(白癡齋遺稿)』
김창흡(金昌翕)	1653~1722	『삼연집습유(三淵集拾遺)』
조유수(趙裕壽)	1663~1741	『후계집(后溪集)』
금봉의(琴鳳儀)	1668~1697	『수경재유고(水鏡齋遺稿)』
전광국(全光國)	1722~1766	『무하당유고(無何堂遺稿)』
송환기(宋煥箕)	1728~1807	『성담집(性潭集)』
송근수(宋近洙)	1818~1902	『입재집(立齋集)』
정녑(鄭灄)	1833~1901	『옥주유고(沃洲遺稿)』
송병서(宋秉瑞)	1839~?	미상
박문호(朴文鎬)	1846~1918	『호산집(壺山集)』
정일용(鄭鎰溶)	1862~1932	『소호시집(素湖詩集)』
홍치유(洪致裕)	1879~?	『겸산집(兼山集)』
김상렬(金相烈)	1883~1955	『소유집(小遊集)』
김종도(金鍾度)	미상	『청풍세고(淸風世稿)』

옥천 지역의 금강을 읊은 문인으로 주목되는 인물은 옥천 출신인 정립(鄭雴, 1554~1640)과 전광국(全光國, 1722~1766), 정녑(鄭㵧, 1833~1901), 정일용(鄭鎰溶, 1862~ 1932) 등이 있다. 이들은 호탄·소강 등 옥천의 금강 경치를 읊고 있다.

보은 지역의 금강을 읊은 문인으로 주목되는 인물은 성운(成運, 1497~1579)이다. 성운은 1545년(인종 1) 이후 보은의 종곡(鍾谷)에 대곡서실(大谷書室)을 짓고 은거하면서 금강 보청천의 지류에 대하여 시를 지었는데, 이것이 『대곡집(大谷集)』에 실려 있다. 홍치유(洪致裕, 1879~?)는 보은의 서당인 관선정(觀善亭)에서 1926년부터 1944년까지 한학을 강학하였다. 홍치유 역시 보은을 흐르는 금강의 모습에 대하여 시를 남기고 있다.

3. 진천 지역의 금강

진천 지역은 조선시대 진천현으로 1914년 행정구역 통폐합에 의하여 진천군으로 편제되었다. 진천 지역을 흐르는 금강 지류는 진천읍을 지나는 미호천 상류와 미호천으로 흘러들어가는 초평천(草坪川)이다.

이러한 진천 지역의 금강을 읊은 문인을 정리하면 다음 표와 같다.

성명	생몰년	출전
구봉령(具鳳齡)	1526~1586	『백담집(栢潭集)』
최명길(崔鳴吉)	1586~1647	『지천집(遲川集)』
김득신(金得臣)	1604~1684	『상산지(常山誌)』
송시열(宋時烈)	1607~1689	『상산지(常山誌)』
최석정(崔錫鼎)	1646~1715	『명곡집(明谷集)』
이행민(李行敏)	1680~?	『상산지(常山誌)』
한원진(韓元震)	1682~1751	『남당집(南塘集)』
채지홍(蔡之洪)	1683~1741	『봉암집(鳳巖集)』
정재경(鄭在慶)	1781~1858	『상산지(常山誌)』
정해필(鄭海弼)	1831~1887	『상산지(常山誌)』
정일용(鄭鎰溶)	1862~1932	『상산지(常山誌)』
김정원(金正元)	1887~1965	『석담유고(石潭遺稿)』
정규해(鄭糾海)	1890~1970	『명와집(明窩集)』

유수응(柳秀應)	19세기	『상산지(常山誌)』
이후연(李厚淵)	19세기	『상산지(常山誌)』
채익선(蔡翊先)	미상	『상산지(常山誌)』
이인양(李寅陽)	미상	『상산지(常山誌)』
조공희(趙公熙)	미상	『상산지(常山誌)』
이윤종(李允鍾)	미상	『상산지(常山誌)』
이호성(李鎬成)	미상	『상산지(常山誌)』
남동희(南東熙)	미상	『상산지(常山誌)』
김진환(金璡煥)	미상	『상산지(常山誌)』
박제형(朴齊珩)	미상	『상산지(常山誌)』

진천 지역의 금강을 읊은 문인으로 주목되는 인물은 진천 출신인 채지홍(蔡之洪, 1683~1741), 정재경(鄭在慶, 1781~1858)과 그의 손자 정해필(鄭海弼, 1831~1887), 유수응(柳秀應, 19세기 인물), 이후연(李厚淵, 19세기 인물), 채익선(蔡翊先) 등이 있다. 이들은 어은팔경(漁隱八景)·벽오팔경(碧梧八景) 등 진천 지역의 금강을 읊은 시를 지었다.

또한 병자호란 당시 주화론을 이끌었던 최명길(崔鳴吉, 1586~1647)은 선영이 청주 지역에 위치한 관계로 진천 지역을 드나들었는데, 〈식파정에 제하다〉를 지었다. 최명길의 손자이자 소론의 영수인 최석정(崔錫鼎, 1646~1715)은 1702년 진천으로 유배 온 후 진천의 금강 지류인 초평 주변에 대한 시를 남겼다.

또한 진천 지역 금강 유역에 위치한 진천동헌(鎭川東軒)·상산관(常山館)·백원서원(百源書院)·쌍오정(雙梧亭)·식파정(息波亭)·행은정(杏隱亭) 등을 읊은 시도 많다.

4. 청주 지역의 금강

청주 지역은 조선시대 청주목으로 1914년 행정구역 통폐합에 의하여 청주군으로 편제되었다. 청주를 지나는 금강은 미호천(美湖川, 北江, 西江, 五根津, 鵲川, 眞木灘, 망천, 부탄)·무심천(無心川, 沁川, 石橋川, 大橋川)·병천천(竝川川, 九溪) 등으로 불리웠다.

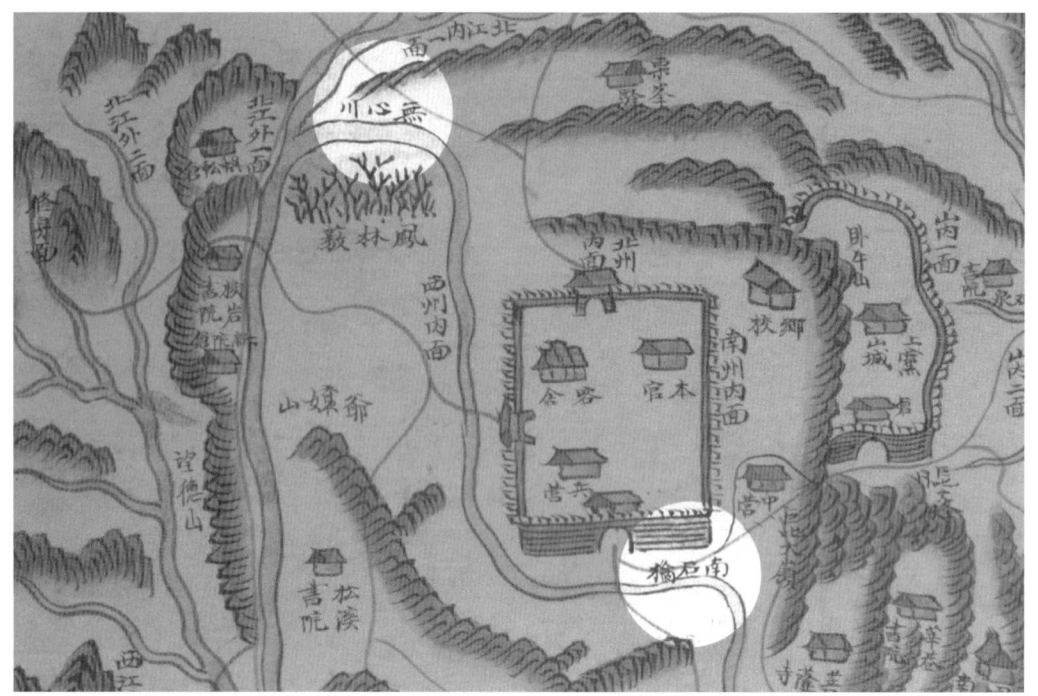

사진5 청주목 금강 줄기에 보이는 무심천(無心川)과 남석교(南石橋)(『해동지도(1750년대)』 청주목 부분)

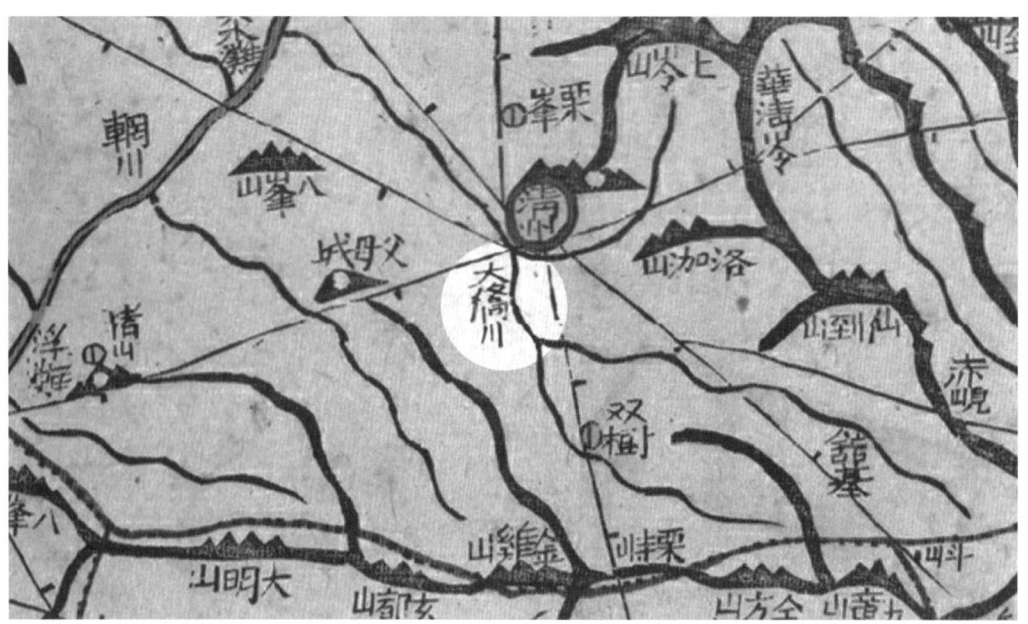

사진6 대동여지도(1861)에 나타나는 '대교천(大橋川)'

현재 청주시는 아니지만 증평과 괴산에서 청주로 연결되는 금강 지류를 읊은 시가 있어 함께 실었다.

청주 지역의 금강을 읊은 문인을 정리하면 다음의 표와 같다.

성명	생몰년	출전
정추(鄭樞)	1333~1382	『원재집(圓齋集)』
진의귀(陳義貴)	?~1424	미상
강희맹(姜希孟)	1424~1483	『사숙재집(私淑齋集)』
김시습(金時習)	1435~1493	『매월당집(梅月堂集)』
양희지(楊熙止)	1439~1504	『대봉집(大峯集)』
김정(金淨)	1486~1521	『충암집(冲菴集)』
심언광(沈彦光)	1487~1540	『어촌집(漁村集)』
배용길(裵龍吉)	1556~1609	『금역당집(琴易堂集)』
이안눌(李安訥)	1571~1637	『동악집(東岳集)』
유활(柳活)	1576~1641	『태우집(泰宇集)』
조경(趙絅)	1586~1669	『용주유고(龍洲遺稿)』
이홍유(李弘有)	1588~1671	『둔헌집(遯軒集)』
변시환(卞時煥)	1590~1666	『일공집(一筇集)』
명조(明照)	1593~1661	『허백당시집(虛白堂詩集)』
김홍욱(金弘郁)	1602~1654	『학주집(鶴洲集)』
황호(黃㦿)	1604~1656	『만랑집(漫浪集)』
김득신(金得臣)	1604~1684	『백곡집(栢谷集)』
유계(兪棨)	1607~1664	『시남집(市南集)』
이수언(李秀彦)	1636~1697	『남계집(南溪集)』
임상원(任相元)	1638~1697	『염헌집(恬軒集)』
김창흡(金昌翕)	1653~1722	『삼연집(三淵集)』
박준원(朴準源)	1739~1807	『금석집(錦石集)』
박익동(朴翼東)	1827~1895	『소근재집(小近齋集)』
채상학(蔡相學)	1837~1926	『회재유고(悔齋遺稿)』
박문호(朴文鎬)	1846~1918	『호산집(壺山集)』
조장하(趙章夏)	1848~1910	『이재유고(履齋遺稿)』
신상렬(申相烈)	1852~1911	『만헌유고(晩軒遺稿)』
신흥우(申興雨)	1860~1953	『호운시집(湖雲詩集)』
정일용(鄭鎰溶)	1862~1932	『소호시집(素湖詩集)』
박노중(朴魯重)	1863~1945	『창암집(滄菴集)』
김상범(金商範)	1864~?	『금남시집(錦南詩集)』
정두현(鄭斗鉉)	1869~1940	『석재집(石齋集)』
민영필(閔泳弼)	1873~1953	『문암사고(汶庵私稿)』

유해주(柳海珠)	1873~1956	미상
김상렬(金相烈)	1883~1955	『소유집(小遊集)』
박종술(朴鍾述)	1898~1970	『호운일고(湖雲逸稿)』
나상헌(羅相憲)	1900~?	『관가시집(觀稼詩集)』
박종구(朴鍾九)	1901~1980	『우당집(愚堂集)』
노장우(盧章愚)	1906~1992	『금사문집(錦史文集)』
정해백(鄭海珀)	1909~2000	『덕재해백시집(德齋海珀詩集)』

   청주 지역의 금강을 읊은 문인으로 주목되는 인물은 청주 지역 출신인 김정(金淨, 1486~1521), 이홍유(李弘有, 1588~1671), 변시환(卞時煥, 1590~1666), 이수언(李秀彦, 1636~1697), 박익동(朴翼東, 1827~1895), 신상렬(申相烈, 1852~1911), 박노중(朴魯重, 1863~1945), 박종술(朴鍾述, 1898~1970), 나상헌(羅相憲, 1900~?), 박종구(朴鍾九, 1901~1980), 박상규(朴象圭, 1903~1962), 노장우(盧章愚, 1906~1992) 등이다. 이들이 작천(鵲川)·사사당팔경(四事堂八景)·마암팔경(馬巖八景)·남석교(南石橋)·낙건정(樂建亭)·무심천(無沁川) 등 청주 지역의 금강을 읊은 시가 남아 전한다.

   그 중에서 작천을 읊은 시, 남석교(南石橋, 石橋, 大橋)를 읊은 시, 무심천(無心川, 沁川)을 읊은 시가 다수 전한다. 작천은 금강의 지류인 미호천(渼湖川)의 일부로 까치내라고도 한다. 작천은 청주시 문암동과 오창면 각리 사이를 흐르는데, 청주시를 관류하는 무심천과 오창 쪽에서 흘러오는 팔계천(八溪川)이 합쳐지는 곳이다.

   또한 무심천과 무심천에 있었던 돌다리 남석교에 대하여 읊은 시도 많다. 무심천(無心川)은 청주시를 흐르는 하천으로 청주시 상당구 낭성면 남부 산지에서 발원하여 남서쪽으로 흐르다가 가덕면 서부에서 북서쪽으로 방향을 바꾸어, 청주 시가지 중심부를 지나 미호천에 합류한다.

   남석교(南石橋)는 고려시대 축조된 다리로 무심천에 놓여 있었다. 그러나 현재 남문로 1가에서 석교동(石橋洞)에 이르는 도로 밑에 매몰되어 있다. 그 다리에서 온 이름인 '대교천(大橋川)'으로 불렸다. 그러던 것이 18세기 중반의 지도에서부터 현재의 '무심천'이라는 이름으로 등재되기도 하는 것이 확인된다.

5. 문의 지역의 금강

문의 지역은 조선시대 문의현으로 구성되어 있었다. 1914년 행정구역 통폐합에 의하여 청주군 문의면과 부강면으로 편제되었다.

문의 지역의 금강을 읊은 문인을 정리하면 다음 표와 같다.

성명	생몰년	출전
이승소(李承召)	1422~1484	『삼탄집(三灘集)』
구봉령(具鳳齡)	1526~1586	『백담집(栢潭集)』
송남수(宋柟壽)	1537~1626	『송담집(松潭集)』
하수일(河受一)	1553~1612	『송정속집(松亭續集)』
이춘영(李春英)	1563~1606	『체소집(體素集)』
오명립(吳名立)	1563~1633	『지선정유고(止善亭遺稿)』
오유립(吳裕立)	1575~1658	『월송정유고(月松亭遺稿)』
신민일(申敏一)	1576~1650	『화당집(化堂集)』
김육(金堉)	1580~1658	『잠곡유고(潛谷遺稿)』
조경(趙絅)	1586~1669	『용주유고(龍洲遺稿)』
장유(張維)	1587~1638	『계곡집(谿谷集)』
심동구(沈東龜)	1594~1660	『청봉집(晴峯集)』
정두경(鄭斗卿)	1597~1673	『동명집(東溟集)』
하진(河溍)	1597~1658	『태계집(台溪集)』
윤선거(尹宣擧)	1610~1669	『노서유고(魯西遺稿)』
민정중(閔鼎重)	1628~1692	『노봉집(老峯集)』
김수항(金壽恒)	1629~1689	『문곡집(文谷集)』
신후재(申厚載)	1636~1699	『규정집(葵亭集)』
임상원(任相元)	1638~1697	『염헌집(恬軒集)』
이세구(李世龜)	1646~1700	『양와집(養窩集)』
채팽윤(蔡彭胤)	1669~1731	『희암집(希菴集)』
김춘택(金春澤)	1670~1717	『북헌거사집(北軒居士集)』
박필주(朴弼周)	1680~1748	『여호집(黎湖集)』
신정하(申靖夏)	1680~1715	『서암집(恕菴集)』
정래교(鄭來僑)	1681~1757	『완암집(浣巖集)』
이문재(李文載)	1713~?	『석동유고(石洞遺稿)』
심정진(沈定鎭)	1725~1786	『제헌집(霽軒集)』
정약용(丁若鏞)	1762~1836	『여유당전서(與猶堂全書)』
강준흠(姜浚欽)	1768~1833	『삼명시집(三溟詩集)』
이재의(李載毅)	1772~1839	『문산집(文山集)』

홍직필(洪直弼)	1776~1852	『매산집(梅山集)』
홍한주(洪翰周)	1798~1868	『해옹시문집(海翁詩文集)』
신좌모(申佐模)	1799~1877	『담인집(澹人集)』
강위(姜瑋)	1820~1884	『고환당수초시고(古懽堂收草詩稿)』
이원화(李源華)	1832~1903	『관산유고(管山遺稿)』
송병선(宋秉璿)	1836~1905	『연재집(淵齋集)』
송진봉(宋鎭鳳)	1840~1898	『사복재집(思復齋集)』
조장하(趙章夏)	1848~1910	『이재유고(履齋遺稿)』
나헌용(羅獻容)	1851~1925	『혜전집(蕙田集)』
이기찬(李起燦)	1853~1908	『지산유고(止山遺稿)』
김재식(金在植)	1860~1928	『송암집(松菴集)』
박순행(朴洵行)	1866~1916	『순암집(肫菴集)』
신철우(申轍雨)	1868~1948	『소미유고(蘇眉遺稿)』
박윤섭(朴允燮)	1904~1998	『은암집(隱菴集)』
김우(金羽)	미상	『강남예설(江南瘱說)』

    문의 지역의 금강을 읊은 문인으로 주목되는 인물은 먼저 문의 출신인 오명립(吳名立, 1563~1633)과 오유립(吳裕立, 1575~1658)이 있다. 오명립은 현도 중삼리 출신으로 지선정을 지어놓고 시 짓는 것을 즐겼으며, 오유립은 부용 노호리 출신으로 월송정을 지어놓고 시 짓는 것을 즐겼다고 한다. 또 신좌모(申佐模, 1799~1877)는 문의 청룡리(靑龍里) 출신으로, 1866년(고종 3) 형조참판을 거쳐 이조참판·대사성·공조참판을 역임하였다. 1862년 가족을 데리고 청주 문의 화산리(花山里)로 이주하였다. 김재식(金在植, 1860~1928) 역시 문의 부강에 살았던 인물로 보만정(保晚亭) 등 문의의 금강 유역을 읊은 시가 전한다.

    문의 지역 금강 유역을 가리키는 형강(荊江)·형호(荊湖)·형수(荊水)·마포(馬浦)·부강(芙江)·초강(楚江) 등을 읊은 시가 많다. 그리고 문의 지역 금강 유역에 위치한 현사(懸寺)·대청호(大淸湖)·보만정(保晚亭)·지선정(止善亭)을 읊은 시도 많다. 현사(懸寺)는 현재 청주시에 있는 현암사(懸岩寺)로 『문의읍지(文義邑誌)』에는 "현사(懸寺)"로 기록되어 있는데, 현사(懸寺)라는 명칭은 바위 끝에 매달려 있는 듯한 다람절이라는 의미를 한자로 표기한 것이다. 문의팔경(文義八景)의 하나이다.

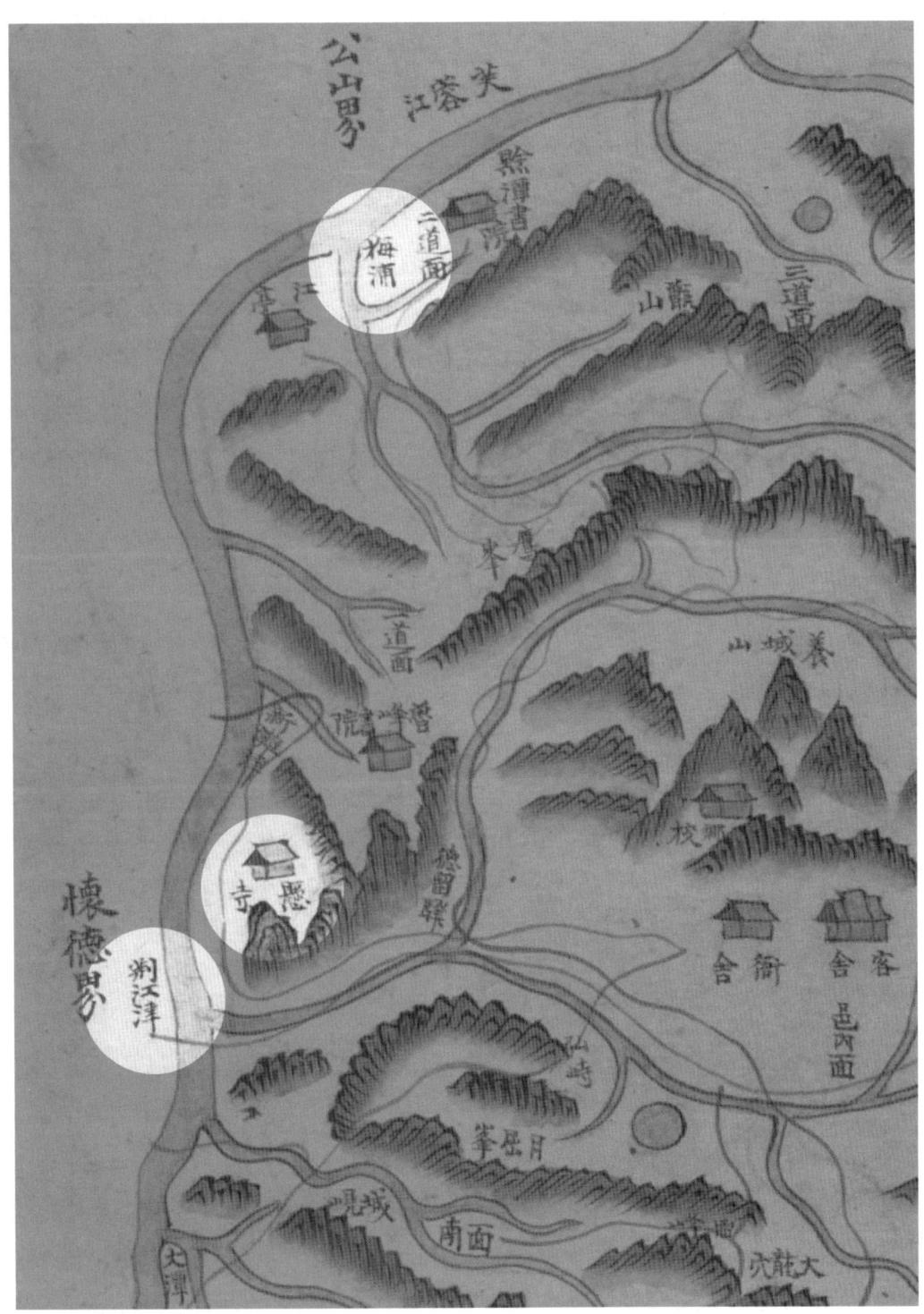

사진7 문의현 금강 주변의 형강진(荊江津)과 현사(縣寺)·매포(梅浦)(『해동지도(1750년대)』 문의현 부분)

인명 색인

【ㄱ】

강위(姜瑋)	294
강주(姜籒)	156
강준흠(姜浚欽)	289
강희맹(姜希孟)	207
구봉령(具鳳齡)	040, 041, 127, 143, 177, 262, 263
권렴(權濂)	118
권문해(權文海)	042
권진(權軫)	075
금봉의(琴鳳儀)	151, 152
김동균(金東均)	095, 096
김득신(金得臣)	161, 172, 189, 223, 244
김상렬(金相烈)	132, 235
김상범(金商範)	254
김수온(金守溫)	094
김수항(金壽恒)	277
김시습(金時習)	212
김안국(金安國)	036
김우(金羽)	314
김원행(金元行)	087
김육(金堉)	053, 268
김응조(金應祖)	046
김이곤(金履坤)	055
김재식(金在植)	312
김정(金淨)	214
김정원(金正元)	199
김종도(金鍾度)	133
김종직(金宗直)	049, 126
김진환(金璡煥)	169, 187
김창흡(金昌翕)	146, 247
김춘택(金春澤)	281
김충갑(金忠甲)	039
김홍욱(金弘郁)	243

【ㄴ】

나상헌(羅相憲)	232
나헌용(羅獻容)	310
남동희(南東熙)	186
남용익(南龍翼)	054, 110
노장우(盧章愚)	233

【ㅁ】

명조(明照)	221
민영필(閔泳弼)	229
민정중(閔鼎重)	304

【ㅂ】

박건중(朴建中)	088
박노중(朴魯重)	227, 228

박문호(朴文鎬)	090, 162, 198, 250	송병서(宋秉瑞)	142
박순행(朴洵行)	313	송병선(宋秉璿)	308
박연(朴堧)	080	송병순(宋秉珣)	072
박유동(朴惟棟)	064	송시열(宋時烈)	085, 086, 144, 173
박윤섭(朴允燮)	299	송우용(宋友用)	026, 048
박익동(朴翼東)	234, 249	송진봉(宋鎭鳳)	296
박장원(朴長遠)	047	송환기(宋煥箕)	148
박제형(朴齊珩)	201	신광한(申光漢)	037
박종구(朴鍾九)	236, 256	신득홍(申得洪)	065, 153
박종술(朴鍾述)	231	신민일(申敏一)	267
박준원(朴準源)	248	신상렬(申相烈)	251
박치복(朴致馥)	071	신정하(申靖夏)	283
박필주(朴弼周)	282	신좌모(申佐模)	293
박흥생(朴興生)	059, 076, 081, 082	신철우(申轍雨)	298
박희고(朴羲古)	093	신후재(申厚載)	278
배용길(裵龍吉)	217	신흥우(申興雨)	252
변시환(卞時煥)	242	심동구(沈東龜)	273
		심언광(沈彦光)	216
		심유(沈攸)	109
【ㅅ】		심정진(沈定鎭)	287
서거정(徐居正)	034, 077		
성문준(成文濬)	051	**【ㅇ】**	
성운(成運)	163, 164		
송규렴(宋奎濂)	111, 141	안흠(安欽)	031
송근수(宋近洙)	078, 089, 130	양희지(楊熙止)	213
송남수(宋柟壽)	050, 073, 264	오명립(吳名立)	300
송문흠(宋文欽)	285	오유립(吳裕立)	301
송방조(宋邦祚)	084, 154	유계(兪棨)	245

유수응(柳秀應)	196	이태연(李泰淵)	134, 145
유해주(柳海珠)	230	이하곤(李夏坤)	061
유활(柳活)	237~240	이행민(李行敏)	178
윤두수(尹斗壽)	128, 129	이현익(李顯益)	114
윤봉오(尹鳳五)	029	이호민(李好閔)	074, 083
윤선거(尹宣擧)	140, 276	이호성(李鎬成)	181
이광윤(李光胤)	097	이홍유(李弘有)	219, 220
이규회(李奎會)	058	이황(李滉)	038
이기진(李箕鎭)	070	이후근(李厚根)	092
이기찬(李起璨)	311	이후연(李厚淵)	167, 170
이문재(李文載)	286	임상원(任相元)	225, 279
이병연(李秉延)	091	임제(林悌)	079, 100
이세구(李世龜)	069, 280		
이수언(李秀彦)	208, 224, 246	**【ㅈ】**	
이승소(李承召)	261	장유(張維)	272
이안눌(李安訥)	052, 218	전광국(全光國)	138, 139
이안눌(李安訥)	101, 102	정규해(鄭糾海)	200
이원(李原)	033	정녑(鄭灄)	147, 149, 150
이원화(李源華)	307	정두경(鄭斗卿)	274
이윤종(李允鍾)	168, 180	정두현(鄭斗鉉)	255
이인양(李寅陽)	185	정래교(鄭來僑)	284
이재(李載)	136	정립(鄭霊)	123
이재의(李載毅)	290	정약용(丁若鏞)	288
이지수(李趾秀)	120	정일용(鄭鎰溶)	137, 179, 253
이직(李稷)	032, 125	정재경(鄭在慶)	175
이춘영(李春英)	266	정추(鄭樞)	211
이충범(李忠範)	099, 103~106	정해백(鄭海珀)	257

정해필(鄭海弼)	197	홍석기(洪錫箕)	107, 157
조경(趙絅)	160, 241, 269~271	홍여하(洪汝河)	066~068, 108
조공희(趙公熙)	188	홍직필(洪直弼)	291
조유수(趙裕壽)	135	홍치유(洪致裕)	158
조장하(趙章夏)	226, 309	홍한주(洪翰周)	056, 292
조준(趙浚)	124	황윤석(黃胤錫)	119
조하망(曺夏望)	117	황준량(黃俊良)	060, 062, 063
진의귀(陳義貴)	205, 206	황호(黃㦿)	222

【ㅊ】

차천로(車天輅)	043
채상학(蔡相學)	209, 210
채익선(蔡翊先)	176
채지홍(蔡之洪)	174, 183, 184
채팽윤(蔡彭胤)	113, 306
최명길(崔鳴吉)	171
최석정(崔錫鼎)	190, 192, 193
최석항(崔錫恒)	112
최숙생(崔淑生)	035
최유연(崔有淵)	045

【ㅎ】

하수일(河受一)	265
하진(河溍)	275
한원진(韓元震)	182
허온(許蘊)	057
허휘(許彙)	025